JN117127

民法講義

債権総論

〔第4版〕

近江幸治著

成文堂

緒　　言

　本書の初版は，1992 年度と 1993 年度の早稲田大学特定課題研究（『債権法理論の基礎的研究』）の研究助成を受け，その成果物として，1994 年 2 月 2 日に出版したものである（規則に従って，本書でもその旨を表記する）。本書が，債権法制の理論的展開や学説の議論を詳しく論述し，また文献の引用が多いのも，そのためである。

*　　　　　　*　　　　　　*

　資本制社会は，〈商品交換〉を基盤として成り立っており，そこから，〈交換〉の発展形態である「債権・債務」関係が広範に展開している。そして，「債権」（＝交換）の仕組み自体が，資本主義経済の基本的な構造を形成しているのである。この意味で，「債権」は，資本主義社会の機軸財貨であるといえる。したがって，「債権」は，十分な保護が図られなければならないのである。

　『債権法』の『総論』部分（民法 399 条〜520 条の 20）においては，このような「債権」につき，その法的保護のメカニズムが凝縮されている。債権の「本質」とは何か，債権には本来的にどのような「効力」が備わっているのか，債権を債務者側からみた「債務」とはどのよう意味なのか（また，どのような構造をもっているのか）など，債権の本質に関する抽象的な議論が多いのは，このような複雑なメカニズムによるものである。

　このことは，同時に，われわれが『債権法』を研究する場合の一つの指針ともなろう。すなわち，経済社会における「債権」の機能ないし役割を念頭に置きながら，債権の各制度を考え，また解釈の規準とすることである。それゆえ，特に初学者は，このような「債権」の社会的意味や機能も十分に理解しながら，学習を進めるのがよいであろう。

*　　　　　　*　　　　　　*

　本書は，上で述べたように，債権に関する理論的研究の一環として出発したものである。その関係で当時の文献の引用も多いが，そのことから逆に，

現在の主流な学説もその系統を受けていることが伺えよう。なお，引用文献については，学説のオリジナリティ（プライオリティ）を示す必要があるため，今回の改訂では，そのようなものについては初版に戻してあるものもある。

　なお，2017 年改正については若干の疑問もあるが（例えば，289 頁，311 頁やその他の箇所），今後検討されることを期待したい。

＊　　　　　　＊　　　　　　＊

　最後に，このようにして本書を上梓することができたのも，近しくお付き合い頂いている成文堂社長阿部成一氏と，複雑な校正作業を入念に担当された編集部小林等氏のご尽力のおかげである。心から謝意を表したい。

　　　　2020 年 7 月 30 日

近 江 幸 治

〔付記〕本書および『民法講義』シリーズ内のイラスト・図表等の無断転載を禁じます。

目　　次

第7章　多数当事者の債権関係

文献略語表

【参考文献】

淡路　淡路剛久『債権総論』（2002・有斐閣）

内田　内田　貴『民法Ⅱ債権総論・担保物権［第4版］』（2020・東大出版会）

大村　大村敦志『基本民法Ⅲ債権総論・担保物権［第2版］』（2005・有斐閣）

奥田　奥田昌道『債権総論〔増補版〕』（1992・悠々社）

奥田・上　奥田昌道『債権総論（上）』（現代法学全集）（1982・筑摩書房）

於保　於保不二雄『債権総論〔新版〕』（1972・有斐閣）

角　角　紀代恵『債権総論〔第2版〕』（2021・新世社）

川井　川井健『民法概論3債権総論〔第2版補訂版〕』（2009・有斐閣）

川島　川島武宜『債権法総則講義第一』（1949・岩波書店）

北川　北川善太郎『債権総論〔第3版〕』（2004・有斐閣）

北川・契約責任　北川善太郎『契約責任の研究』（1963・有斐閣）

澤井　澤井　裕『債権総論〔補訂版〕』（1985・有斐閣）

潮見Ⅰ・Ⅱ　潮見佳男『新債権総論Ⅰ・Ⅱ』（法律学の森）（2017・信山社）

潮見・講義案Ⅰ・Ⅱ　潮見佳男『債権総論講義案Ⅰ・Ⅱ』（1991・1992・信山社）

潮見・プラクティス　潮見佳男『プラクティス民法 債権総論［第5版］』（2018・信山社）

潮見・契約規範　潮見佳男『契約規範の構造と展開』（1991・有斐閣）

潮見・概要　潮見佳男『民法（債権関係）改正法の概要』（2017・きんざい）

下森　下森　定『債権法論点ノート』（1990・日本評論社）

鈴木　鈴木禄弥『債権法講義・四訂版』（2001・創文社）

高嶋　高嶋平藏『債権総論』（1987・成文堂）

高橋　高橋　眞『入門 債権総論』（2013・成文堂）

筒井＝松村編　筒井健夫＝松村秀樹編『一問一答・民法（債権関係）改正』（2018・商事法務）

円谷　円谷　峻『債権総論』（2008・成文堂）

中田　中田裕康『債権総論〔第4版〕』（2020・岩波書店）

林ほか　林良平＝石田喜久夫＝高木多喜男『債権総論』（1978・青林書院新社）

平井　平井宜雄『債権総論〔第二版〕』（1994・弘文堂）

平井・理論　平井宜雄『損害賠償法の理論』（1971・東大出版会）

平野　平野裕之『債権総論』（2017・日本評論社）

部会資料　法制審議会民法部会『民法（債権関係）部会資料集』（法務省WEB版）

星野　星野英一『民法概論Ⅲ債権総論』（1978・良書普及会）

松坂　松坂佐一『民法提要（債権総論）〔第四版〕』（1982・有斐閣）

松井　松井宏興『債権総論〔第2版〕』（2020・成文堂）

前田　前田達明『口述債権総論〔第三版〕』（1993・成文堂）

水本　水本　浩『債権総論』（1989・有斐閣）

水本・セミナー　水本　浩『民法セミナー4』（1976・一粒社）

我妻　我妻　榮『新訂債権総論』（1964・岩波書店）

【Ⅰ】　近江幸治『民法講義Ⅰ民法総則〔第7版〕』（2018・成文堂）

【Ⅱ】　近江幸治『民法講義Ⅱ物権法〔第4版〕』（2020・成文堂）

【Ⅲ】　近江幸治『民法講義Ⅲ担保物権〔第3版〕』（2020・成文堂）

【Ⅴ】　近江幸治『民法講義Ⅴ契約法〔第4版〕』（2022・成文堂）

【Ⅵ】　近江幸治『民法講義Ⅵ事務管理・不当利得・不法行為〔第3版〕』（2018・成文堂）

【Ⅶ】　近江幸治『民法講義Ⅶ親族法・相続法〔第2版〕』（2015・成文堂）

近江『研究』　近江幸治『担保制度の研究——権利移転型担保研究序説』（1989・成文堂）

【判例関係（出典・批評）】

＊　原則として，法律編集者懇話会「法律文献等の出典の表示方法」によるほか，一般の慣例による。

＊　引用判決文中の「右」という用語は，横書きの関係から「上記」に置き換えてある。

第1章　債権法の基礎理論

1　「債権」とは何か

(1)　債権法原理と物権法原理

　わが民法典は，財産法が「物権法」と「債権法」とに，身分法（家族法）が「親族法」と「相続法」とに分かれている。これが，ローマ法に由因するパンデクテン体系（Pandekten System）を採用したことの結果であることは，すでに『民法総則』において詳述した（[I]²⁸頁以下）。そして，このような分類自体は，我われの私法上の法律関係がすべて，「物」に対する権利関係と「人」に対する権利関係とに分けることができるという原理にその基礎を置いているのである。ローマ法が基本としている，「物」に対する訴権（actio in rem）・「人」に対する訴権（actio in personam）の峻別は，まさにその原理を示している。

　〔図①〕　さて，「人」（主体）の，「物」に対する法律関係と，他の「人」（他人）に対する法律関係の意味を考えてみよう。「人」（主体）が「物」に対して接触関係（法律関係）をもつということは，その「物」を使用したり，それから収益を得たり，それを処分したりすることであって，これらの接触関係は，〈支配〉という観念で総括することができる。すなわち，「物」に対して，「人」は支配という関係にあるのである。

　他方，「人」（主体）Ａが，他の「人」Ｂと接触関係（法律関係）をもつとき，少なくとも近代法においては，その「人」Ｂを〈支配〉するということは許されない。この接触関係においては，

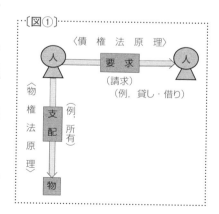

〔図①〕
〈債権法原理〉
人　→ 要求 →　人
（請求）
（例, 貸し・借り）
〈物権法原理〉
支配（例, 所有）
物

AがBに対して，あることを〈要求〉するという関係 —— したがって，Bの
立場からはあることをすべき〈義務〉を負担する関係 —— となって現れるの
である。そうであれば，「人」と「人」とが社会的接触をもつことは〈要求：
義務〉の関係を生じさせることであって，両者は，その〈要求：義務〉を基
礎とする規範的結合関係にあるといえるのである。

　この2つの関係が私法規範の根本原理であって，前者が物権法原理として
捉えられ，後者が債権法原理として捉えられる。そして，前者（「物」に対す
る支配関係）を規律するのが，「物権法」であり，後者（「人」に対する〈要求：
義務〉関係）を規律するのが，「債権法」である（詳細は，【Ⅱ】）。

　　　＊　「接触関係」が法律関係である　　法律関係（法的関係）というのは，対象 ——
　　　　「物」であれ「人」であれ —— に対して何らかの〈接触〉があった場合に生ずるもの
　　　　である。そこから，法律学で接触関係ないし社会的接触関係というときは，法律関
　　　　係の発生を指すことが多い。
　　　＊＊　〈要求〉と〈義務〉の表裏一体性　　AがBに対してあることを〈要求〉する
　　　　とは，Bの立場に立てば，あることをしなければならないという〈義務〉を意味す
　　　　る。したがって，〈要求〉と〈義務〉とは表裏一体の関係にあり，見方の違いである。

(2) 「債権が発生する」とはどのようなことか

(a)「債権発生」の目的 ——
**　　「債権の消滅」と規範的拘束**
「債権」とは，ある人Aと他の人Bとが社
会的接触関係をもつときに，A（債権者）が
B（債務者）に対して一定のことを要求すること —— 反対に，B（債務者）から
すれば，A（債権者）に対し一定のことをすべき義務を負うこと —— だと言っ
た。このことを，上記では，物権法原理と債権法原理との対比の上で抽象的
に考えたのであるが，次に，具体的に，AがBに対してある「債権」を有す
ることが，経済的・法律的にどのような意味があるのかを理解しよう。

　ここでは，「債権」の発生の1つとして，社会生活における人的接触契機の
典型である「交換ないし取引」関係の発展形態を例にとろう。〔**図②**〕まず，
交換の始源的形態は，物々交換である。そこでは，Aの所有物とBの所有物
とが一定の価値基準に従って交換されるが，これらは同時的に行われるか

ら，そこには何の債権・債務も残さな
い。このような取引形態を，「同時的
交換関係」と呼ぶ。しかし，取引社
会が安定し発展するにつれ，Aの物の引
渡しに対して，Bの対価を払うべき
〈時〉が，次第に遅れるような場合が生
じてきた（その契機は，経済学史では，隔地者間の取引であったといわれる）。
つまり，Aの給付に対し，Bの給付（対

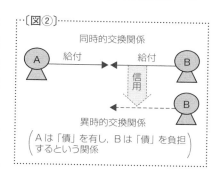

［図②］

同時的交換関係

A ——給付——→ ←——給付—— B

信用

異時的交換関係

B ·············→

（Aは「債」を有し，Bは「債」を負担
するという関係）

価）が事後的にされるという取引形態が発展してきたのである。このような
取引形態を，「異時的交換関係」と呼ぶが，この異時的交換（給付）が，法律
学でいう「債権」関係の発生にほかならない。

　異時的交換（給付）関係とは，Aの物・金銭の前引渡し（前貸し）であって，
一定期間後に等価交換関係に引き戻されるべき関係であることは自明であ
る。すなわち，本来，同時的等価交換関係にあるべきものが，「信用」を介し
て，前引渡し（前貸し）という形での異時的等価交換関係に転化しているので
ある。そうであれば，異時的給付関係は，それ自体，先に発生した関係の解
消（＝Bの対価の給付による関係の解消，すなわち「債権」の消滅）を目的的に内
包する関係でもあるといわなければならない。債権は，本来，Bの給付行為
を介してのAの「財貨獲得という目的を達すれば消滅すべき運命にある」
（奥田昌道『債権総論（上）』3頁）のである。それゆえ，この目的から，債務者Bの給付〈義務〉
と，それに対応する債権者Aの給付〈要求〉（権利）とが発生してくるのであ
る。

　このような意味において，「債権」関係とは，第1に，それ自体，関係の解
消（＝給付による債権の消滅）を目的としている関係であり，したがって，第2
に，その給付（＝「債」）をめぐって，人と人との間に〈要求：義務〉を基礎と
する規範的結合状態 —— 当為(Sollen)的規範拘束 —— を形成させているので
ある。当然のことだが，「要求」が満たされれば，すなわち「義務」が履行さ
れれば，この規範の役割は終了するのである（林ほか5頁〔林〕参照）。

　上記では，「交換」（取引）を例として「債権」発生の社会学的意味を考えた

が，しかし，その発生形態を問わず，およそ「債権」が成立（＝異時的交換関係の発生）するということは，上記の2つの意義，すなわち，債権のみずからの消滅（＝給付）と，それを基盤として発生するところの〈要求：義務〉という規範的拘束関係とを意味するのである。不法行為や事務管理・不当利得によって発生する債権関係でも，この原理はまったく同じである。

【債権の財貨性・流通性は債権発生の目的（＝消滅）とは矛盾しないのか？】
「債権」は，Bから給付を受けることを目的とする（＝債権の消滅）Aの権利であるから，その給付受領可能性が制度的に保障されるならば，一定の価値（財産価値）を有することになる。ここから，「債権」自体が処分の対象となり，流通に置かれるのである（奥田2頁参照）。このことは，本文で述べた，債権がその消滅を目的的に内包することと反する現象であるようにもみえるが，しかし，債権の財産価値は，各債権が固有に生み出す利子（果実）率とその目的（＝債権消滅）の制度的保障とに規定されるのであり，それが，各債権の存続期間内で財産的価値（＝流通価値）を有するというだけのことであって，債権がその消滅をみずから目的とする関係であることと矛盾するわけではない。

 ＊ 「信用」（Kredit）の意義　　この取引形態を可能にしているのが「信用」（Kredit）である。そこから，「信用」とは，同時的交換関係を異時的交換関係に移行させるもの，ないし異時的交換関係の創出を可能にする当事者の特殊な関係と捉えられるのである（詳細は，近江「有担保主義の動揺と『信用』問題 (1)」早稲田法学63巻4号5頁以下。「信用」とその一形態である「担保」との関係については，【Ⅲ】72頁以下参照）。
 ＊＊ 「等価」交換関係の維持　　同時的交換関係は，等価性を維持して，異時的交換関係へと転化する。この場合に，その「等価」性を維持させているのが，「利子」（Zinsen）である。なお，いうまでもないが，この等価性と，各債権の有する具体的・個別的な利子率とは無関係である。利子率は，債権の財貨価値を決定する基準となるものである。
 ＊＊＊ 「債」権と「債」務　　「債」とは，本来，それ自体が負担・借金などを表す概念であるが，法律学では，「債」につき，権利者の側から見た場合を「債権」，義務者の側から見た場合を「債務」と呼んでいる。そして，わが国では，権利を一般に権利者側から見るので，「債権法」とか「債権関係」とか表現している。これに対し，ドイツやスイスなどでは，権利を義務者の側から見ているので，債権を「債務」（Schuld）と表現し，Schuldrecht（債務法），Schuldverhältnis（債務関係）というのであるが，わが国ではこれらを債権法・債権関係と訳している。

＊＊＊＊ **義務の履行と信義誠実の原則** この「債権」が発生した場合の義務の履行（＝債権関係の解消）は、信義に基づき誠実に行われなければならないことは当然である。それゆえ、<u>ここに、債権関係における義務履行の指導理念として「信義誠実の原則」</u>（Treu und Glauben）<u>が生じ、これが、債権法を貫く根本原則として確立したのであった。</u>そして、本文から理解されるように、この原則は規範的拘束の紐帯をもなしているのである。

なお、わが民法は、それを単に債権法の原則に止まらず、およそ権利を行使し義務を履行する際の指導理念と捉えているので（$\binom{1条}{2項}$）、信義誠実の原則は、民法全般を通じての一般理念となっている（$\binom{【Ⅰ】20頁}{以下参照}$）。

(b)「債権」の目的 は給付行為 冒頭で、債権は、特定の人（債務者）に対してあること（＝行為）を要求（請求）する権利だといった。そして、上記**(a)**で理解されたように、その「あること（＝行為）」とは、債権の消滅を導く「行為」、すなわち義務の履行行為である。これを、「給付」（Leistung）という（$\binom{給付「物」でないことに注意せよ。}{詳細は、第2章序説1) (25頁)参照}$）。この給付という「行為」が、具体的に行われる個々的な履行行為（$\binom{例、目的物の引}{渡し行為など}$）を指しているものでないことはいうまでもない。これらのことは、作為債務であれ不作為債務であれ、また、「与える債務」であれ「なす債務」（$\binom{例、医師の治}{療行為など}$）であれ、変わりはない。

ところで、債権の本質論の中で「給付」における「給付結果」をいかに位置づけるかにつき、若干の議論があるが（$\binom{14頁【給付受領権・給付保持力}{は債権の効力なのか？】参照}$）、上記の<u>「給付」とは、「債権」を消滅させるべき「行為」でなければならないから、給付結果はその中に内包される観念であると考えるべきである</u>（$\binom{同旨、林ほ}{か4頁〔林〕}$）。それゆえ、後に述べる債権の「請求力」とは、このような「給付」（行為・結果）義務を本質的内容とするところの「債権」を、債権者側から表現した観念である（$\binom{後述2(1)(a)}{(13頁) 参照}$）。

(c)「債権」の発生形態 最初に、「債権」の発生の一形態として交換（取引）の場合を挙げたが、「債権」はそのような人と人との約束（契約）によってのみ生ずるものではない。そのほか、例えば、Aが道を歩行中にBの自動車にはねられて負傷した場合に、AはBに対して損害賠償「債権」を取得するし、また、B一家が旅行中にその家に倒壊のおそれが生じた場合に、隣人であるAが自己の費用でその倒壊を防止する工事を施し

たときは，事務管理として，AはBに工事立替金「債権」を取得する。さらに，法律上の原因を欠く不当利得関係からも「債権」は生じるのである。

このように，「債権」── 給付関係・義務履行関係 ── は，① 契約，② 不法行為，③ 事務管理，④ 不当利得，という4つの発生原因をもっている[*]。これらの発生原因は，債権関係の構造からいえば「基本関係」として捉えられ(次掲(3)参照)，このような基本関係なくして，「債権」が単独で発生することはない(債権譲渡や債務引受けの場合は別である)。これらは，「債権」関係を発生させる原因として，『債権各論』で論じられる。

> * **身分上の債権関係**　本文に掲げた4つの原因で発生する債権関係は，すべて民法財産法上の債権関係である。しかし，身分法（家族法）においても，このような債権関係を考えることができよう。すなわち，親となることにより，子に対して扶養義務など諸々の義務が発生し，夫または妻となることにより，配偶者に対する諸義務が発生する。それに対峙する子や夫婦の他方は，その義務内容に応じた債権を有するのである。内縁や縁組の場合でも同様の関係である。これらにおいては，地位自体に身分上の債権関係が存在し，その地位に就任することにより当然に身分上の権利・義務関係が生じるわけである。このような債権関係を「身分的債権関係」と呼ぶことが適切であるが，いずれにしても，財産法とは無関係である。

(3) 「債権」の義務履行の構造

これまで，「債権」の本質としての請求力とそれを基礎とする規範的拘束関係を考察したが，債権は，いうまでもなく，債務者によって履行されるところに意味がある。では，債務者の履行の面から見た義務というのはいかなる構造を有しているのだろうか。その中心に置かれるのは，「債権」を生じさせる原因関係（基本関係。例えば，契約）が本来的に〈目的〉とするところの給付義務である。しかし，給付義務の履行に際しては，その指導理念である信義則が支配する以上，「給付」を契機とする諸々の信義則上の義務が発生しよう。このような義務の構造につき，ここでは特に契約による場合を中心に考えよう(北川・契約責任349頁以下，奥田15頁以下，潮見・契約規範2頁以下)。〔**図③**〕参照。このような構造分析は，異なった法益の下に発生する諸義務を理解する上で有用である(北川17頁)。

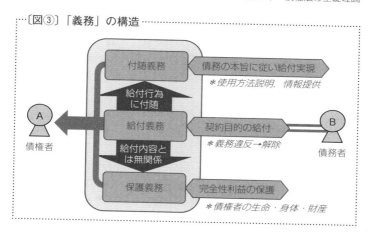

〔図③〕「義務」の構造

(a)「給付義務」
（本来的給付義務）
債務者は，債権者に対し，当該契約（基本関係）で目的
とされた「給付」をしなければならない。これを「給付
義務」（本来的履行義務）といい，債権関係の中心をなす義務である。いかな
る給付がこれに当たるかはその契約類型から決定される。例えば，売買契約
であれば，売主の目的物引渡義務・登記移転義務，買主の代金支払義務が，
この給付義務に当たる。このように，給付義務は，基本関係（原因関係）の
「目的」から決定づけられるところの，給付「結果」の実現を目的とした規範
である。したがって，給付結果が実現されない場合には，遅滞・不能の債務
不履行責任が生じる。また，民法上の同時履行法理（同時履行の抗弁権）は，
基本的には，双務契約における互いの給付義務の履行を規律する法理として
位置づけられている。

　なお，債務には，売買契約のような「与える債務」と，医療契約のような
「なす債務」（手段債務）とがある。前者では，上記の給付義務の観念が直截に
当てはまる。しかし，後者でも，給付結果（病気の完治）を問題としないだけであっ
て，「なすこと」（手段を尽くすこと）自体が「給付」なのであるから，給付義
務の観念が妥当することはいうまでもない。

　　＊　**給付義務の2形態**──「主たる給付義務」と「従たる給付義務」　北川教授は，
　　契約類型を決める義務としての「主たる給付義務」のほか，例えば，売買目的物の

据付けや組立て，性能・使用方法の説明など，給付結果実現の一翼を担う「従たる給付義務」も信義則上から発生するとされる（北川・契約責任356頁，同「債務不履行の構造とシステム」下森編『安全配慮義務法理の形成と展開』275頁）。しかし，「従たる給付義務」として挙げられた例をみてもわかるように，次の付随義務（付随的注意義務）に限りなく接合した観念であり，そのいずれともとれるのが実情であろう。

　また，たとい「従たる」ものであっても「給付義務」である以上は，その義務違反は，履行責任（債務不履行）だといわざるをえない。しかし，そのような義務違反が履行責任になじむものではないことは明白であろう。以上のことから，義務構造論はさておき，解釈論上の理解としては，私は，「給付義務」に付随する諸義務は，保護義務を除き，次の「付随義務」に包括して理解すれば足りると考える。なお，給付義務2形態論をとる潮見説については後述する（後掲【付随義務論】参照）。

(b)「付随義務」
（付随的注意義務）　上記の「給付義務」の履行に際しては，一般に，それを債務の本旨に従って実現するように，注意ないし配慮することが求められよう（1条2項参照）。例えば，引渡しのための適切な準備をしたり，目的物の使用についての説明や一定の情報を提供し，あるいは特殊な契約のために細心の注意を払って履行すべきことなどである（その種類や形態は契約によって一様ではない）。これらは，「給付」義務の内容そのものではなく，したがって，給付結果と直接的関連性はないが，給付義務の履行へ向けられたところの，給付義務に付随する義務であることは理解されよう。これらの規範群を総称して，「付随義務」（Nebenpflicht）（北川・契約責任355頁，北川・前掲「債務不履行の構造とシステム」275頁以下）ないし「付随的注意義務」（奥田17頁，前田120頁）などと呼んでいる。

　付随義務の特質を述べると，第1に，このような付随義務は，「債務の本旨に従って給付義務を実現すること」を目的とする規範群であるから，その実体法的な根拠は，義務履行の基本理念である「信義誠実の原則」（1条2項）── 義務の履行は信義に従い誠実に行うべし ── ということになる（奥田18頁）。ただ，内容的には，注意義務（結果回避義務）に近いものや，付随的給付に近いもの（例，説明義務など）もあろう。

　第2に，給付義務に付随する義務であるから，この義務違反によって給付義務違反を惹起するならば，債務不履行（遅滞・不能）責任が発生する。また，この義務違反によって拡大損害が生じた場合には，給付外法益の侵害として

$\binom{\text{次掲(c)}}{\text{参照}}$，保護義務違反の責任が発生することも明らかである。しかし，原則として，義務自体の履行責任（強制履行・義務履行の訴求）はありえない。付随義務たるゆえんである。

【付随義務論】　　上記の「付随義務」は，少なくとも，「主たる給付義務」とは区別されるべきであり，また，次掲の「保護義務」とは法益根拠が異なる点では学説は一致しているが，しかし，その構造の理解と位置づけについては定説はない。前記した注＊「給付義務の2形態」$\binom{7}{頁}$からも理解されようが，義務の構造論については学説上大きな議論がある。本書は，「付随義務」・「保護義務」の理解については，林良平教授・北川善太郎教授・奥田昌道教授の見解に与している。そこで，若干異なった見解を示すと，――

第1に，前田教授は，本来的給付義務以外を付随的〔注意〕義務で統一する構成は本書と同じであるが，付随的〔注意〕義務は，一般には履行義務とはならないが（したがって，強制履行に適しない），契約や法規で履行義務にまで高められる場合がある。これを「付随義務」と区別した「付随的履行義務」と呼び，さらにこの場合，その履行のための付随的注意義務が生ずるとし，これを「義務の『入れ子型』構造」とする$\binom{\text{前田121}}{\text{頁以下}}$。

第2は，包括的給付義務論（主たる給付義務・従たる給付義務）を主張する潮見教授であり，前掲北川説$\binom{7頁注}{*所掲}$とは異なって，ドイツの「付随義務の給付義務化論」の影響により，履行過程の2元構造――「給付義務」と「具体的行為義務」――という視点の下に，債務の構造を，給付結果実現義務としての給付義務（主たる給付義務）と，その給付結果の実現に必然的に伴う一定の付随的利益に配慮すべき義務を「従たる給付義務」と捉え，この中に，従来の従たる給付義務や付随義務・保護義務などを位置づけようとする$\binom{\text{潮見・契約規}}{\text{範71〜84頁}}$。

(c)「保護義務」
（独立的注意義務）　　次に，<u>契約関係に入った各当事者は，互いに，相手方の生命・身体・財産的諸利益を侵害しない注意義務がある</u>というべきである。なぜなら，「契約」という特殊の接触関係に入った以上は，その人的信頼関係から特にこのような相手方の法益を侵害しない配慮が要求されるというべきだからである$\binom{\text{北川・契約責任93頁以下・287頁以下・357}}{\text{頁，奥田18頁，潮見・契約規範85頁以下}}$。これを契約規範上の「保護義務（Schutzpflicht）」（〔独立的〕注意義務（Diligenzpflicht）・安全義務）と呼ぶ。例えば，家具の売主は搬入する際に玄関等を壊さ

ないように注意すべきだし，食品の売主は買主が健康を害さないように食品を管理・販売すべきである。

このように，保護法益は，不法行為規範で保護されるべきものと同じく，相手方の「生命・身体・財産的諸利益」—— すなわち完全性利益（Integritäts-interesse「完全性」とは，債権者のそのままの状態を指している）—— であるから，公の秩序に基礎を置くものである。したがって，給付義務の実現（契約目的）とは直接的関連性を有しない。このように，保護義務違反によって侵害される利益は，給付利益とは直接的関係をもたないゆえに，「拡大損害」と呼ばれる。ただ，いくつかの理論的問題がある。

　i　まず，保護義務の性質・根拠および発生時期の問題である。保護義務は，「給付」に際して要求される注意義務であるが，しかし，その保護法益は，給付（契約目的）の実現とは直接的関連性はなく，公の秩序に基礎を置くものであるから，給付義務から発生するわけではなく，債権者・債務者の人的接触（信頼関係）を契機とする関係から発生するものと考えなければならない。それゆえ，——

　（α）　この人的接触（信頼関係）の民法上の指導理念は，「信義則」である。それゆえ，保護義務の基盤は信義則であるといってよい（奥田19頁）。

　（β）　「契約」に際しての人的接触は，その締結に向けてすでに成立以前から生じていよう。契約が成立すれば，この義務は，明確に確固たる契約規範（履行の指導理念）として機能する。しかし，その成立以前においても，当事者は正当な理由なくみだりに締結を拒否してはならない義務を負っているはずである。

　このように考えれば，① 契約成立以前の段階から，濃淡程度の差はあれ，保護義務による覊束関係が生じているというべきである。いわゆる「契約締結上の過失」責任の問題は，この保護義務違反の問題と考えることが適切である。次に，② 契約成立後の履行過程において，いわゆる「積極的債権侵害」および「安全配慮義務」は，この法益侵害としての保護義務違反の問題として取り上げられてきた。さらに，③ 契約終了後においても，当事者間では，一定の義務が課されることもある（余後的注意義務・契約の余後効）（北川・契約責任287頁

以下，高嶌英弘「契約の効力の時間的延長に関する一考察」産大法学24巻3・4号，25巻1号参照）。これらの問題は，それぞれの該当箇所で述べる。

ii　次に，保護義務上の保護法益が不法行為責任のそれと同じである以上，不法行為責任規範との関係いかんである。このことから，保護義務は不法行為責任の前提としての行為（ないし不作為）義務にすぎず，契約上の義務として構成する必要はないとする説もある（平野裕之「完全性利益の侵害と契約責任論」法律論叢60巻1号，同「利益保障の2つの体系と契約責任論」法律論叢60巻2・3号，同「安全配慮義務の観念は，これからどの方向に進むべきか」『現代契約と現代債権の展望2』33頁以下）。しかし，人的な特殊の接触関係にある債権関係を前提として，しかも「給付」（契約目的の履行）に際して生じる義務であるから，契約規範としても発生するものと考えるべきである（北川・契約責任91頁以下，奥田昌道「契約法と不法行為法の接点」『民法学の基礎的課題・中』（於保不二雄還暦）209頁以下，潮見・契約規範2頁以下，長坂純「完全性利益の侵害と契約責任構成」法律論叢82巻6号31頁以下参照）。

もとより，保護義務違反が無限定に用いられることには注意しなければならない。そこで，第1に，このような保護義務が契約規範として有効となるためには，債務者の給付結果実現過程（給付手段）と利益侵害行為の態様との間に，常識的にきわめて強度の牽連性がなければならないであろう（潮見・講義案 I 114頁）。第2に，不法行為責任を決して排斥するものではなく，両責任は，競合的に成立すると解すべきことである。したがって，不法行為の問題だとして契約規範を排斥するのは妥当ではないし，また，不法行為責任と限界を接している中間的義務だという理解も必要ではない。そして，両責任は，いわゆる請求権の競合の問題と考えれば足りよう。

【「債権関係（債務関係）」（Schuldverhältnis）の概念】　　債権関係（債務関係）（Schuldverhältnis）という言葉はやや特殊な用語であるが，わが国では，債権者・債務者間を単に説明する用語の域を脱してはいなかった。すなわち，債権者・債務者の関係をして，学説上のニュアンスの違いはあるが，債権・債務の総和に尽きるものではなく，これに伴う多くの権能と義務（通知義務・担保責任・抗弁権・解除権・対価の減額請求権・買取請求権など）を包含し，それ以上に，当該契約によって企図された共同の目的に向かって協力すべき緊密な有機的結合ないし信頼関係であり，債権が成立することによってこの関係が生ずるのだとする（我妻7頁，於保7頁，林ほか13頁〔林〕など。このような理解は，ナチス全体主義的思想時代の概念規定の残滓だといわれる（北川・契約責任351頁）。なお，ドイツにおけるこの概念の生成と変遷については，大窪誠「ドイツにおける契約引受論」法学55巻3号151頁以下参照）。

　　これに対して，北川教授は，付随義務・保護義務を取り込んだドイツ学説の債権関係の構造的理解を承け，今日の私法学としては，契約法の外延の拡張に対する概念として理解すべきだとし，債権関係は，契約の前・中・後における利益(特に給付外利益)紛争を特殊法的関係の存在を理由に契約責任として処理するための概念であるとする (北川・契約責任91頁以下・351頁以下)。従来の有機体的理解などを排除し，保護義務による拘束関係がある場合を債権関係として理解しようとするものである。

　　ドイツ債務法現代化法は，債権関係 (Schuldverhältnis) につき，各当事者に対して，「相手方の諸権利，法益および利益を顧慮すべき義務」を負わせるものであることを明言した (ド民241a条2項)。そして，債務者がこの債権関係に基づく義務に違反した場合には，債権者に，その損害賠償請求権を与えたのである (ド民 280条，282条)。本書でも，「債権関係 (債務関係)」をこのような意味において使う。いうまでもなく，契約成立以前から，債権者・債務者の接触を契機として発生するものである。

(4)　債権法「総論」と債権法「各論」

　　民法は，債権の法律関係につき，「総論」と「各論」とに分けて規定を置いている。そして，「総論」では，債権の効力等につき，債権の発生原因とは一切遮断した形で抽象的に規定している。しかし，債権というものはそれぞれ固有の発生原因を有し，本来，それを離れて債権の内容を考えることはできない (奥田25頁以下)。ところが，民法ではそのような構成が採られているため，総論の規定が各論においてどのように関係するのか，難解にも感じられることがある。

　　「各論」では，債権発生の各原因，すなわち，① 契約，② 事務管理，③ 不当利得，④ 不法行為を定め，かつ，それぞれの債権発生における特有の効力や関係を規律している。

2 「債権」の効力の一般理論

(1) 債権の構造

(a) 請求力 —— 債権の本質　すでにみたように，債権・債務は，〈要求〉を基礎とする規範的結合（拘束）関係にあるが，これは，その「債権」関係自体の消滅を自己目的としているものである。そして，その関係の消滅は上記の〈要求（＝請求）〉の実現・満足を意味し，〈要求〉規範の役割は終了する。そうであるならば，債権の本質は，このような法律的当為（Sollen）としての〈要求（＝請求）〉規範であるといわなければならない。債権者・債務者間における抽象的・観念的な規範関係である。そして，この〈要求〉規範は，一般的な用法に従えば「請求力」ということになるから，<u>債権の本質は，この「請求力」</u>と考えられるのである（いうまでもないことだが，この場合の「請求力」とは，債権の論理構造から見た場合の請求権能であって，具体的・現実的な「請求権」を指すわけではない。奥田14頁参照）。〔**図④**〕参照。

　もとより，このような「請求力」は，その請求（要求）の満足・実現によって消失するのであるから，その満足を得ない場合（債務者の給付行為が本来の給付結果をもたらさない場合）は，依然請求力に服していることになる（当為的状態の存続）。したがって，<u>「請求力」</u>とは，債権を消滅させるべき完全な満足を得させること（＝給付結果の実現）を目的とする規範概念なのである。

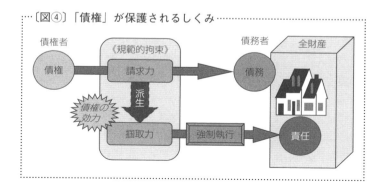

〔**図④**〕「債権」が保護されるしくみ

　そこで，債権の「請求力」は，第1に，当為的状態の結果として，債務者
の任意履行を促す。しかし，それが任意に履行されないときは，第2に，強
制履行（さらに損害賠償）という形で権利的性質を発現することになる。

　【給付受領権・給付保持力は債権の効力なのか？】　債権の本質的効力を，
債務者からの行為（給付）のもたらす結果（給付結果）を受領し（＝給付受領権），
かつそれを適法に保持し得ることだ（＝給付保持力），と捉える説が多数を占め
てきた（我妻栄『債権総論』（焼失改版1948・初版1940）5頁，於
保6頁，林ほか3～4頁〔林〕，奥田3頁・13頁・73頁など）。その理論根拠は，学説
によって多少のばらつきがあるものの，債権と請求力との関係の理解におい
て，債権者の「請求」によらずに，債務者が任意に弁済した給付（給付結果）を
受領して保持することが債権の本来の姿であるから，その場合に給付を受領し
て保持し得ることが債権の効力なのだとするところにあると思われる（例え
ば，奥
田・前掲頁）。それゆえに，この給付保持力を債権の本質的効力に据え，請求（力）は
そのための一手段・作用にすぎないと理解する（我妻6頁，
於保6頁）。そして，給付保持
力とは，給付結果が債権者に帰属し，その帰属が法的に承認されることであり
（我妻6頁，林ほ
か3～4頁〔林〕），したがって，不当利得で返還請求されないのだ（前田87頁，平
野42頁以下）
と説明する。
　しかし，〈請求力〉というのは，債権が"消滅（満足）"するまで存続すると
ころの，法律的当為（Sollen）としての「給付」を促す拘束規範である。した
がって，たとえ任意弁済であっても，法律的当為としての〈請求力〉に服して
いるものと解さなければならない。それゆえ，債務者は履行しなければならず，
反対に債権者は受領権があるのだから，債権者が「請求力」に基づいて給付を
受領し得るのは当然である。そして，債権者が給付を受領すれば，「請求力」の
規範的使命は終わり，「債権」関係は直ちに消滅する。「債権」が消滅した以上
は，両者間には，もはや何らの規範的な拘束関係も存在しない。そうであれば，
給付を受領した後で，それを「保持し得る（＝保持し続けることができる）」とす
る観念などは成立する余地はないのである。
　要するに，任意弁済といえども，法律的当為（Sollen）に応ずべき行為である
から，「給付」として正当化されるのは当然であり，この場合においては不当利
得の観念が成立する余地はない。したがって，不当利得を成立させないとする
「給付結果を受領し保持し得る権能，すなわち給付結果の帰属とその帰属の法
的承認を受ける権能」などは，債権の効力と考えることはできない。以上のこ

> とから，私は，「給付受領権能ないし給付保持力」なるものを，先験的観念とはみない。

(b) 摑取力　〔**図④**〕参照。以上のように，債権は，その本質的効力である「請求力」により，第1次的には，抽象的規範として債務者の任意の弁済を促すが，その弁済が実現されない場合には，第2次的に，国家（裁判所）の助力により満足を受けることが保障されている（強制履行）。すなわち，債権者は，強制執行を媒介として債務者の一般財産にかかっていくことができるのである。この，債権者が債務者の一般財産にかかっていくことのできる効力を，債権の「摑取力」（Zugriffsmacht）という（このような，債務者の一般財産が債務の引当てとなっている関係を，「責任」という。**3** (3)(22頁)で後述する）。

　摑取力は，具体的には，訴訟→強制執行の手続を通して発現するものである。しかし，請求力が実現されない場合に発生する効力であるから，手続法上の権能ではなく，請求力から派生するところの債権の実体法的効力と考えなければならない。また，その具体的権能である訴求可能性や執行可能性も，請求力に内包されているものである（奥田13頁，林ほか61頁〔林〕）。

(2)　債権と請求権

　債権（Schuld）と請求権（Anspruch）とは，通常は同義的に用いられている。しかし，債権の論理構造からみれば，両者は同一の概念ではない。ローマ法では，実体法と訴訟法とが分離せず，「権利」はすべてアクチオ（actio 訴権）として一元的に構成されていた。しかし，このアクチオは，純然たる訴権（訴訟法的権利）ではなく，実体法的権利の主張・表現でもあった。この点に着目して，ヴィントシャイトは，アクチオの実体法的側面を「請求権」（Anspruch）とし，実体法上の概念として構成したのである（詳細は，奥田昌道『請求権概念の生成と展開』参照）。

　わが民法では，債権と請求権との明白な区別は見られないが，債権法の各規定においても，また債権法以外の分野でも「請求権」の用語が使われる場合がある（例えば，物権法上の物的請求権，親族法上の同居請求権（752条）や扶養請求権（877条），相続法上の相続回復請求権（884条）など）。債権との関係で請求権を理解すれば，以下のような相違がある（奥田10頁以下）。──

　i　債権と同義で用いられる場合　　通常はこの用法である。

ⅱ　債権に基づく請求の具体的内容を表す場合　さきの(a)で述べた「請求力」から生じる種々の具体的な給付請求権や，それに代わる損害賠償請求権のごときである。ただし，この場合でも「債権」の語を当てても間違いではないが，債権の論理構造から見る限りは区別され得るものである。

ⅲ　債権が包括的権利を表し，請求権がその中の具体的内容を表す場合　例えば，「債権の目的が特定物の引渡しである場合」($\binom{483}{条}$)の債権（包括的権利）と特定物引渡請求権との関係などである。

(3)　債権の性質

「債権」を，一つには「物権」との比較から，一つには権利としての性質からみた場合には，次のような効力ないし性質を挙げることができる。

(a) 相対性　物権は，物に対する支配権であって，誰に対してもこの権利を主張することができ，その意味では，絶対的・対世的な権利である（$\binom{【Ⅱ】3頁以下・}{14頁以下参照}$）。しかし，債権は，特定の人（債権者）が特定の人（債務者）に対してのみ給付を請求する権利であるから，絶対的権利ではなく，対人的・相対的な権利である。

(b) 平等性　物権は，絶対性を有する支配権であって，他を排除する権能が与えられる（排他性）。しかし，債権は，支配権ではなく請求権であって，これは人間に対する権利であるから排他性を有しないことはもとより，その行為自体の強制もあり得ない。債務の履行は，もっぱら債務者個人の意思に委ねられるのである（$\binom{私的自治という近代}{社会の大前提である}$）。したがって，債務者は，先に成立した債権を無視して後に成立した債権を先に履行することも許されるのである（$\binom{その結果，先の債権が実現されないとすれば，そ}{れは損害賠償債権に転化して存続することになる}$）。そうである以上は，同じ履行内容を有する債権が幾重にも，しかも時間的順序に関係なく成立することが可能である。ここに，債権法を貫く大原則としての「債権者平等の原則」が成立する。

(c) 譲渡性　債権は特定人に対してある行為を請求する権利なので，原則として譲渡性はないとされてきた。しかし，債権が財産的価値を有するにいたり（$\binom{4頁【債権の財貨性・流通性は債権発生の目}{的（＝消滅）とは矛盾しないのか？】参照}$），債権者が交替しても債権

の性質が変わらないときは，その譲渡を認めても問題はない。このようにして，債権の譲渡性が原則的に承認されるにいたった（466条1項本文）。もちろん，当事者がこれを禁止するのは自由であるし（466条2項・3項参照），また，債権の性質から譲渡が許されない場合（466条1項ただし書）のあることも当然である。

(d) 不可侵性　債権が相対権であるとすれば，他人に対してはその債権を主張できないことになるから（絶対権ではないから），債権が侵害された場合でも，侵害者(第三者)に対してはその責任を問うことができない，とするのが論理的帰結である。しかし，特殊の債権（とりわけ，賃借権など物支配を内容とする債権）については，第三者からの妨害に対してその妨害の排除や不法行為責任を問う必要が出てきた。そこで唱えられたのが，物権・債権を問わず，およそ権利には「不可侵性」があるとする考え方である。現在では一般的に承認されている（第6章（149頁）で扱う）。

3　いわゆる「不完全債務」論

(1)　債権の訴求力と執行力

　債権は，任意に履行を受けない場合は，請求力から派生する摑取力の実現方法として，① 訴訟を提起し（訴求力），② 強制執行を行う，ことができる（執行力）。債権は，実体的本質として，この2つの効力(訴求可能性と執行可能性)を一般的に有しているのである（そこから，手続法上の権利としての訴権と強制執行請求権とが生じる）。しかし，例えば，消滅時効にかかった債権は，①の訴求可能性（訴求力）がないことは明白である（この場合は，②の執行可能性もない）。さらに，①の訴求可能性を排除する不起訴特約(任意には弁済するが，債権者は裁判所に訴えを提起しないとする特約)のある債権や，②の強制執行可能性を排除する不執行契約（強制執行しない特約）のある債権などは，どのように扱われるであろうか。

　問題は，①の訴求可能性のない債権類，②の執行可能性のない債権類，をどのように理論的に位置づけるかである。ある学説は，前者を「自然債務」

といい，後者を「責任なき債務」と呼んでいるが，その概念自体に問題があることは次に見るとおりである。ただ，これらの債権（債務）を総称して「不完全債務」と呼ぶことには問題はなかろう（我妻68頁，星野29頁，前田104頁）。

> ＊　**現実的履行の強制は？**　　債務（通常，特定物引渡債務）内容をそのまま実現する場合（＝現実的履行の強制）は，厳密には摑取力の実現ではない（奥田82頁は，これを，「貫徹力」（Durchsetzbarkeit）とする）。しかし，その債務が実現されない場合には，損害賠償債務に転化して債務者の一般財産を摑取するから，ここでは摑取力として考えておく。

(2)　「訴求力を欠く債務」──「自然債務」論

(a) 問題の所在　　「自然債務」（obligatio naturalis）の概念は，権利概念が訴権（actio）によって一元的に構成されていた ──「訴権あるところに権利あり」── 下でのローマ法に始まる。すなわち，権利能力のない奴隷・家子のした約束や必要な方式を踏まない契約などは，訴権のない（＝訴求することができない）債務とされる一方で，債務者が任意に弁済すれば有効であって（非債弁済というわけではない），不当利得とはならないとされた。要するに，「債務」自体は自然的に（本性的に）存在していると考えられるのである。それゆえ，相殺や更改なども認められた。これを「自然債務」と呼んだ（歴史的研究は，石田喜久夫『自然債務論序説』参照）。もとより，この概念を近代民法の下でそのままの形で認めることはできないが，しかし，〈訴えることはできないが，任意に履行されるときは有効な弁済となる債務〉という共通項は確かに抽出されよう。そこから，有力説（自然債務概念肯定説）は，このような債務を「自然債務」の概念で理解しようとする（我妻68頁，於保71頁，星野29頁，水本・セミナー11頁，奥田86頁以下）。

　次の(b)に掲げる各債務のように，現在の民法上でも，いわゆる「訴えることができない」とされる債務がいくつか存在することも事実である。これらの債務の中には，訴権自体が発生しない債務や，紳士協定的に訴求可能性がないとされる債務も存し，さらには相殺や更改が許容される場合もあり，内容的には様々である。そこで，現在の自然債務概念肯定説は，次掲の概念否定説の批判をかわすべく，これらの債務を個別的に検討して，上に掲げた定義に合致したもののみを「自然債務」と捉えようとするのである。

　しかし，方法論としても，そのような債務すべてを包括的に自然債務というならまだしも（我妻説のように），このように訴求力のないとされる債務をふるい分け，ある債務は自然債務に該当し，ある債務はそれに該当しない，として捉えた「自然債務」概念がどれほどの意味をもつのか —— すなわち，解釈基準概念として —— はすこぶる疑問である。およそ，「不完全な債務」以上の意味はないであろう。したがって，すべてを包括できない以上，整理概念としても有用性はないといわなければならない。

　【「自然債務」論争】　　我妻博士は，当事者が非法律的規範（社会的規範）に強要されて履行するに任せ，法律的には裁判によって履行を命じることをさし控えるのが適当と考えられる債務は，これを統一して自然債務と呼ぶことが適切であるとされた（我妻67頁以下）。そして，この債務には，不起訴特約の債務，時効消滅した債務，不法原因給付の返還（708条）の場合，制限利息超過分の支払債務（旧法下）などが把握されたのである。

　ところが，これに対して，川島博士は，時効消滅した債務などのようにローマ法の自然債務に近いものもあるが，不法原因給付や制限利息超過分などが不当利得とならないのは特殊な法律的政策に基づいて債権が有効として認められたかのごとき結果となるだけであって，自然「債務」というものが存在するわけではない。これらをまぎらわしい自然債務という概念に統括することは有害無益であり，単に概念上の便宜としても正しくないと批判した（川島55頁以下）。ここに至って「自然債務」概念の肯定論（前掲）と否定論（磯村哲「債務と責任」『民法演習Ⅲ』13頁以下，『民法学4』10頁〔大河純夫〕，林ほか62頁〔林〕，前田109頁以下）とが生じ，現在に至っている。

　反対に，肯定説に立つ石田喜久夫教授は，上記の自然債務の定義に加えて，「人間の本性（natura）からして，『なすべし』との当為を生ぜしめる意思関係をも，自然債務『概念』でとらえうる」のだと反論する（石田「『自然債務』概念の有用性」民法の争点Ⅱ7頁）。

---

*　旧民法は自然債務を認めていた　　わが旧民法は，フランス法概念を受け継ぎ，財産編294条2項，562条〜572条に「自然義務」（自然債務）に関する詳細な規定を置いた。すなわち，「自然義務」は，訴えの方法でも相殺の抗弁によってもこれを要求することはできず，「其履行は債務者の任意なることを要し之を其良心に委す」とされ，反面において，追認，更改または担保設定は可能であって，その場合は通常の法定の効力が生じるとされていた。

(b) 各債務の問題点の検討　　そこで，自然債務と理解されてきた「訴えることのできない」とされる債務では何が問題となっているのか，その問題点を個別的に検討する必要があろう。──

　　i　徳義上任意に支払うとの特約付債務（不起訴特約のある紳士協定）債権者は請求せず，債務者は徳義上任意に支払うことを約した債務であって，紳士協定といわれるものである。このような合意は，通常は──合理性を有する限り──，徳義的な義務に止まらず，訴求力を発生させない合意として有効と考えられる*（訴訟上の合意は訴訟的効果をもつ契約としては不適法とする考え方もある。詳細は，石渡哲『執行契約の研究』64頁以下）。したがって，債権者が約束に反して訴えを提起した場合は，債務者がその合意を主張・立証すれば，訴訟手続による解決を要しない場合として訴えが却下される（新堂幸司『新民事訴訟法〔第6版〕』260頁）。

　　このように，不起訴特約は，訴訟法的効果を導くところの「訴権を生じさせない契約」として考えれば足りよう。この場合を「自然債務」として理解するか否かは，用語の問題にすぎない（於保71頁，我妻68頁，水本・セミナー5頁などは肯定する）。ただし，不起訴特約を不適法とする説は，訴訟法上の権利・権能は公法的なものであり，当事者間の合意でこれを放棄することはできないから，債権の効力である強制力の放棄としての自然債務（ないし無責任債務）と理論構成すべきであるとしていることに注意すべきである（於保73頁。石渡・前掲書64頁以下参照）。

　　なお，このような債務につき，相殺・更改などが認められるか否かは，「合意」の内容によると解して妨げない。

　　　＊　不起訴特約の有効性いかん？　　不起訴特約を一般的に有効とすることはできない。その合意がされた状況からして一方当事者に著しく不利な場合や，訴権一般の放棄と考えられる紛争を特定しない不起訴特約などは，公序良俗違反とすべきである。また，不起訴特約の意図は紛争を自主的に解決することにあるが，そうであれば，当事者間でその努力が尽くされたにもかかわらず解決の目処が立たない場合は訴えの利益ありとすべきである（新堂・前掲書260頁）。

　　ii　特殊の事情から生じた訴求できないとされる債務　　有名な「カフェー丸玉事件」でのホステスに対する債務（客が女給に遊ぶ目的から400円をやると約束したこと。大判昭10・4・25新聞3835号5頁。事案の詳細は，【I】185頁参照）がこれに当たるとされる。しかし，その言が真実であれば贈与

的な債務負担行為として捉えることができるし $\left(\begin{smallmatrix}それが公序良俗に反する場合\\には90条により無効となる\end{smallmatrix}\right)$，その意思がなければ，心裡留保 $\left(\begin{smallmatrix}93\\条\end{smallmatrix}\right)$ の問題となるから $\left(\begin{smallmatrix}上記判例は，贈与「意思」を\\審査すべしとして差し戻し\end{smallmatrix}\right)$，このような範疇自体を考える必要はないものといわなければならない。

iii　時効消滅した債務　時効で消滅した債務は，履行を強制されることはないから訴求力（訴権）を有しないが，しかし，これを相殺に供することはできる $\left(\begin{smallmatrix}508\\条\end{smallmatrix}\right)$。そこで，これを自然債務とする説（肯定説）は，消滅した以上は相殺の対象とならないはずだから，消滅しないで自然債務として存在していると考える $\left(\begin{smallmatrix}於保74頁，\\奥田92頁\end{smallmatrix}\right)$。反対に，否定説は，508条を特別の政策的規定と捉えることになる。

　具体的に問題となるのは，時効の利益を援用した債務者がみずからその債務を弁済した場合には，債権者の受領は非債弁済として不当利得となるのか否かである。肯定説は，債務が存在していると考えられる以上，不当利得とはならないと解する。反対に，否定説では非債弁済として不当利得となると解されるが，しかし，債務者は，時効利益を援用しており，債務の存在しないことを知っているのであるから，不当利得の主張は許されないというべきである $\left(\begin{smallmatrix}705条\\参照\end{smallmatrix}\right)$。

iv　不法原因給付の返還債務　不法な原因から債務は発生しない $\left(\begin{smallmatrix}90\\条\end{smallmatrix}\right)$。他方，不法な原因で給付が行われた場合には，その返還を求めることはできないが $\left(\begin{smallmatrix}708\\条\end{smallmatrix}\right)$，給付を受けた債権者が任意にその給付物を債務者に返還したときは，債務者は正当にこの返還を受けることができる $\left(\begin{smallmatrix}通\\説\end{smallmatrix}\right)$。この場合，肯定説は，かつて，不法原因給付による返還債務は自然債務だからだと説明したが，現在では，いずれの説も，法が再返還を禁止することの反射的効果として債務者の受領が有効になるものとみている $\left(\begin{smallmatrix}水本・セミナー\\8頁，奥田93頁\end{smallmatrix}\right)$。

v　債権は存在するが債権者の敗訴判決が確定した債務　債権者が，訴訟の拙劣さゆえに敗訴した場合である $\left(\begin{smallmatrix}判決の既判力から\\訴権が消滅する\end{smallmatrix}\right)$。そこで，勝訴した債務者が任意に弁済した場合には，それは有効と解されようが，その後で，債務者が，弁済したものの返還を請求することは認められないというべきである。権利濫用を理由とするのが一般である $\left(\begin{smallmatrix}水本・セミ\\ナー9頁\end{smallmatrix}\right)$。

vi　勝訴終局判決後に債権者が訴えを取り下げた債務　この場合には

再訴は許されないが($\binom{民訴262}{条2項}$)，債権自体は存続することになる。そこで，肯定説は，これも自然債務の典型とする($\binom{於保74頁，水本・セミ}{ナー9頁，奥田94頁}$)。

　　vii　破産・再生手続で免責・変更された債務　　債務者が破産手続で免責され，または民事再生手続で再生計画により債務が変更された場合でも，免責・変更の効果は保証人・物上保証人に及ばない($\binom{破253条2項，民}{再177条2項}$)。これらの場合，債務者の任意弁済は認められよう（上記免責・免除は破産法・民事再生法上の債務者救済手段にすぎないから）。しかし，債務者からの相殺や更改の主張は，これらの制度上認められるかどうかによるものであって，債務が残存するか否かにかかるわけではない($\binom{於保75頁，奥田}{94頁は肯定説}$)。

　以上のように，「自然債務」概念肯定説は，以上の各債務のいくつか（特に，i・iii・vi・vii）を「自然債務」と理解するのであるが，しかし，それらだけを自然債務と捉えたところで各債務の問題の何の解決にもなっていないのである。それら各債務に相殺や更改などが認められるかどうかは，各債務の性質（訴求力が否定された政策性）と相殺・更改の制度趣旨から判断されるべきであって，「債務」が自然的に存在しているからでは決してない。

(3)　「執行力を欠く債務」――「債務と責任」論

(a)「債務と責任」の構造　　さて，さきの〔図④〕($\binom{13}{頁}$)を見てほしい。債権は，任意に履行されない場合には，債務者の一般財産にかかっていくことができる。それを，債権の摑取力といった。摑取力は，既述したように，債権の請求力から派生する実体法的効力である。それゆえ，「債務」――すなわち履行・給付義務――は，一般に，一般財産をもって引当て（担保）とされていることになる。この債務者の一般財産が「債務」の引当てとなっている状態を，「責任」（Haftung）という。つまり，摑取力に服している状態である*($\binom{このことから，債務者の一般}{財産を「責任財産」とも呼ぶ}$)。

　「債務」（債権）は，「給付すべきである」という当為（Sollen）的状態にある。この状態は，債権の請求力として理解することができることはすでに述べた。他方，「責任」（摑取力）は，この請求力から派生する効力であり，債権が実体法的に内包している効力である。したがって，債権の本質・内容は，こ

の「責任」をも含めたものとして理解すべきである。それゆえ，「責任なき債務」や，さきの「訴求力を欠く債務」などは，「不完全債務」として捉えれば足りるのである。

【「債務と責任」と債権の本質】　「債務」と「責任」の関係の中で債権の本質をどのように理解するかについては，考え方に違いがある（奥田95頁）。――

〔Ａ〕「**債務**」**重視説**　債権の本質を，債務者の給付義務ないし債権者の給付受領権に尽きるものとし，「責任」は債権の効果にすぎないとする（我妻6頁・72頁以下，石田喜久夫「『自然債務』概念の有用性」民法の争点Ⅱ7頁）。

〔Ｂ〕「**責任**」**重視説**　債権の本質を，訴求力をも含んだ「責任」に置き，債務の給付義務を軽視する（石田文次郎『財産法に於ける動的理論』314頁以下）。「責任」には訴求力も含まれるから，自然債務は責任なき債務となる。

〔Ｃ〕「**債務・責任**」**説**　債権の本質を，「債務」の給付義務と「責任」の双方と捉える立場である（於保76頁，奥田96頁）。摑取力は，請求力から派生するものではあるけれども，両者は共に実体法的な債権の本質的効力と考えられる以上，この説が妥当である。

〔Ｄ〕**概念否定説**　債務と責任の区別を否定し，「責任」は債務の中に吸収されているとする（川島48頁）。

＊　**「責任」の2つの理解**　「責任」とは，本文に述べた摑取力に服している状態と捉えるのが一般であるが，より広く，訴求力をも含んだものとする説もある（例，上記〔Ｂ〕）。本書は，通説と同じく，摑取力に服している状態として狭義に捉える。

(b)「責任なき債務」
（執行力を欠く債務）　通常の債権は，請求力と摑取力とを本質的に有しており，したがって，債務と責任との分化は見られない。しかし，当事者間で強制執行をしないと合意した債務（不執行特約付債務）は，公序良俗に反しない限り手続法的な効果をもつ契約として有効と解すべきことは，不起訴特約付債務の場合（前述(2)(b)i（20頁)）と同様である（学説の詳細は，石渡哲『執行契約の研究』3頁以下（40頁以下）。大判大15・2・24民集5巻235頁，大判昭2・3・16民集6巻187頁，その他の判例は，石渡・前掲書52頁以下参照。近時の問題点の整理については，藤田寿夫「債権者取消権制限特約の効力」近江幸治=椿寿夫編『強行法・任意法の研究』260頁以下参照）。そうであれば，この場合は，**執行力（執行可能性）を欠く債務**としての「責任なき債務」ということになる（なお，前記した「責任」を訴求力をも含んだものとして理解する立場では，訴求力を欠く債務も「責任なき債務」ということになる。上記注＊「『責任』の2つの理解」参照）。

この場合，債権者が，その約定に反して執行申立て（執行文付与の申立て）

をしたときは，執行文付与に関する異議申立てをすることができ$\left(\begin{smallmatrix}民執\\32条\end{smallmatrix}\right)$，また，現に強制執行がされたときは，執行異議の申立てをすることができる$\left(\begin{smallmatrix}同11\\条\end{smallmatrix}\right)$。

(c) 有限責任・債務なき責任　「責任なき債務」のほか，債務と責任とが分離する場合として，有限責任と債務なき責任とを考えることができる。

i　有限責任　上に「責任」とは，債務者が一般財産をもって「債務」を担保している状態といったが，それは，全財産をもって責任を負うということであるから，無限責任である。しかし，相続の場合の限定承認$\left(\begin{smallmatrix}922\\条\end{smallmatrix}\right)$や，営業質の質置主の責任$\left(\begin{smallmatrix}質屋1条1項,\\18条1項\end{smallmatrix}\right)$などにおいては，「債務」自体はそのまま負担するが，「責任」は一定の範囲（相続財産・質物・受託財産）に限定されるから，そのような場合の責任は，有限責任（物的有限責任）ということになる。

なお，持株会社の有限責任社員の責任$\left(\begin{smallmatrix}会580\\条2項\end{smallmatrix}\right)$や株主の責任$\left(\begin{smallmatrix}会104\\条\end{smallmatrix}\right)$なども同様であり，責任が一定額に制限されている。

ii　債務なき責任　物上保証人や担保不動産の第三取得者など，債務者以外の者が責任を負う場合 —— 債務の主体と責任の主体とが分離する場合 —— の責任を，「債務なき責任」と呼んでいる。保証$\left(\begin{smallmatrix}446\\条\end{smallmatrix}\right)$も，本来はこの「債務なき責任」の範疇に入るものであるが，民法は「保証」責任を，特別に債権者に対する独立した「債務」（保証債務）と構成したため，形式的には債務なき責任には当たらない。

第 2 章　　債権の目的

序　説　　債権の目的の意義

(1)　「債権の目的」

「目的」という用語はかなり多義的に用いられるが，民法が 399 条以下で「債権の目的」というときは，債権の対象またはその内容を指している。債権は，「人」（債務者）の履行を請求の対象または内容としているから，したがって，債権の目的は，債務者の履行行為すなわち「給付」ということになる（債権の「目的物」ではないことに注意せよ）。この「給付」が請求の対象なのである（第1章 **1** 2(b)(5頁) 参照）。

「給付」は金銭に見積ることができないものであってもよく，そのような給付を目的とする債権も有効に成立する（399条）。古い判例に，土地の受贈に際して寺僧が贈与者の祖先のために永代常念仏を唱える約束を有効としたものがある（東京地判大2年月日不詳（ワ）922号新聞986号25頁）。ただし，このような約束が履行されない場合には，その債権は，損害賠償債権に転化して金銭的評価を受けることになる。また，「給付」は，作為的なものだけでなく不作為的給付をも含むことはいうをまたない。

なお，請求の対象としての「債権の目的」というからには，「給付」とはその行為自体（給付行為）のみならず，給付結果をも包摂した概念であると解すべきことは既述したとおりである（14頁【給付受領権・給付保持力は債権の効力なのか？】参照）。

(2)　債権の目的（給付）の要件

(a) 適法性　「給付」は，公序良俗（90条）や強行規定（91条）に反しない適法なものでなければならない。これに違反する給付を目的とする債権は，無効である。

(b) 可能性　給付は，債務の発生原因及び取引上の社会通念に照らして不能であるときは，債権は成立しない$\left(\substack{412条の\\2第1項}\right)$。ただし，契約に基づく給付がその契約時に不能（原始的不能）であることは，契約成立の妨げにならず，契約（債権）は有効に成立する。この場合は，債権（履行請求権）は損害賠償債権に転化する$\left(\substack{同第\\2項}\right)$。

　債権成立時以後に不能（後発的不能）となる場合も，債権は有効であり，その債権の効力の問題となる（債権は消滅するか，損害賠償債権に転化するか，である）。

(c) 確定性　給付は，債権成立時には確定する必要はないが，履行時までには確定していなければならない。後に述べる種類債権や選択債権なども，債権成立時には給付は確定（特定）していないが，履行時までには確定する債権である。

(3)　給付の種類 ── 給付上の分類

「給付」をその態様から分類した場合には，以下のような分け方がある。「履行の強制」$\left(\substack{第3章第2節\\\boxed{1}3)(58頁)}\right)$に関係してくる。

(a) 作為債務・不作為債務　通常の債権は作為的給付であるが，不作為義務を給付内容とする債権もある。

(b) なす債務・与える債務　なす債務とは，作為・不作為ないし意思表示を目的とする債務，与える債務とは物の引渡しなどであり，フランス法に由来する概念である。

(c) 結果債務・手段債務　物の引渡義務や請負人の仕事完成義務などは結果債務にあたるが，医者の診療義務などは，結果（病気の治癒）を診療債務の内容としているわけではないから，手段債務である。これもフランス法の概念であり，特にフォート（faute 過失）の立証についての違いがみられ，結果債務では結果の不実現を立証すればよいが，手段債務では債権者に債務者のフォートの立証責任が課される$\left(\substack{詳細は，織田博子「フランス\\における手段債務・結果債務}\right.$
$\substack{理論の意義と機能について」早大大学院法研論集20号55頁以下，\\伊藤浩「手段債務と結果債務」立教大大学院法学研究2号2頁以下。}\left.\right)$。

　その他，「給付」については，特定物給付・不特定物給付，可分給付・不可

分給付，一時的給付・回帰的給付・継続的給付などの分類が可能であるが，
それぞれの用語から理解されたい（各特有の問題については，それぞれ問題となる箇所で扱う）。

第1節　特定物債権と種類債権

1 特定物債権

(1) 「特定の物」の引渡しを目的とする債権の意義

(a) 「特定の物の引渡し」　「特定物債権」とは，給付の内容が「特定の物」の引渡し（＝占有の移転）を目的とする債権である。これには，所有権をも移転する場合と，占有だけを移転する場合とを含む（我妻26頁）。贈与，売買，賃貸借，寄託，事務管理，不当利得などのほか，取消し・解除に伴う原状回復義務の内容としても生じる（奥田35頁）。

　なお，特定物債権を「特定債権」ということもあるが，後者は，「特定されていない債権」という意味で使われるなど（債権者代位権・詐害行為取消権などにおいて），前者よりも広義である。「特定の物の引渡し」を目的とする債権の場合には，「特定物債権」の用語が使われるのが一般である（奥田36頁。なお，近江「物権と債権」法セ583号35頁参照）。

(b) 保管義務＝善管注意義務　およそ特定物の引渡義務を負う債務者は，その引渡しをするまで，契約その他の債権の発生原因（主観的関係）及び取引上の社会通念（客観的関係）に照らして定まる「善良な管理者の注意」をもって，その物を保存しなければならない（400条）。これを，「善管注意義務」という。ここで「善良な管理者の注意」とは，各個人の注意能力ではなく，債権の発生原因及び取引上の社会通念から判断される一般的・客観的な注意である。

> ＊　**対立概念**　「善良な管理者の注意」に対立する概念は，「自己の財産に対する（おける）のと同一の注意」（659条，940条），「自己のためにするのと同一の注意」（827条），「その固有財産におけるのと同一の注意」（918条，926条，944条）である。これらは，いずれも各

人の自己の物に対する注意の程度であり，したがって，400条の善管注意の程度より
軽減されている。自己の物はそれほど気を使わなくてよいであろうという理由か
らである。

保管義務の発生形態との関係で，注意しなければならない点は，——

i　物の引渡義務を生じさせる法律関係（ことに契約による場合）では，
保管義務を，あるいは主たる義務として（例，寄託契約），あるいは付随義務として
（例，賃貸借契約），位置づけることができる。売買，贈与，交換，事務管理，不当利
得などの場合でもしかりである。そうであれば，各契約上の保管義務と400
条の保管義務との関係いかんの問題が生じよう。ちなみに，無償の寄託契約
では，400条よりも軽減された注意義務である（659条）。そこで，通説は，各場
合の保管義務は，第一には当該契約関係から定められ，400条はそれらに依
拠しない場合の補充的規定だと解している（我妻26頁，奥田・上35頁）。

ii　契約によらないで発生した物の引渡債務についても，同様に400条
が適用される。ただ，無効・取消し・解除によって発生した原状回復として
の引渡義務については，その基礎となった契約法理の影響を受けるものと解
すべきであるから（詳細は，【I】317頁，【VI】26頁・35頁以下，【V】95頁参照），上記 **i** の範疇で考えるべきであ
る。

iii　種類債権や選択債権の場合に，給付が確定した後は，特定物債権と
して扱われるから，この保管義務が課される。

(2)　保管義務の内容

(a) 引渡物の「品質」
（契約適合性）　債務者は，目的物については，契約その他の債権の発
生原因（主観的関係）及び取引上の社会通念（客観的関
係）に照らして「契約の内容に適合した物」を引き渡さなければならず，その
引渡しをすべき時の品質を定めることができないときは，その引渡しをすべ
き時の現状でその物を引き渡さなければならない（483条）。このように，旧483
条下での「特定物ドグマ」は，改正法では，品質を定めることができない場
合の補充規定とされた（筒井=松村編187頁）。

(b) 履行遅滞と受領
**　　遅滞による修正**　この義務は，引渡し時まで存在するのであって，履行期までではない。しかし，履行遅滞と受領遅滞の場合には次の特別な責任が発生するから，結局，400条が適用されるのは，それらに該当しない場合$\binom{\text{履行期の徒過が不可抗力による場合や，債務者に留}}{\text{置権・同時履行の抗弁権などが付着している場合}}$に限られる$\binom{\text{我妻27頁，}}{\text{奥田37頁}}$参照）。──

　　i　履行遅滞中の履行不能（責任加重）　債務者が履行遅滞責任を負っている間に，不可抗力により履行不能となったときは，その履行不能は，債務者の責めに帰すべき事由によるものとみなす$\binom{\text{413条の}}{\text{2第1項}}$。

　　ii　受領遅滞中の履行不能（責任軽減）　債権者が受領遅滞の場合において，不可抗力により履行不能となったときは，その履行不能は，債権者の責めに帰すべき事由によるものとみなす$\binom{\text{413条の}}{\text{2第2項}}$。

2　種類債権

(1)　種類債権の意義

(a)「種類債権」とは何か　例えば，ビール1ケース，薄型鋼板10トンの注文などのように，給付すべき目的物を種類と数量のみによって定めた場合の債権を，「種類債権」という$\binom{\text{401条}}{\text{1項}}$。したがって，種類債権は，「不特定債権」である。

　　＊　**種類債権と不特定債権**　種類債権とは，種類と数量のみによって給付目的物を指示する債権であるが，債権の給付物が特定されてない以上は不特定債権でもある$\binom{\text{前述■「特定}}{\text{物債権」参照}}$。このように，両者はその基準が異なるのであるから，あえてその区別を論ずる必要はない$\binom{\text{星野14頁は，種類債権は，不特定物から}}{\text{「品質」の定めが落ちている場合という}}$。

　　i　「不特定」性　このような債権は，通常は代替物であるが，不代替物であっても当事者が給付物を特定していない場合には種類債権となる$\binom{\text{例}}{\text{え}}$ば，A所有の10アールの土地のうちの1アールの引渡し，87年型BMWクーペの中古車10台の引渡しなど。ただ，このような場合は，選択債権との異同が問題となる。具体的に給付すべき物の個性に重きが置かれ，その特定（選択）に意味がある場合には選択債権$\binom{\text{第3節■(48)}}{\text{頁) 参照}}$と解すべきであろう

$\begin{pmatrix}我妻\\30頁\end{pmatrix}$。

ii　「制限種類債権」との関係　　種類債権につき，さらに一定の範囲に限定した場合を，「制限種類債権」という。例えば，上記で，「黒ラベル」1ケース，「A倉庫保管の」薄型鋼板10トンのごとくである。「種類債権」では，原則として，履行不能は起こらないが，「制限種類債権」ではこれがあり得る $\begin{pmatrix}後掲最判昭\\30・10・18\end{pmatrix}$。

【漁網用タール事件】　　最判昭30・10・18$\begin{pmatrix}民集9巻11\\号1642頁\end{pmatrix}$。X（漁業組合）は，Yから漁網用タール2000トンを49万5000円で買い入れ，その受渡方法は，必要の都度Xが申し出て，Yの指定する場所でXがドラム缶を持ち込んで受領し，1年内に全部引き取ることとして，手付金20万円を交付した。このタールは，YがA製鉄会社から買い受けてXに転売したもので，A社内の溜池に貯蔵しており，その一部が引き渡された。しかし，その後，Xは，タールの品質が悪いことを理由に引き取りに行かず，その間，Yは必要な人夫を配置するなど引渡しの準備をしていたが，その後引き揚げて監視人を置かなかったことから，A社労働組合員がこれを他に処分してしまった。そこで，Xは，Yの引渡し不履行を理由に残部の契約を解除し，手付金との差額の返還を求めた。原審はXの請求を認容。

　①「本件では，不特定物の売買が行われたものと認めるのが相当である。そして上記売買契約から生じた買主たるXの債権が，通常の種類債権であるのか，制限種類債権であるのかも，本件においては確定を要する事柄であって，例えば通常の種類債権であるとすれば，特別の事情のない限り，原審の認定した如き<u>履行不能ということは起こらない</u>筈であり，これに反して，<u>制限種類債権であるとするならば，履行不能となりうる代りには，目的物の良否は普通問題とならない</u>のであって，Xが『品質が悪いといって引取りに行かなかった』とすれば，Xは受領遅滞の責を免れないこととなるかもしれないのである」。

　②「つぎに原審は，本件目的物はいずれにしても特定した旨判示したが，如何なる事実を以て，『債務者が物の給付を為すに必要なる行為を完了し』たものとするのか，原判文からはこれを窺うことができない。……　本件目的物中未引渡の部分につき，Yが言語上の提供をしたからと云って，<u>物の給付を為すに必要な行為を完了したことにならない</u>ことは明らかであろう。従って本件の目的

物が叙上いずれの種類債権に属するとしても，原判示事実によってはいまだ特定したとは云えない筋合であって，Yが目的物につき善良なる管理者の注意義務を負うに至ったとした原審の判断もまた誤りである」として，破棄差し戻した。

　なお，差戻審は，①点につき，本件の債権を「制限種類債権」であるとし，②点については，Yは履行の準備をして言語上の提供をしただけであって，Xに引き渡すべき残余タールを溜池から取り出して分離するなど，物の給付をするに必要な行為を完了したと認められないから，引渡し未済部分は特定していないとした。そこで，③点として，滅失による履行不能がYの責めに帰すべき事由によるか否かにつき，Yは，特定物保管に要求される善管注意義務は負わず，「自己の財産におけるのと同一の注意義務」を負うが，A社構内の溜池は昼夜守衛が配置されて第三者がみだりに出入りすることはできず，したがって，格別の保管措置を講じなくても盗難等のおそれはないと判断したのであるから，その注意義務を十分に尽くした，とした。

(b) 給付すべき「品質」　種類債権において給付すべき物の「品質」は，次の標準で決定される（$\binom{401条}{1項}$）。——

i　法律行為の性質

ii　当事者の意思

iii　中等の品質を有する物　上記 **i・ii** で決定されない場合には，債務者は「中等の品質を有する物」を給付しなければならない。したがって，給付した物が中等の品質を欠くときは，債務の本旨に従った履行ではないから，債務不履行となる。

(c) 種類債権の特質　種類債権が特定する以前は，次の特質を有する。——

　i　調達義務　種類債権は給付物が具体的に特定しているわけではないから，種類物が滅失・損傷した場合には，債務者は，それが自己の責めに帰さない事由で発生したとしても，同種の物が市場に存在する限り，再び同種の物を調達して給付すべき義務を負う。また，給付不能となっても，「特定」しない限りは免責されない。

　ii　危険負担の問題は生じない

iii 「**自己の財産に対するのと同一の注意**」**の保管義務**　　善管注意義務$\binom{400}{条}$は発生しないから，それより軽減された保管義務である$\binom{前掲最判昭30・}{10・18参照}$。

(2)　種類債権の特定（集中）

　種類債権は，給付物が種類と数量によって抽象的に定められているにすぎないから，その給付に当たっては，給付物を具体的に決定しなければならない。これを，種類債権の特定または集中という。これによって，特定物債権に転化する（したがって，それ以後は，債務不履行責任が発生する）。民法は，次の２つの事由（債務者の行為）があれば種類債権が特定されたものとするが$\binom{401条}{2項}$，それ以外に，当事者の合意で特定を生じさせることができることはいうまでもない。

(a)「**給付をするのに必要な　　**「給付をするのに必要な行為」$\binom{401条2}{項前段}$を，各債
　　　行為」**を完了したとき**　　務について具体的に考えてみよう。──

　i　**持参債務**　　持参債務とは，債務者が目的物を債権者の住所に持参して履行しなければならない債務であるが$\binom{484条1項}{後段参照}$，このような履行方法を，「現実の提供」── その意義は，債権者がいつでも受領できる状態に置かれること ── という$\binom{493条本文。詳細は，第9章}{第1節⑤2)（268頁）参照}$。それゆえ，持参債務では，現実の提供により，債権者がいつでも受領できる状態に置かれることが，「給付をするのに必要な行為を完了」したものといえよう。したがって，給付物を運送機関で発送しただけでは特定されず，債権者の住所に着かなければならない。

　ii　**取立債務**　　取立債務とは，債権者が債務者の住所に来て目的物を取り立てて履行を受ける債務である。この場合には，① 債権者が来ればいつでも受領できる状態におき（＝目的物の分別），かつ，② その旨を債権者に通知して受領を催告すること（＝口頭の提供）が，「給付をするのに必要な行為を完了」したものとされる。履行の準備をして受領を催告する口頭の提供だけでは特定せず$\binom{前掲最判昭}{30・10・18}$，目的物の分別が必要であると解するのが通説である。

　これに対しては，目的物の分別をして口頭の提供をしたがその後火災で消

失した場合に，債権者は受領遅滞がないときでも危険負担を負わなければならなくなるから不当だとし，目的物の「引渡し」をもって特定の時とすべきだとする有力説がある$\left(\substack{新田孝二「種類物売買における危険移転の時期」\\明治学院論叢・研究年報（法学）（3）1頁以下}\right)$。

　　iii　送付債務　　送付債務とは，債権者または債務者の住所以外の第三地に目的物を送付すべき債務をいうが，その第三地が履行場所として指定されている場合は，前記 i の持参債務となる。これに対し，債権者が目的物を第三地に送ることを要請し，債務者が好意でそれに応じた場合には，債務者が第三地に向けて発送することで，種類債権は「特定」する。

(b) 債権者の同意を得て給付すべき物を指定したとき　債権者の同意を得て給付すべき物を指定する$\left(\substack{401条2\\項後段}\right)$とは，債務者が，債権者から指定権$\left(\substack{形成\\権の\\一種}\right)$を与えられ，その権利の行使として特定の物を分離・指定した場合と解されている$\left(\substack{通\\説}\right)$。

---

(3)　特定の効果 —— 特定物債権への転化

(a) 特定の意味　　種類債権の目的物が「特定」された場合には，もはや種類債権ではなくなり，特定物債権に転化するものと考えてよい$\left(\substack{通\\説}\right)$。ただ，これについては，種類物の給付を目的とする点においては変わりはなく，特定後は一種の特定物債権でありながら，なお種類債権たる性質を失わないとする反対説がある$\left(\substack{潮見・プラク\\ティス25頁など}\right)$。特に，後掲(e)の「特定後の変更権」の問題で争われる。「特定」の効果は次のとおりである。——

(b) 特定した物の給付　　債務者は，その特定した物を給付すべき義務を負う。ただし，このことと，その物の品質が契約の内容に適合していない場合とは，区別して考えなければならない。既述したように，特定物といえども，契約目的及び社会通念に照らして契約の内容に適合した品質を備えていなければならないからである$\left(\substack{■2(a)(29)\\頁}参照\right)$。したがって，特定した物の品質につき契約内容に適合しない場合は，「債務の本旨に従った給付」とはいえないから，「特定」の効果は生じないというべきである。

(c) 善管注意義務の発生　　特定物債権となることから課される$\left(\substack{400\\条}\right)$。

(d) 所有権の移転　不特定物の売買においては，その所有権は，目的物が特定した時に移転する（最判昭35・6・24民集14巻8号1528頁。【Ⅱ】57頁参照）。

(e) 債務者の変更権　ここに変更権とは，特定後に，債務者が別の物に給付を変更することであるが，このような変更は認められるであろうか（改正前の議論なので，紹介に留める）。——

〔A〕　**否定説**）「特定」を特定物債権への転化とみる説は，原則として変更権を否定し，ただ，例外的に，売主が一度提供したのに，買主が受領しないため，取引の必要上からこれを他に売却して他の物を準備しておくなどは取引観念上相当と認められるから，信義則上認められるものとする（我妻34頁）。

〔B〕　**肯定説**）特定の効果を絶対視して変更権を認めないと債務者に不便なことが多いので，債権者の利益を害さない限り，債務者の変更権を認めるべきだとする（大判昭12・7・7民集16巻1120頁。髙島128頁）。

第 2 節　金銭債権と利息債権

1　金銭債権

(1)　金銭債権の意義

　金銭債権とは，厳密には，金銭の引渡しを目的とする債権を総称するが，一般には，一定額の金銭の引渡しを目的とする債権（＝金額債権）という意味で使われる。ここでは，後者の意味での金銭債権を中心に考える。

　金銭（貨幣）は，資本主義社会の価値基準として特殊な位置を占めている。したがって，一般の「物」としては扱うことはできないし（[1]153頁），民法の原則がそのまま当てはまるものでもない。しかし，金銭は取引社会の価値基準であるから，民法（＝取引）上の諸問題は，金銭を基準として評価されることになる。物や権利の価値決定 —— とそこから発生する諸契約の形成 —— はもとより，債務不履行や不法行為の損害の賠償は金銭による支払いを原則としているし（417条，722条1項），また，金銭の支払いを目的としない債権であっても金銭的評価は可能である（損害賠償債権として金銭債権に転化する）。

　金銭は，具体的には，強制通用力をもった通貨（法貨）となって存在する。通貨には，いくつかの種類があり（硬貨・紙幣・銀行券など），種々の制限も加えられるが，いずれも強制通用力の管理からくるものである。

(2)　金銭債権の種類（分類）

(a) 金額債権　一定額の金銭の支払いを目的とするもので，既述したように，通常，金銭債権というときはこの意味で用いられる。この金銭債権は，金銭の額だけを問題とするから，金銭の種類は問題とならず，強制通用力を有する限りいかなる通貨でもよい。また，強制通用力を有するゆ

えに，金銭債権には履行不能ということはありえない（履行遅滞が生じるのみ
である）$\left(\substack{419条2\\項・3項}\right)$。なお，金銭は常に利子を生み出す存在と考えられるから，
金銭的賠償においては利息を付さなければならない$\left(\substack{419条1\\項参照}\right)$。

(b) 特定金銭債権　特定の金銭$\left(\substack{例えば，特定の金\\貨・封金した金銭}\right)$の引渡しを目的とする債権で
ある。金銭といっても，代替性のない特定の金銭$\left(\substack{すなわ\\ち特定\\物}\right)$を問題とするから，純粋に特定物債権としての特色を有する。

(c) 金種債権　特定の種類の一定量の給付を目的とする債権であるが，次の
2種に区別される。――

i　絶対的金種債権　例えば，「昭和27年発行の10円硬貨100枚」の
給付などという場合には，他の種類の通貨で給付することができない。これ
を絶対的金種債権と呼ぶが，その性質は種類債権である。

ii　相対的金種債権　反対に，金種は指定するが$\left(\substack{例えば，100万円の給付につ\\き，「連番でない1万円の古\\札で」と\\いう場合}\right)$，その通貨が強制通用力を失った場合には他の通貨をもって給付す
ることが可能である場合の債権を，相対的金種債権と呼ぶ。

（3）　金銭債権に関する特則

(a) 金銭債権の弁済　金銭債権については，債務者は，みずからの選択によ
り，各種の通貨で弁済することができる$\left(\substack{402条1\\項本文}\right)$。

もちろん，特約で，特定の種類の通貨の給付を債権の目的物とした場合に
は，この原則は当てはまらない$\left(\substack{402条1項\\ただし書}\right)$。しかし，この「特定の種類の通貨」
が弁済期において強制通用力を失っているときは，債務者は他の通貨で弁済
をしなければならない$\left(\substack{402条\\2項}\right)$。

(b) 外国通貨金銭債権　外国の通貨を給付対象とした場合，債務者は，みず
からの選択により，その国の各種の通貨をもって弁
済することができるが，特約で特定の種類の通貨を給付対象とした場合には
この限りでない$\left(\substack{402条3項→\\402条1項・2項}\right)$。

外国の通貨で債権額を指定した場合，債務者は，履行地における為替相場
により日本の通貨で弁済をすることができる$\left(\substack{403\\条}\right)$。この場合の相場とは，履
行期ではなく，履行時のそれである$\left(\substack{通\\説}\right)$。

2 利息債権

(1) 利息債権の意義

(a) 利息（債権）とは何か 利息（Zinzen）は，元本（金銭 など）の額とその使用期間に応じて生じるところの，元本の収益（所得）である。利息債権とは，この「利息」すなわち元本の収益の支払いを給付目的とする債権であるから，元本債権の収益ということになる。

　　i　**元本（債権）から発生 ——「利息」と「対価」**　利息（債権）は，元本（債権）の存在を前提として発生する。元本とは，広く，果実ないし利息を生み出す「元手」を指す。しかし，法律学的には，元本債権が，「特定物の返還を目的とする場合」においては，その収益（所得）は「対価」（地代・賃料・ 小作料など）というのに対し，「同一種類の物の返還を予定するものである場合」には，その収益を「利息」と呼んでいる。後者の場合には，同一種類の物の返還でよいから，その「元手」は費消されることが予定されている。そこから，利息の元本は「金銭その他の代替物（我妻42頁・ 於保47頁）ないし消費物（奥田 51頁）」などと観念されるとともに，このような法律関係を生じさせる原因を消費貸借・消費寄託と呼んでいる[*]。

　　ただ，これらは法律学上の区別であって，経済的な価値や仕組みからいえば，両者は元本からの所得であるという意味において変わるところはない。民法でも，両者の価値が対等とされる場合がある（356条と358条， 579条後段）。

　　　* **利息の発生原因**　利息は，通常，消費貸借や消費寄託などの契約で発生する。これを「約定利息」という（ただし，その利率が約定されているか，法定 利率によるかは別問題である。後掲(2)参照）。他方，損害賠償義務が発生した場合の賠償金や供託制度の供託金などは，法律の規定によって利息が付されるもので（419条1項，供 託3条参照），これを「法定利息」という。

　　ii　**元本の収益（所得）**　元本の収益であるから，元本を償却しない。したがって，年賦償還金などは利息債権ではない。

**(b) 利息債権と元本債権
の関係**　　利息債権については，利息を生じることを目的とする基本的な債権（基本権たる利息債権）と，この債権の効果として生じる，一定期において一定額を支払うべき支分権（支分権たる利息債権）とを考えることが便宜であるとされてきた（我妻43頁，於保58頁，奥田57頁，平井31頁，前田56頁など）。例えば，100 万円を 1 年間借金し，その利息が年 12％で月額 1 万円の返済約定だとすると，この約定通りの利息を支払わなければならない基本権的利息債権が元金債務の完済されるまで存続するとともに，毎月，1 万円ずつ支払うべき支分権たる利息債権が生じるとされる。そして，基本権的利息債権は，元本債権に付従するから，基本権的利息債権だけを切り離して譲渡することができないというのである（奥田57頁参照）。

　しかし，この理論については，便宜上のものとしても根本的に疑問を感じざるをえない。第 1 に，上記の理論の前提をなす「利息を生じさせるもの」であるが，利息は端的に元本債権から発生するものであって，元本債権から区別された基本権的利息債権から発生するものと考えることは，仮定理論としても妥当ではないであろう。第 2 に，その結果として導かれた，「基本権的利息債権だけを元本債権から切り離して譲渡することができない」というのは，現実的にも承認できない。利息債権は発生も確実であり，その額も確定しているのであるから，現在の債権譲渡法理からしても，既発生部分・将来発生部分を含めて包括的に譲渡できるはずである。もともと，上記の仮定理論は便宜的に考えられたものにすぎないのであって，これを肯認すべき理論的必然性はないものといわなければならない。

　そこで，私は，利息債権というものは，元本債権から直接に発生するものであり，これまで「基本権的利息債権」と考えられたものは各利息債権の総和にすぎないものと考えたい。そして，利息債権と元本債権との関係は，具体的には次のように解すべきである。――

　　i　利息債権は元本債権から発生し，元本債権が消滅すれば，原則として全体的に消滅する（付従性）。元本債権が遡及的に消滅すれば，利息債権の消滅も遡及する。ただし，**iii**で後述するように，すでに発生した一定額の利息債権（弁済期到来部分）については，この付従性から切断されて独立性を有

するものと考えるべきである。

　　ii　元本債権の処分は利息債権を伴う（随伴性）。既発生の利息債権については，この限りでない。

　　iii　利息債権は，これだけを元本債権から切り離して処分することができるが（処分上の独立性），分けて考えよう。① まず，利息債権を，元本債権から分離して包括的に処分すること（通説の基本的心利息債権の処分に該当）は可能である（前田56頁も結論的に同旨）。上記したように，債権額も確定しているから，将来債権の譲渡として有効である。② 次に，すでに発生した利息債権（弁済期到来部分）は，既発生債権として元本債権からは独立した存在となる。したがって，この部分は，元本債権には付従・随伴せず，元本債権の時効消滅とは無関係で独立の消滅時効にかかるものと解される。③ 他方，未発生の利息債権（弁済期未到来）は，原則として元本債権に付従・随伴するが，元本債権から切り離して処分できることは，利息債権の包括的処分の場合と同じと考えてよい（将来債権の処分）。

(2) 利率と重利

(a) 利　率　　利息すなわち元本の収益は，一定期間における元本の額に対する割合で表される。この割合を「利率」という。そして，年利・月利はパーセント（百分率）で，日歩は 100 円につき銭で表す。

　「約定利息」の利率は，当事者の合意によるが（約定利率），この場合には制限利率を超えてはならない（後掲**3**（1）参照）。利率の合意がない場合は，法定利率（年 3 パーセント（404条2項。以後3年毎に見直し））による。他方，「法定利息」の場合は，法定利率による（ただし，供託金の利息は年0.0012パーセント（供託規則33条1項））。

> **【法定利率は変動制】**　　法定利率は，従来は 5% という固定利率であったが，改正法は，原則（スタート時）を 3% として，次のような基準による変動制を採用した（404条）。
>
> 　1．法定利率は，3 年を 1 期とし，1 期ごとに，次の規定により変動する。
>
> 　2．各期における法定利率は，法定利率に変動があった期のうち直近のもの（「直近変動期」という）（変動がない場合は改正法施行時の期）における「基準割合」と当期における「基準割合」との差（割合）（1％未満は切捨て）を，直近変動期における法定利率に加

算し，又は減算した割合とする。

　3.「基準割合」とは，各期の初日の属する年の6年前の年の1月から前々年の12月まで（＝過去5年間）の各月における短期貸付けの平均利率$\left(\begin{smallmatrix}貸付期間\\が1年未\\満の当該各月において銀行が新\\たに行った貸付け利率の平均\end{smallmatrix}\right)$の合計を60で除して計算した割合$\left(\begin{smallmatrix}0.1\%未満\\は切捨て\end{smallmatrix}\right)$をいう。

　要するに，過去5年間の平均利率による基準割合と直近変動期の基準割合の差が1％を超えたときに，直近変動期の法定利率に加算又は減算して，当期の法定利率とするということである。

【利息観念の変遷】　中世ヨーロッパのカノン法（教会法）は，12世紀において全面的に利息を禁止した（最初は1139年）。しかし，それが経済生活に悖ることはいうまでもなく，また，他の制度$\left(\begin{smallmatrix}買戻しや土\\地債務など\end{smallmatrix}\right)$がこれを事実上脱法していたのである。このようなことから，16世紀の多くの都市法・ラント法は利息の禁止を緩和し，1654年に至って5％の利息が許容された。ここに，わが改正前民法の民事法定利率の年5％ルールが確立したのである$\left(\begin{smallmatrix}近江『研究』173頁参\\照。利息の意義の歴史\end{smallmatrix}\right)$的変遷については，西本穎$\left(\begin{smallmatrix}\\\end{smallmatrix}\right)$『利息法史論』17頁以下参照$\right)$。

　しかし，年利5％が現実の経済社会に合うというわけではない。江戸時代や明治時代では，55パーセント前後が一般的であった（金利と均衡を保っていた小作料も同様）。好況を呈した1980年代の定期預金金利は7.5％位であったが，令和2年現在は，0.002％位に落ちていよう。このように，金利はその社会の経済情勢を如実に反映するが，そうすると，改正前の5％というのは現在においていかに高金利であるかわかるであろう。今回の改正は，このような社会経済的事情を背景に持つ。

(b) 重利（複利）　重利（複利）とは，弁済期に達した利息を元本に組み入れ，元本の一部として利息を生み出すことをいう（組入重利）。この方法は債務者を異常に圧迫するが$\left(\begin{smallmatrix}ドイツやフランスで\\はこれを禁止する\end{smallmatrix}\right)$，わが民法は，利息制限法でこれを規制するに止まる。重利には，次の2つがある。

　ⅰ　約定重利　重利（複利）をすることの特約である。利息の弁済期が到来した後に当事者が新たに重利特約を締結することは問題がないが，弁済期到来前にあらかじめ重利特約をしておく場合（弁済遅滞により当然重利となるという場合）は，利息制限法との関係で問題が生じる。判例は，年数回利息組入れする特約の場合に，毎期における組入れ利息とこれに対する利息との

合計額が，本来の元本額に対する関係で利息制限法の制限利率を超えない限度で有効であるとした（最判昭45・4・21 民集24巻4号298頁）。

ii 法定重利 重利特約のない場合でも，利息が1年分以上延滞した場合において，債権者が催告をしても債務者がそれを支払わないときは，債権者はその利息を元本に組み入れることができる（405条）。これを法定重利というが，当然に組み入れられるのではなく，債権者の意思表示（形成権）を前提とする。

3 金利規制

(1) 利息の制限 —— 民事法的規制（利息制限法）

(a) 利息制限の意義 金銭等の貸借につき利息の取得を無制限に認めると，経済的困窮者に著しく不利となり，その家計・家庭すら破壊しかねない。それゆえ，法によって利息を制限する必要がある。古今東西を問わず，利息が禁止ないし制限されてきたゆえんである。まず，現行「利息制限法」（1954（昭29）年制定。1999（平11）年，2006（平18）年改正）における利息の規制は，以下の通りである。

(b) 制限利率 利率の制限は，元本の額によって，次のように異なる（利息1条）。——

 i 元本が10万円未満の場合は，年2割

 ii 元本が10万円以上100万円未満の場合は，年1割8分

 iii 元本が100万円以上の場合は，年1割5分

(c) 制限違反の効果 上記の制限利率を超える利息の約定は，その超過部分につき無効とする（利息1条）。

(d)「任意支払超過利息返還不可」規定の創設と廃止 2006（平成18）年以前の旧規定1条2項には，「前項の超過部分を任意に支払ったときは，同項の規定にかかわらず，その返還を請求することができない」とする「任意支払超過利息の返還不可」規定が置かれた。この問題は，後述する。

(e) 特殊な約定利息の取扱い　当事者間で約定される以下の利息については，次のように扱う。

i　天引利息の取扱い　利息が天引きされたときは，債務者の受領額を元本として天引額を利息とみなし，それが上記の制限利率を超えるときは，その超過部分は，元本の支払いに充てたものとみなす$\binom{利息}{2条}$。

ii　みなし利息　債権者の受け取る元本以外の金銭は，いかなる名称 —— 礼金，割引金，手数料，調査料その他 —— をもってするかを問わず，利息とみなす$\binom{利息3}{条本文}$。ただし，契約締結および債務弁済の費用はこの限りでない$\binom{同条た}{だし書}$。

(f) 賠償額予定の制限　金銭消費貸借上の債務不履行による賠償額の予定は，その賠償額の元本に対する割合が本法1条に規定する率の1.46倍を超えるときは，その超過部分は無効とする$\binom{利息4}{条1項}$。「違約金」も，賠償額の予定とみなされる$\binom{同条}{2項}$。

(2)　刑事罰による制限 —— 刑事法的規制（出資法）

(a) 出資法制定の経緯と趣旨　戦後の混乱期に，匿名組合$\binom{事業者が匿名の組合員から資金を集}{め，利益を組合員に分配する組合契}{約。商535条}$などを作って一般から資金を集めた町の金融業者が，出資金ないし預り金を返せなくなる事態が生じ，相次いで倒産した。そこで，昭和29年に，出資ないし預り金に対して刑事罰を加えて規制しようとしたのが，「出資法」$\binom{「出資の受入れ，預り金及び金}{利等の取締りに関する法律」}$である。

出資法は，まず，「何人も，不特定且つ多数の者に対し，後日出資の払いもどしとして出資金の全額若しくはこれをこえる金額に相当する金銭を支払うべき旨を明示し，又は暗黙のうちに示して，出資金の受入をしてはならない。」$\binom{出資}{1条}$として出資金の受入れを制限し，また，「業として預り金をするにつき他の法律に特別の規定のある者を除く外，何人も業として預り金をしてはならない。」$\binom{同2条}{1項}$として預り金を禁止する（法律による者以外の銀行業務等の禁止である）。

(b) 加罰金利（一般原則）　次に，高金利に対して刑事罰を加えて規制する。すなわち，「金銭の貸付けを行う者が，年109.5

〔図①〕金利規制（制限金利と加罰金利）

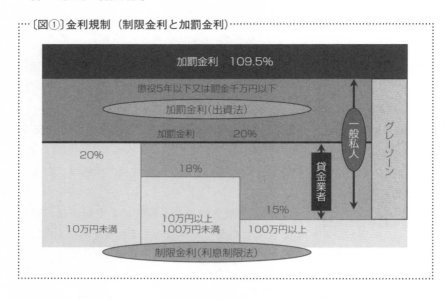

パーセント（2月29日を含む1年については年109.8パーセントとし，<u>1日当た</u>
<u>りについては0.3パーセント</u>とする。）を超える割合による利息（債務の不履行につ
いて予定される賠
償額を含む。
以下同じ。）の契約をしたときは，5年以下の懲役若しくは千万円以下の罰金に
処し，又はこれを併科する。当該割合を超える割合による利息を受領し，又
はその支払を要求した者も，同様とする。」（出資5
条1項）とする。

　以上の利息制限法による「制限金利」と出資法による「加罰金利」との関
係，とりわけ「グレーゾーン」の存在について，〔図①〕を参照。

(3) 貸金業に対する規制（貸金業法）

(a) 貸金業法制定の趣旨　利息制限法は，高利を抑制しようとする私法上の
制度であるから，その法律効果は，高利の約定（法
律行為）を「無効」とするに止まる。しかも，昭和29年制定の利息制限法は，
「任意支払超過利息返還不可」規定（「みなし弁済」規定と同趣旨）が置かれてい
たから，罰則規定がないとすれば，高利契約は事実上野放し状態となる。

　他方，同年に制定された「出資法」は，加罰金利を，年利109.5%（日歩

0.3％）とした。そうすると，利息制限法による制限金利（20％・18％・15％）と出資法による加罰金利（109.5％）の間には大きな開きがあり，「制限法違反だが罰せられない」とする空間が生じることになる。これを「グレーゾーン」と呼んできた。このゾーンに，サラ金業者等が活路を見出し，銀行から相手にされない一般消費者を食いものにしてきたといっても過言ではない。

　これが社会問題となり，金利に対する規制の要望が一段と強まった。わが国の利息制限については，次の2つの段階として捉えることができる。

　i　第1次規制（1983（昭和58）年）　　昭和55年前後頃から高消費時代を背景に急成長したサラ金業は，① 高金利，② 無差別過剰融資，③ 悪どい取立行為を行い，大きな社会問題となった。そこで，それに対処すべく，昭和58年にいわゆる「サラ金2法」——「貸金業規制法」（「貸金業の規制等」に関する法律」）の制定と「改正出資法」—— が成立した。

　しかし，貸金業規制法は，利息制限法旧1条2項（昭和29年）と同様の不可解な「みなし弁済」（法43条1項）規定を置いたため，金利の制限は何の意味も持たなかった。

　ii　第2次規制（2006（平成18）年）　　2000年に入り，バブルの崩壊に因を発する金融機関の貸し渋りは，またまた高金利を伴う「多重債務」という深刻な社会問題を生じさせた。そして，金融産業界・政界・官界を巻き込んだ大きな議論の結果，「みなし弁済」のような歪な規定が廃止され，貸金業の健全化が図られることになった。これが，2006年（平成18年）に成立した新「貸金業法」（貸金業規制法の名称変更）と「改正利息制限法」である。

　その制度の骨子は，① 貸金業の適正化，② 過剰貸付けの抑制，③ 金利体系の適正化（みなし弁済規定の廃止），④ ヤミ金融対策の強化，⑤ 多重債務問題に対する政府の責務表明，である（以上の貸金業規制の経緯と内容の詳細は，【Ⅳ〔第3版補訂〕】44頁～62頁参照）。

　(b) 「みなし弁済」規定の廃止　　悪法の根源ともいわれた「みなし弁済」規定 —— 制限超過利息であっても任意に弁済したものは返還請求できないとする利息制限法旧1条2項・貸金業法旧43条1項 —— が廃止された。この規定があることによって利息の制限が骨抜きにされてきたのであって，規定廃止の意義は大きい。

(c) 加罰金利の引き下げ 貸金業者に対する加罰金利は，昭和58年以降5次にわたって引き下げられてきたが，2006年の改正により，利息制限法の10万円未満の上限金利である20パーセント規制に合わせ，これを超える割合による利息の契約をしたときは，「5年以下の懲役若しくは千万円以下の罰金に処し，又はこれを併科する。その貸付けに関し，当該割合を超える割合による利息を受領し，又はその支払を要求した者も，同様とする。」$\left(\substack{出資5 \\ 条2項}\right)$とした。

(d) 営業的金銭消費貸借の特則 債権者（貸金業者）が業として行う金銭消費貸借を「営業的金銭消費貸借」といい，以下の特則がある。

 i　同一債権者から多重的に借り入れた場合は，それらの合計額を元本額と見なす$\left(\substack{利息\\5条}\right)$。

 ii　「みなし利息」につき，カード発行手数料などは法第3条本文を適用しない$\left(\substack{利息\\6条}\right)$。

 iii　賠償額の予定につき，賠償額の元本に対する割合が2割を超える部分は無効とする$\left(\substack{利息\\7条}\right)$。

 iv　保証契約につき，保証料が主債務の支払うべき利息を超える部分は無効とする$\left(\substack{利息\\8条}\right)$。また，主債務者が事後的に利息増加契約をした場合，増加後の利息が法定上限額から保証料を減じた金額を超える部分は無効とする$\left(\substack{利息\\9条}\right)$。

【「利息規制」の歴史的変遷】　封建時代の高金利は，高額な小作料と均衡を保ちながら明治時代に引き継がれた。明治政府は，西欧の金利制限の影響を受け，明治10年9月11日太政官布告66号を発布して，1年につき元本額により2割（百円以下）・1割5分（百円以上千円以下）・1割2分（千円以上）という段階的制限を加えた。その後，その趣旨は，昭和29年の利息制限法に受け継がれて現行法の基礎となり，平成18（2006）年に重要な規定が廃止され，現在の利息制限法となっている。この流れの中で，重要な点は2つある。

(1)　「裁判上無効」　第1は，上記太政官布告66号が，「若し，此限〔上記の各割合〕を超過する分は，裁判上無効のものとし，各其制限にまで引直さしむべし」$\left(\substack{同布告\\2条}\right)$としたことである。「裁判上無効」とは，任意に支払った制限

超過利息は，取り戻すことができないことを意味する．この「裁判上無効」規定が，昭和 29 年利息制限法 1 条 $\binom{2006年}{改正前}$ にそのまま引き継がれたのである．

　(2)　「任意支払超過利息返還不可」規定の設置　　第 2 は，「裁判上無効」の規定を引き継ぎ，昭和 29 年利息制限法 $\binom{1条}{2項}$ が，以後の重大な禍根となった「債務者がその超過利息を任意に支払ったときはその返還を請求することができない」とする「任意支払超過利息の返還不可」規定を設けたことである．この不可解な利息制限法旧 1 条 2 項はどのような経緯で成立したのであろうか．

　第 19 回衆議院法務委員会審議 $\binom{昭和29年3月26}{日～4月16日}$ において，政府側委員村上朝一民事局長は，繰り返し次のように答弁している．すなわち，任意に支払った場合に超過部分は後で取戻しができるとする解釈学説があるけれども，「裁判上無効」という現行法の用語につき，判例は「無効ではあるが，任意に支払ったものは取戻しの請求ができない」というように解釈しているので，言葉は違うけれども，そのまま条文に表したものである．もし超過部分を任意に支払ったときにも返還請求ができるとすると，債務者の保護はその面では一層完全になるけれども，そこまで徹底すると，現在の実情からして，かえって金融の道を塞ぐ結果を招来すると考えられるので，現行法の解釈をそのまま踏襲した，とする．

　だが，この「任意支払超過利息の返還不可」規定は，そのような安直なものではなく，日本社会の時局的な経済変動の中で，金融消費者を最も苦しめてきた根源となったのである．そこから，最高裁は，夥しい裁判紛争の中で，この規定を実質的に形骸化する判断を相次いで下した（昭和 39 年～44 年）$\binom{【IV 初版】42}{頁以下}$．実際，「金融の途を塞ぐ」とは，机上の理論に過ぎず，高利貸資本の擁護でしかなかったのである．

　(3)　規定の撤廃　　はたして，この任意支払超過利息返還不可規定 $\binom{利息旧}{1条2項}$ と，それと同じ趣旨の貸金業規制法 43 条 $\binom{みなし弁}{済規定}$ は，2006 年（平成 18 年）の改正で削除された $\binom{利息制限法の立法・制限の経緯については，}{小野秀誠『利息制限の理論』7頁以下参照}$．

第3節 選択債権と任意債権

1 選択債権

(1) 選択債権の意義

(a) 選択債権とは 選択債権とは，債権の目的が，数個の給付の中から選択によって定まる債権をいう $\left(\substack{406\\条}\right)$。したがって，選択によって債権の目的が特定する。数個の給付は，特定物どうしでもよいし，特定物と不特定物とでもかまわない。

(b) 選択権者 選択権者は，契約などの法律行為のなかで定められているのが普通である。法律の規定によって定まる場合もある $\left(\substack{117条1\\項,196\\条2項,461\\条1項など}\right)$。しかし，特に定めがない場合には，債務者が選択権を有する $\left(\substack{406\\条}\right)$。なお，次の特則に注意すべきである。――

 i 選択権の移転 債権が弁済期にある場合において，相手方から相当の期間を定めて催告をしても，選択権者がその期間内に選択をしないときは，選択権は相手方に移転する $\left(\substack{408\\条}\right)$。

 ii 第三者の選択権 第三者が選択をすべき場合には，その選択は，債権者または債務者に対する意思表示によって行う $\left(\substack{409条\\1項}\right)$。第三者が選択をすることができないか，またはそれを欲しないときは，選択権は債務者に移転する $\left(\substack{409条\\2項}\right)$。

(c) 選択権の行使 選択権の行使は，相手方に対する意思表示によって行う $\left(\substack{407条\\1項}\right)$。しかし，いったん行使した選択の意思表示を撤回するには，相手方の承諾を得なければならない $\left(\substack{407条\\2項}\right)$。

(2)　選択権の特定

(a) 特定の効果　選択があった場合には，選択債権は普通の債権に転化する。そこで，例えば，不特定給付が選択されれば種類債権となり，その結果，種類債権の特定（集中）を経て特定物債権となる。

(b) 特定の遡及効　選択の効力は，債権の発生の時にさかのぼって生じる（411条本文）。特定物の給付が選択された場合には，債権発生時からその給付物が債権の目的となっていたことになる。ところで，選択前にその特定物が第三者に帰属した場合には，選択の遡及効を認めたのでは第三者の利益を害するとも考えられよう。その意味で411条ただし書が置かれたのであるが，しかし，債権者と第三者との間で特定物の帰属を争う場合には，対抗要件で決するべきであるから，同条ただし書は無意味である。

(c) 不能による　選択債権の特定　選択債権の目的の中に給付不能のものがある場合において，その不能が「選択権を有する者の過失」によるものであるときは，債権は，その残存するものについて存在する（410条）。

　反対に，給付不能が「選択権を有する者の過失」によらない場合には，410条の反対解釈として債権は残存するものに移転しないから，選択権者は依然選択権を有する。そこで，不能となったものを選択することにより，契約を解除することもできる。履行不能による損害賠償もできる。

2　任意債権

　任意債権とは，債権の目的が一個の給付に特定しているが，債権者または債務者が，その給付を他の給付に代えることのできる権利（代用権・補充権など）を有している場合の債権をいう。当事者の約定で発生する場合もあるが（例，500万円の債務につき，自己所有の車を提供してもよいという場合），法律の規定上発生する場合もある（403条，461条2項，723条など）。この場合，あらかじめ特定している給付が本来の債権の目的であり，他の給付は補充的なものにすぎない。したがって，本来の給付が原始的不能であれば，債権自体が発生しない。代用給付が可能か否かは別問題である。

第3章　債権の効力（1）── 債務不履行（給付障害）

第1節　「債権の効力」と「債務不履行」の構造

(1)　「請求力」と「履行請求権」の関係

〔図①〕「債権の効力」と「債務不履行」の構造

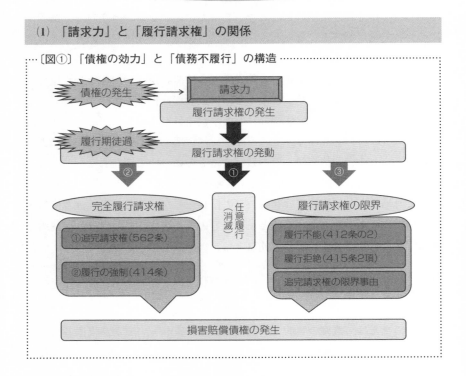

〔図①〕（【「債権の効力」と「債務不履行」の構造】）「債権」が発生した場合には，債務者には履行「義務」が発生する。したがって，債権者には，その<u>義務履行を請求する権能</u>が与えられる。これを債権の「請求力」といい，これが債権の本質的効力であることは，既述したとおりである（13頁以下，14頁【給付受領権・給付保持力は債権の効力なのか？】参照）。

2017年改正法は，412条の2第1項において「債務の履行が契約その他の<u>債務の発生原因及び取引上の社会通念に照らして不能であるときは，債権者は，その債務の履行を請求することができない。</u>」としたが，この規定は，その文理上，債権者に「履行を請求できること」すなわち「履行請求権」があることが論理的前提である（<small>それが「履行請求権」の明文規定化が否定された理由とされる。潮見Ⅰ274頁以下参照。なお，部会資料「5-1」2頁以下参照</small>）。

債権の「請求力」とは，<u>義務履行を規律する当為規範である</u>から，「<u>履行を請求できる</u>」とする「履行請求権」は，「請求力」規範から<u>直ちに発生</u>するもの（あるいは，請求力の「権利」概念）と考えてよい。そして，履行が「不能」となったときは消滅するが（これを，「履行請求権の限界」と捉える），不能でない限りは，依然存続する債権者の「請求」規範なのである。

これに対して，履行請求権を，債務不履行が生じた局面において発生するものとし，債権者に対して与えられる救済手段の1つとして，損害賠償請求権や解除権と同じ次元に位置づける説がある（<small>潮見Ⅰ274頁以下，潮見・プラクティス64頁以下</small>）。

この問題は，債務不履行のプロセスにおいて履行請求権をどのように説明するかという考え方の問題にすぎないが，私は，一貫して債権の本質は規範的拘束力を有する「請求力」にあると考えているから（<small>14頁【給付受領権・給付保持力は債権の効力なのか？】参照。【Ⅳ〔初版〕1994】15頁</small>），したがって，履行請求権は請求力から発生するか，あるいは請求力の権利概念であるとの<u>立場を採る</u>。

そこで，この立場から「債権の効力」と「債務不履行」との構造について，〔図①〕で説明すると，まず，「債権」が発生した場合，義務履行に対して規範的拘束力を有する「請求力」が発生し，請求力から直接に実体法的権利としての「履行請求権」が発生する。ただし，この権利は，履行期までは行使できないから，潜在的ないし停止的な存在である。上記救済手段説との違いは，不履行が生じた場合の「救済」ではなく，債権の発生と同時に生ずる「拘束規範」の発現形態だということである．

(2) 履行請求権の顕在化と履行請求権の限界

履行期が到来した場合，「請求力」すなわち「履行請求権」は，顕在化して次のような運命をたどる。

(a) 目的達成による消滅　　　債務者が任意に履行したときは，請求力規範である履行請求権は，債権の目的達成により直ちに消滅する（「請求力」自体の消滅であるから，履行請求権は顕在化しないで消滅する）。

(b) 追完請求権（完全履行請求権）　　履行期に履行されない場合において，「追完」履行が「可能」であるときは，「追完請求権」$\binom{562条}{参照}$として機能する。すなわち，債権者の「完全履行請求権」の発動である。なお，履行の強制$\binom{414}{条}$は，追完態様は異なるものの，追完請求（完全履行請求）の一態様と考えてよい。

(c) 履行請求権の限界　　　履行が「不能」な場合には，「請求力」は，債権の目的不達成となり，「履行請求権の限界」として，「履行不能」の運命をたどる$\binom{412条}{の2}$。履行請求権が機能しない場合である。なお，「不能」とは「債務の発生原因及び取引上の社会通念に照らして不能」$\binom{412条の2}{第1項参照}$をいうから，物理的な給付不能$\binom{415条2項}{1号参照}$だけではなく，債務者の履行拒絶$\binom{415条2項}{2号参照}$の場合も含まれる。

第2節　債務不履行

1　履行遅滞 ── 履行請求権の発動

(1)　履行遅滞とは何か

(a) 履行期の徒過　「履行期」とは「履行すべき時」である。債務は，「履行期」において「債務の本旨に従った履行」$\binom{415}{条}$がない場合には，債務不履行となる。その場合，なおかつ「履行」が可能であれば，任意履行を促して本来的な履行を受けるのが，債権制度の本来的な姿である（履行請求権の機能）。したがって，この「履行期の徒過」が，「履行遅滞」の起点である。「履行期」は，債務の内容によって異なる。

　　i　確定期限付債務　債務の履行について「確定期限」$\left(\substack{例，「3ヶ月\\以内」など}\right)$があるときは，債務者は，その<u>期限の到来した時</u>から遅滞の責任を負う$\binom{412}{条1}$。当然と思われるかもしれないが，期限到来後に催告をするか裁判所に訴を起こすかしないと「遅滞」にはならないという法制度もあり，本条はそれを採用しないことを表明しているものである$\binom{前田}{90頁}$。なお，取立債務（履行について債権者が協力すべき債務）は，催告の時から「遅滞」となる。

　　ii　不確定期限付債務　債務の履行について「不確定期限」$\left(\substack{例，「仕事\\が成功し}\right.$
$\left.\substack{た時」，「父親が\\死んだ時」など}\right)$があるときは，債務者は，その期限の到来した後に，<u>履行の請求を受けた時またはその期限の到来したことを知った時</u>，のいずれか早い時から遅滞の責を負う$\overset{*}{\binom{412条}{2項}}$。

　　　　＊　**不確定期限付債務の消滅時効**　消滅時効は，債務者の知・不知にかかわらず，期限到来の時より進行する。知・不知は履行遅滞の要件であって，消滅時効とは関係がない。

　　iii　期限の定めのない債務　債務の履行について「期限を定めなかっ

たとき」は，債務者は，<u>履行の請求（催告）を受けた時から遅滞の責任を負う</u>（412条
3項）。期限の定めのない債務は，債務の発生と同時に履行期が到来していると考えられ，その場合の履行は，請求（催告）が前提となるからである。法律の規定によって生じる債務（契約以外で生じる債務）は，一般に期限の定めがない債務である。「請求」（催告）の方法は口頭・文書でもかまわない。ただし，この取扱いについては，次の2つの〈例外〉がある。──

（α）**消費貸借による債務**　消費貸借において目的物の返還時期を定めなかったときは，貸主は，相当の期間を定めて返還の催告をしなければならない（591条
1項）。

（β）**不法行為による損害賠償債務**　法律の規定によって生じるものではあるが，被害者救済の見地から，催告をまたず，成立と同時に遅滞責任が発生すると解されている（最判昭37・9・4民
集16巻9号1834頁）。

(b) 履行が「可能」であること　履行期において，履行が「可能」であるにもかかわらず，履行しないことである。履行が「可能」か否かは，「債務の発生原因及び取引上の社会通念に照らして」判断されるから（412条の2
第1項参照），「不能」は，「物理的不能」（415条2項
1号参照）だけでなく，債務者の「履行拒絶」（同項2
号参照）も含まれる。

(c) 履行遅滞中の履行不能　債務者が履行遅滞の責任を負っている間に，当事者双方の「責めに帰することができない事由」（＝不可抗力）によってその債務の履行が不能となったときは，その不能は，「債務者の責めに帰すべき事由」によるもの，すなわち「債務者の履行遅滞」とみなす（413条の
2第1項）。債務者は，債務不履行責任を負わなければならないという趣旨である。一種の制裁であり，適時に履行していれば，そのような事態は免れたであろうと考えられるからである。

(2) 「追完請求権」── 完全履行請求権 I

(a) 追完請求権の内容　債務者が「債務の本旨に従った履行をしない」（415
条1
項）ときは，「履行請求権」の具体的発動として，「追完請求権」が機能する。本来，債務者は完全な履行をしなければならない義

務を負っているのであるから，完全履行請求権の具体的な法的手段として，追完請求権が機能することは当然である（追完請求権は完全履行請求権の一態様である）$\left(\substack{\text{なお，この関係の様々な考え方に} \\ \text{ついては，潮見 I 328頁以下参照}}\right)$。

民法は，売買契約に関して，「引き渡された目的物が種類，品質又は数量に関して契約の内容に適合しないものであるとき」に，「追完請求権」の発動を認めている$\left(\substack{562条1 \\ 項本文}\right)$。上記のように，債務者は本来的に完全履行義務を負っているのであるから，追完請求権は，債権関係が発生した場合の一般原則と考えなければならない$\left(\substack{\text{その規定の準用などと考える必要はない。この点については，古谷貴之} \\ \text{『民法改正と売買における契約不適合給付』29頁以下，潮見・概要61頁以} \\ \text{下参}}\right)$。

追完請求権の内容は，債務によって異なり得るが，一般には，目的物の「修補」，「代替物の引渡し」，「不足分の引渡し」などとなろう$\left(\substack{562条1項 \\ 本文参照}\right)$。要は，「債務の本旨に従った履行」のための追完だということである。

(b) 追完請求権の限界　履行期徒過後において，履行の「追完が不能」であるときには，追完請求権の限界として，「履行請求権の限界」の場合に包摂される。この「不能」も，「契約その他の債務の発生原因及び取引上の社会通念に照らして」判断されるから$\left(\substack{412条の \\ 2第1項}\right)$，次の場合が考えられる。

i　物理的な追完不能　追完が物理的に不能な場合である$\left(\substack{415条2項1 \\ 号の類推}\right)$。

ii　追完の拒絶　債務者が履行の追完を拒絶する意思を明確に表示したときである$\left(\substack{415条2項2 \\ 号の類推}\right)$。

iii　目的の不達成　履行期限に特に意味がある債務など，債務の性質又は当事者の意思表示により，追完によっても契約の目的を達することができないときである$\left(\substack{563条2項3 \\ 号の類推}\right)$。もはや追完することに意味がないからである。

iv　社会的な不能　追完としての修補に過分の費用がかかるなど，社会的にみて不能と考えられる場合である$\left(\substack{\text{部会資料「5-} \\ \text{1」2頁参照}}\right)$。

(c) 遅延賠償　履行期の徒過によって損害が生じたときは，債権者は，その遅延したことによる損害（遅延損害）の賠償を請求できる$\left(\substack{\text{415条1項。「損害賠償」} \\ \text{の詳細は，第4章で扱う}}\right)$。

【「不完全履行」概念と「積極的債権侵害」論の問題】　　旧来のドイツ民法および日本民法は，債務不履行の形態として，「履行遅滞」と「履行不能」の2形態を認めるのみであった（「パラレル構成」といわれる）。これらは，「履行しない（できない）」という意味では，債務者の消極的行為による債権（ないし契約義務）の侵害である。しかし，債務不履行には，債務者の積極的行為による債権（ないし契約義務）の侵害もあり得る。すなわち，① すべきでないことをした場合（不作為義務違反），② 給付をしたが瑕疵がある場合（瑕疵ある履行），③ 履行を拒絶した場合（履行拒絶）である。これらは，遅滞・不能には該当しないから，第3類型として「積極的契約侵害」の概念で考えるべきである。1902年に，シュタウプ（Staub）はこのように主張した。

　この見解は，基本的には，判例・学説の承認するところとなったが，その後の学説は，①の「不作為義務違反」と③の「履行拒絶」は，履行遅滞・履行不能で（ないしそれらの拡張により）処理できるとし，積極的契約侵害概念から外した。そして，②の「瑕疵ある履行（不完全な給付）」の場合にのみ，積極的契約侵害を論ずる意義があるとしてきたのである。ただし，学説上，その債権法上の位置づけは多様を極めた（詳細は，北川・契約責任42頁以下）。ただ，名称的には，「積極的契約侵害」ないし「積極的債権侵害」（契約の場合に限られず，債権一般の問題とする），または「不完全履行」（債務不履行の態様としての給付の不完全性に着目）と称されるのが一般であった。

　上記の積極的契約侵害すなわち「瑕疵ある履行」（＝不完全な給付）には，2つの問題が内在していた。第1は，「給付の不完全性」という側面である。したがって，この場面では，完全給付の要求，すなわち，瑕疵修補請求権（完全履行請求権）を認めるべきかどうかが中心課題となる。第2は，給付行為の瑕疵によって「損害が発生・拡大」したという側面である。例えば，病気のにわとりを給付した結果他のにわとりが感染した場合，ピアノを搬入した際に絨毯を損傷した場合，酒の容器にヒビが入っていたために買主が怪我をした場合，などである。この場面では，不完全な給付によって債権者の他の保護法益（財産・生命・身体等の完全性利益）が侵害されていることから，履行に際しての契約規範上の注意義務・保護義務違反が中心課題となる。

　第1の側面を直視すれば，「給付の不完全性」であるから，文字通り履行遅滞・履行不能と並ぶ債務不履行の一態様として理解できることになる。それゆえ，その本質は，義務構造からいえば，主たる給付義務（および付随義務）違

反である。他方，第2の側面は，履行の不完全性から生じた「拡大損害」の問題であって，その本質は，給付義務とは一応（直接には）関係のない義務（注意義務ないし保護義務）違反である。したがって，この違反は，債務不履行の中に簡単に位置づけることができるものでない。

　このようにして，「積極的契約（債権）侵害」または「不完全履行」論は，一方では，債務不履行としての整序作業と，他方では，その本質をめぐる議論とが錯綜することになった。

　わが国の学説はドイツの学説理論を継受し，これをほぼ認めているが，「積極的債権侵害」概念の整理においては，次の2つの考え方が対立してきた（五十嵐清「不完全履行・積極的債権侵害」法学セミナー320号37頁以下による。なお，早川真一郎「不完全履行，積極的債権侵害」『民法講座4』49頁以下参照）。

　第1説は「積極的債権侵害＝不完全履行」と考えるもので，ドイツで論じられた積極的債権侵害を，履行の不完全性に着目して「不完全履行」の名称で民法上統一し，この中に上記の2つの側面（不完全給付と拡大損害）の瑕疵履行を位置づける（我妻150頁以下，水本・セミナー74頁以下，五十嵐・前掲論文39-40頁など）。そして，給付自体の損害と拡大損害とを特に区別する必要はなく，後者は，相当因果関係における特別事情による損害（416条2項）として考慮すれば足りるとする。

　第2説は「積極的債権侵害＝拡大損害」と捉えるもので，「不完全履行」とは給付義務の瑕疵履行を指し，給付義務以外の義務（注意義務ないし保護義務）違反であるところの拡大損害を伴う瑕疵履行には，「積極的債権侵害」の名称を使うべきだとする（於保112頁（給付義務に付随する注意義務違反），北川『契約責任』365頁（補充的契約責任（給付義務から独立した注意義務違反）），鈴木208頁・264-265頁（ただし，不完全履行は遅滞・不能で処理できるとして概念自体を否定），奥田156頁以下，潮見・講義案Ⅰ79頁など）。わが国独自の用法であり，積極的債権侵害を不完全履行の下位概念とする。

　後者（第2説）の見解に対しては，積極的債権侵害は本来不完全履行より広い概念であり，ドイツより由来した言葉なので，拡大損害を伴う場合を象徴的に使うならまだしも，それを拡大損害に限定する独自の用法には賛成できないとする批判があった（水本・セミナー74-75頁，五十嵐・前掲論文40頁）。これに対して，第2説からは，「給付義務より独立した保護義務」違反から生じた拡大損害について，給付義務の不履行（結果的責任）として確立された債務不履行概念で処理することは妥当ではなく（奥田157-158頁），それから生じた損害の本質が問われているのだとするなど，議論の応酬があった。

　この問題の本質は，履行の不完全性ではなく，履行行為によって発生させた

> 「拡大損害」（Zusatzschaden）の問題であることは明白である。したがって,「損害賠償」責任の一類型として考えなければならない。他方,「給付の瑕疵」については，遅滞または不能で処理できよう。
>
> 　なお，今般の改正では，積極的債権侵害で問題となった「履行拒絶」については，履行請求権の限界として，415条2項2号に「債務者がその債務の履行を拒絶する意思を明確に表示したとき」を履行不能として位置づけたから，その限りでは，債務不履行の第3類型と考える必要はない。

(3)　「履行の強制」── 完全履行請求権Ⅱ

(a) 履行強制の意義　債務者が任意に債務の履行をしないときは,債権者は,国家機関によって，その債務の内容を実現してもらうことができる。すなわち,「本来的な履行」の「強制」である。「本来的な履行」が可能なのであるから，理論的には,「履行請求権」の発動の一形態と考えてよい。

　ただし，債務の実現は，本来，債務者の行為（意思）によるものであるから，強制的にそれを実現することは，債務者の人格を無視し，近代法の思想に反することにもなろう。ここに，履行強制の限界がある。したがって，このような人格保護の思想から，履行強制の方法とその運用が認められることになる（履行強制制度については，奥田昌道『請求権概念の形成と展開』281頁以下，目崎哲久「強制履行」『民法講座4』1頁以下，前田93頁以下参照）。

　改正法は，履行の強制につき,「債権者は，民事執行法その他強制執行の手続に関する法令の規定に従い，直接強制，代替執行，間接強制その他の方法による履行の強制を裁判所に請求することができる。」として原則論のみを掲げ，具体的な方法については，民事執行法その他の手続に委ねた（414条1項本文）。

(b) 直接強制　債務者が任意に履行しないときに，国家機関によって，債務者の意思にかかわらず，債務の内容を実現することである。債務者の意思を無視するわけであるから,「なす債務」（作為・不作為債務など債務者の意思表示を前提とする債務）では認められないが（旧414条1項ただし書参照），「与える債務」（物の引渡債務）について認められる（民執168-170条参照）。

　問題は，債務の種類により代替執行ないし間接強制も可能な場合に，直接

強制との選択を許すべきかどうかである。判例・通説は，①「代替物」について，債権者は他から購入してその代金を債務者から取り立てる方法（代替執行）も考えられるが，それは損害賠償として請求すべきであるから，債権が損害賠償債権に転化しなければならないとし，また，②「特定物」であるときに，間接強制によって目的を達することができるとしても，直接強制が債務者の人格尊重の理想に適した最も有効な実現手段であり，それを許す場合に他の強制履行を認めることは，訴訟経済上からも不当であるとする（我妻91頁，林ほか106頁〔林〕）。

(c) 代替執行　<u>給付実現の権限を債権者に与え，それに要した費用を債務者から取り立てる</u>方法である。第三者による代替給付が可能である債務について，認められる。

　　i　「作為」を目的とする債務の強制執行　債務者の費用で，第三者に当該作為をさせることになる（民執171条1項1号）。

　　ii　「不作為」を目的とする債務の強制執行　債務者の費用で，債務者がした行為の結果を除去し，または将来のため適当な処分をすべきことになる（民執171条1項2号）。例えば，一定の場所に建物を建築しないとか，落水させないなどの不作為債務について，その不履行があったときは，債務者の費用をもって，その不履行の原因である施設を除去し，かつ将来のために適当な処分をすること（例，防護施設を施すなど）を請求することができる。

　　iii　「意思表示」の擬制　「意思表示をすべきことを債務者に命ずる」判決その他の裁判が確定し，又は和解，認諾，調停若しくは労働審判に係る債務名義が成立したときは，債務者は，その確定又は成立の時に意思表示をしたものとみなす（民執177条1項本文）。一種の代替執行である。なお，ここでいう「意思表示」とは広く解し，法律行為の成立に必要な承諾や債権譲渡の通知，法人登記の申請など，観念の通知・準法律行為などを含む。

　　問題となるのは，他の強制方法が可能な場合である。第1に，直接強制が可能な場合に，代替執行を許すべきかであるが，前記(b)で述べたように，債務者の履行をあきらめて代金を取り立てるというのは損害賠償的要素が強いから，直接強制のみを許すべきであろう。

　第2に，代替執行と間接強制とが可能な場合に，その選択を許すべきかどうかである。判例・通説は，間接強制は人格圧迫の方法でもあるから，代替執行で目的を達しうる場合には，間接強制を許すべきでないとしている（我妻93頁）。これに対しては，債務があること自体心理的強制なのだから，心理的強制（間接強制）は決して不当とはいえず，また，他人が代わって履行するよりも債務者みずから履行することが望ましいのだとして，少なくとも，「なす債務」については，債権者は，代替執行・間接強制のどちらも選択でき，「与える債務」の種類債務については間接強制を認めるべきだとする反対説がある（星野40-41頁）。しかし，債務者が債務を負っていることは社会的な義務負担観念であって，心理的強制という類のものではなく，履行行為自体の強制とは別問題である。間接強制は，強制の方法が人格を圧迫するというのだから，その批判は当たらない。

　　iv　謝罪広告　　判決によって謝罪広告をすべき義務（723条）が生じた場合に，その代替執行が許されるかどうか。判例は，謝罪広告の内容にもよるが，間接強制しか認めないものや，強制執行に適しないとするものがある一方で，「単に事態の真相を告白し陳謝の意を表明するに止まる程度のもの」は，代替執行によることができるとしている（最判昭31・7・4民集10巻7号785頁）。

(d) 間接強制　　不履行に対しては損害賠償・罰金・身体拘束などを課すなどの心理的圧迫を与え，給付を促すという方法である。心理的圧迫とは，要するに人格強制であるから，人格を害さない範囲で許される（例，妻に対する同居義務などは認められない）。民事執行法は，「作為又は不作為債務」で「代替執行」ができないものについて，これを認める（民執172条1項）。

(e) 履行の強制と損害賠償　　履行の強制は，損害賠償の請求を妨げない（414条2項）。強制履行が生じるのは，「遅滞」状態の時であるから，この損害賠償の性格は，遅滞責任としての損害賠償である（412条；415条1項）。それゆえ，損害賠償を請求するには，債務者に，「責に帰すべき事由」のあることが要求される（「損害賠償」の詳細は，第4章で扱う）。

2　「履行不能」── 履行請求権の限界

(1)　履行不能とは何か

(a) 履行請求権の限界　〔図①〕$\left(\begin{smallmatrix}50頁【債権の効力】と\\「債務不履行」の構造\end{smallmatrix}\right)$参照。履行不能とは，「履行期」において，債務の履行が「不能」（履行できない）なことである。したがって，債権者は，その債務の履行を請求することができない$\left(\begin{smallmatrix}412条の\\2第1項\end{smallmatrix}\right)$。理論的にいえば，請求力規範によって発生した「履行請求権」は機能せず，消滅することである。この場合を，「履行請求権の限界」と呼んでいる$\left(\begin{smallmatrix}部会資料「5-1」\\2頁以下参照\end{smallmatrix}\right)$。

ここで「不能」とは，「契約その他の<u>債務の発生原因及び取引上の社会通念に照らして不能</u>」$\left(\begin{smallmatrix}412条の\\2第1項\end{smallmatrix}\right)$である場合をいう。次のような場合があり得る（「履行の限界」であるから，概念的には「追完請求権の限界」を包摂する）。

　i　物理的な不能　履行することが物理的に不可能な場合である$\left(\begin{smallmatrix}415\\条2\end{smallmatrix}\right.$項1号の類推$\left.\right)$。

　ii　履行の拒絶　債務者が履行を拒絶する意思を明確に表示した場合である（主観的不能）$\left(\begin{smallmatrix}415条2項2\\号の類推\end{smallmatrix}\right)$。

　iii　目的の不達成　履行期限に特に意味がある債務など，債務の性質又は当事者の意思表示により，追完によっても契約の目的を達することができないときである$\left(\begin{smallmatrix}563条2項3\\号の類推\end{smallmatrix}\right)$。もはや履行することに意味がないからである。

　iv　追完請求権の限界　既述したように，もはや「追完ができない（追完不能）」（追完請求権の限界）の場合も，履行請求権の限界に包摂される（両者は，概念的にオーバーラップするから，要件も重なっている）$\left(\begin{smallmatrix}前掲\boxed{1}(2)(b)\\(55頁)参照\end{smallmatrix}\right)$。

　v　法律的・社会的不能　法律的・社会的に不能と評価される場合である。例えば，不動産の二重譲渡の場合において，売主の引渡債務は法律的不能となるから，原則として，第三者に登記が移転された時に履行不能となる$\left(\begin{smallmatrix}最判昭35・4・21民集\\14巻6号930頁，通説\end{smallmatrix}\right)$。

(b) 原始的不能・後発的不能を問わない　不能は，原始的不能（契約成立前から不能）であるか，後発的不能（契約成立後に不能となる）であるかを問わない。2017年改正以前は，債務不履行としての履行不能（旧415条）は，債権関係が発生した後の後発的不能をいい，原始的不能は瑕疵担保責任（法定責任）（旧570条）の問題となると解されていたが，改正法では，「債務不履行」を「履行期において債務の本旨に従った履行がない場合」として統一したことにより，この区別がなくなった。したがって，「履行期」において「履行ができない」のであれば，「債務の本旨に従った履行」ではないから，「債務不履行」となる（415条1項参照）。

(c) 履行不能と損害賠償　債務が履行不能となった場合に，その債権は，損害賠償債権に転化する（債権の価値的同一性）。この場合の損害賠償を「填補賠償」（債務の履行に変わる損害賠償）という（415条2項。「填補賠償」については，第4章で扱う）。

(2)　「代償請求権」

(a) 代償請求権とは何か　「代償請求権」とは，「債務者が，その債務の履行が不能となったのと同一の原因により債務の目的物の代償である権利又は利益を取得したときは，債権者は，その受けた損害の額の限度において，債務者に対し，その権利の移転又はその利益の償還を請求することができる」とする制度である（422条の2。ドイツ法・フランス法にならって2017年改正で新設。ただし，明文化が必要であったかどうかは疑わしいとの批判もある（田中宏治・後掲書450頁以下）。）。

〔**図①**〕において，例えば，建物

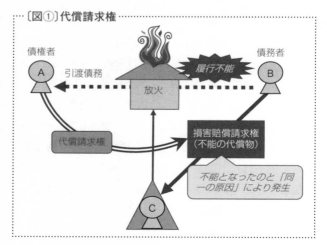

〔図①〕代償請求権

の売主Ｂが買主Ａに建物の引渡債務を負っている場合に，第三者Ｃが建物を放火して焼失させたときは，ＢはＣに対して損害賠償請求権を取得する。この場合，建物引渡債務は消滅するが，建物の焼失についてはＢに帰責事由はないから損害賠償責任は発生しない反面，Ｂは，Ｃから損害賠償金を得ることになる。この場合の不公平性にかんがみて，「代位」（Surrogation）の思想（公平の観念）から，債務者Ｂに対して，焼失した目的物（建物）の「代償」として受け取った物につき，債権者Ａに償還することを認めるのが「代償請求権」である（422条の2。なお，ドイツ法の代償請求権の歴史的展開については，田中宏治『代償請求権と履行不能』203頁以下に詳しい）。なお，つとに，判例（後掲最判昭41・12・23）・通説はこれを認めてきた。

【ドイツ法における代償請求権】　ドイツ民法の代償請求権規定は次の通りである。——

「§ 285 BGB　(1)　債務者が，275条1項から3項〔履行不能，給付拒絶による給付義務の排除〕の規定に従い給付すべき必要のない事情により，債務の目的物について賠償又は賠償請求権を取得したときは，債権者は，賠償として受領した物の引渡しまたは賠償請求権の譲渡を請求できる。

(2)　債権者が，給付の代わりに損害賠償を請求できる場合において，前項に規定する権利を行使するときは，その損害賠償額は，その取得した賠償または賠償請求権の価値だけ減少する。」

この規定の第1項下線部分は，もともと，「給付を不能にさせたのと同じ事情により」とされており（ド民旧281条1項），履行不能の場合に限って認められていたが，現代化法（2002年1月1日施行）では，それ以外に，債権関係の内容や信義則により債務者が正当に給付拒絶をした場合でも，その賠償ないし賠償請求権を取得したときは，債権者は代償請求できるとされた。

【判例による代償請求権の承認】　最判昭41・12・23（民集20巻10号2211頁）。ＢがＡから賃借していた建物が原因不明で焼失。Ｂは，Ｃ保険会社から火災保険金を受領した。その後，ＢがＡに差し入れていた敷金の返還を請求したことに対し，Ａは，Ｂの受領した保険金につき代償請求権があるとして，それと敷金返還請求権との相殺を主張した。

判決は，「一般に履行不能を生ぜしめたと同一の原因によって，債務者が履行の目的物の代償と考えられる利益を取得した場合には，公平の観念にもと

づき，債権者において債務者に対し，上記履行不能により債権者が蒙りたる損害の限度において，その利益の償還を請求する権利を認めるのが相当であり，民法536条2項但書〔現2項後段〕の規定は，この法理の現れである（大判昭2・2・15民集6巻236頁参照）」として，代償請求権を認めた。おおむね，ドイツ法理論に沿った内容である。

(b) 代償請求権の要件　代償請求権が認められるための要件である（422条の2。規定の解釈理論については，田中宏治・前掲書425頁以下参照）。

i　「同一の原因」　債務の履行が不能となったのと「同一の原因」により，「代償物」を取得したことである。この点は，もっぱら，「不能」と「代償物の取得」との因果関係の問題であるが，現実には，要件事実の立証なので，あまり問題とならないであろう。

ii　「代償物」　債務の目的物の「代償」であることである。上記のように，目的物が毀滅した場合の損害賠償請求権は，その典型例である。以下の場合が，やや問題である。

(α)　火災保険金請求権　火災保険金請求権は，火災保険契約から直接に発生するものであって，代償物ではないとするむきがあるが，しかし，形式的にはそうであったとしても，目的物の「代償性」を否定することはできないから，肯定すべきである（前掲最判昭41・12・23，通説）。

(β)　二重譲渡の代金　問題なのは，A→B，A→Cへの不動産の二重譲渡において，所有権を失った第1買主Bは，所有権を取得した第2買主Cから売主Aに支払われた代金につき，代償請求権を有するかどうか。これを否定する説は，取引による取引利益に対しては代償請求権はないとする（林ほか92頁〔林〕）。しかし，二重譲渡の場合，所有権喪失者Bは，既払代金の返還を受けることができないのがしばしばなので，肯定すべきであろう。このような場面でこそ，代償請求権が発揮されるべきである。

iii　「受けた損害の額の限度」　代償請求権は，債権者が「受けた損害の額の限度」で，代償物の償還を請求できる（前掲最判昭41・12・23，通説）。かつては，不当利得的観念（不当な利得の吐き出し）から「全額」（代償物それ自体）と解されたこともあったが（磯村保「二重売買と債権侵害」神戸法学35巻2号406頁以下参照），「代償請求」には制裁的機能はな

いから，債権者の「受けた損害」の請求となる。

(c) いくつかの問題点　　　**i　債務者の帰責事由との関係は？**　　代償請求権は，債務者に帰責事由がない場合に限られるべきか否か。帰責事由がある場合は，債権者に損害賠償請求権が発生するからである。この関係をどう評価するか。

〔**A**〕「**帰責事由不存在」限定説**）　債務者に帰責事由のない場合に限って代償請求権を認める（林ほか92頁〔林〕，前田221頁，潮見・講義案Ⅰ87頁）。帰責事由のある場合は債権者に損害賠償請求権が発生するのだから，それ以上に債務者の財産管理権にみだりに干渉すべきでないというのである（フランス民法はこの思想）。

〔**B**〕**帰責事由不問説**）　　代償請求権は，債務者に帰責事由がない場合でも，帰責事由がある場合でも，認められるとする（ドイツ民法の立場）。さきの二重譲渡の例からわかるように，債務者Aの帰責事由によって履行不能となる場合には，債権者Bに著しい損害を及ぼすことが多い。このような場合には，Bは，Aに対し損害賠償請求権（一般財産に対するもの）を主張するよりも，対象が確定している代償請求権を行使した方が有利であろう。そして，この両請求権を認めても，代償請求権を行使するときは，賠償額は代償請求権部分を減額した額と解すべきだから（ドイツ民法285条2項），債務者に不利益を与えるものではない。制度の基本思想である「公平の観念」にも合致するものと思う。

　なお，債務者の帰責事由によらない履行不能の場合において，債権者が危険負担責任を負うときには，債務者の代金請求権と債権者の代償請求権とが相殺され，一種の調整機能をもつことになる（奥田151頁）。

　ii　賠償物が債務者の一般財産に混入した場合　　代償請求権は，「代位」の思想は同じであっても，物上代位権とは異なる。物上代位の目的物は「請求権」であるから，それが債務者に支払われると，もはや物上代位権を行使できない（304条1項ただし書）。これに対し，代償請求権は，物的追及とは異なり，公平の観念に基づく不当利得法理を基礎とするものであるから（奥田151頁），一般財産に混入した場合でも追及が可能というべきである。ドイツ民法でも「賠償または賠償請求権」としているのである（ド民285条1項）。

第3節 受領遅滞 (債権者遅滞)

1 「受領遅滞」の意義

(1) 「受領遅滞」と弁済提供

債務の種類によっては，その履行につき，債権者の受領行為を要する場合がある。例えば，物の引渡債務は，債権者が受領することが前提である（反対に，不作為債務や金銭振込などでは，それを必要としない）。この場合において，債権者が，債務の履行を受けることを拒んだり（受領拒絶），または債務の履行を受けることができない場合（受領不能）には，履行は完了しないから，債務は履行遅滞の状態になる。この状態を，「受領遅滞」（債権者遅滞）という。民法は，この場合を2つの方向から規律する。すなわち，——

第1に，債務者は，このような場合は「口頭の提供」（弁済の準備をしたことを通知して受領を催告すること）で足り（493条ただし書），この弁済の提供時から，「債務を履行しないことによって生ずべき責任」を免れる（492条。供託によっても債務を免れる（494条））。「弁済の提供の効果」として，債務者を債務不履行責任から解放するものである。

第2に，債権者は，その履行提供時から，「〔受領〕遅滞の責任」を負う（旧413条）。「受領遅滞の効果」として，債権者に一定の負担を課すものである。ただし，改正法では，この「履行の提供があった時から遅滞の責任を負う」とする一文が削除されたが，受領遅滞の責任が発生することは明らかであるから，そのこと自体が否定されたわけではない（新413条は，旧413条の「遅滞の責任」の具体的な効果として，「増加費用の負担」と「保存義務の軽減」を明文化したものとされる。部会資料「54」9頁）。

しかし，受領遅滞の責任内容ないし性質や，弁済提供の効果と受領遅滞の効果の関係についても，必ずしも明白ではない。学説では，以下に見るよう

に，大きな議論がある。

(2)　法的性質論

「受領遅滞」とは，法律的にどのような性質のものなのか。問題の焦点は，① 債権者に「受領義務」なるものを認めるべきか否か，および，② それと密接に関連する法的効果として，債権者に対する損害賠償ないし契約解除まで認めるべきか否かである。学説は分かれる。

〔A〕 **法定責任説**　権利絶対思想の上に立つ民法の体系においては，債権者の受領義務は，慣習または特約に基づく場合のほかは一般に認められないとし，旧413条「遅滞の責任」は，法が特別に認めた信義則に基づく法定責任であるとする（旧通説，於保119頁，林ほか71頁〔林〕，最判昭40・12・3民集19巻9号2090頁（その理から，債務者の解除権を否定））。特に，林教授は，日本民法では債務者の履行遅滞においても遅れた履行に対して債権者は受領すべしとされることと対比して，債権者の受領遅滞も遅れて受領するまでの若干の不利を債権者に課するのが整合的だとする（林ほか71頁〔林〕）。

この説によれば，受領遅滞の効果は弁済提供の効果に帰し，債務者の責任の軽減 —— 債務不履行責任の免除，注意義務の軽減，約定利息発生の停止，果実収取義務の免除，対価危険の移転など —— がその中心となる。

〔B〕 **債務不履行説**　これに対して，債務不履行説は，弁済が債務者・債権者の協力行為である以上，その受領は債権者の義務（受領義務）であるとし，したがって，受領遅滞は，債務者の債務不履行に対応する債権者の債務不履行であると考える。特に，民法は，受領遅滞を弁済提供と別個に規定し，債務不履行制度の中に置いて，しかもその効果につき何も規定していないのであるとする（我妻236頁以下，前田296頁）。

それゆえ，この説は，受領遅滞の効果を債務不履行的効果であるとし，一定の要件の下で損害賠償と解除まで認めることになる。

〔C〕 **折衷説**　ドイツ法では，債権者遅滞を認めるも，債権者には一般に受領義務がないとされ，したがって，その効果は債務者の責任の軽減 —— 注意義務の軽減，約定利息の停止，収益償還義務の縮減など —— である（ド民300条参照）。しかし，売買（同433条）と請負（同640条）においては引取義務が規定され，

その義務違反の効果として，損害賠償($\substack{同280\\条2項}$)のみが認められる。この関係で，学説は，「受領」(Annahme) 義務と「引取り」(Abnahme) 義務を区別する。これにかんがみ，わが国においても，次の主張が見られる。

　ⓐ 第1は，債権者は一般的には受領義務はないが，売買・請負・寄託については，特殊な事情（例えば，売主の営業に支障をきたすなど）から，例外的に信義則から引取義務（特殊契約上の付随義務として）を認め，その義務違反として損害賠償と解除を認めようとする説である($\substack{遠田新一「債権者の受領遅滞による\\債務者の解除権」『契約法大系I』}$) 286頁，同「受領遅滞」『新民法演習3』) 47頁，水本72頁，水本・セミナー88頁)。

　ⓑ 第2は，売買・請負だけに債権者の引取（受領）義務を認め，その不履行につき損害賠償のみを認める説である($\substack{奥田\\226頁}$)。なお，判例は，特段の事情から，売買契約での損害賠償を認めている($\substack{次掲最判昭\\46・12・16}$)。

【買主の引取義務】　　前掲最判昭 46・12・16($\substack{民集25巻9\\号1472頁}$)。売主Aは，買主Bに対し，硫黄鉱石を採掘して全量を売り渡す契約を締結し，その前渡金として400万円を受け取って，目的物を順次引き渡していたが，Bは，市況の変化等を理由に，その引取りを拒絶した。そのうち契約期間が満了となり，Aは，Bに対し損害賠償を請求。

　判決は，「〔本件〕鉱石売買契約においては，Aが上記契約期間を通じて採掘する鉱石の全量が売買されるべきものと定められており，AはBに対し上記鉱石を継続的に供給すべきものなのであるから，<u>信義則に照らして考察する</u>ときは，Aは，上記約旨に基づいて，その採掘した鉱石全部を順次Bに出荷すべく，Bはこれを引き取り，かつ，その代金を支払うべき法律関係が存在していたものと解するのが相当である。したがって，Bには，Aが採掘し，提供した鉱石を引き取るべき義務があったものというべきであり，<u>Bの前示引取の拒絶は，債務不履行の効果を生ずるものといわなければならない</u>」として，特別の事情から引取義務を認めた。折衷説の立場である。

　〔D〕 **付随義務説**　受領ないし引取義務（履行協力義務）を，信義則上債権者が負担する一般的な付随義務であると位置づけ，その義務違反は，直ちに債権者の債務不履行となるものでなく，弁済提供の効果のほか，積極的な救済として，債務者の自助売却権($\substack{497\\条}$)や売主の供託・競売権($\substack{商524\\条}$)を認め

る（北川53頁。なお，〔C〕説も引取義務を「付随義務」とするが，本説と論法が異なる）。

　まず，〔A〕説と〔B〕説の違いであるが，前者は，権利絶対的観念から民法典の構成を観察し，債務不履行の諸規定は債務者の債務不履行を規定したものであって，この中には債権者の遅滞責任は予定していないのだという。しかし，このような法観念が現代において妥当かどうかは疑問である。債権者といえども債務者に対しては種々の義務を負っていると考えるべきだからである。また，債務者の履行遅滞において遅滞賠償責任が発生する以上，林説は成り立たないのではなかろうか。私は，債権者も債務者に対しては義務を負う関係であると解するのが妥当であると考えるので，〔B〕説に与する。この立場に立てば，遅滞効果として損害賠償や契約解除を認めることにより，債務者の不履行責任と均衡が保たれることになるのである。

　そこで，〔C〕説との関係である。〔C〕説は，受領義務と引取義務とを区別し，一般的には受領義務はないが，売買・請負・寄託においては，その契約の特殊性から引取義務が認められ，その義務違反から，損害賠償と解除とが生じるのだとする。しかし，「受領」問題は，売買・請負・寄託に特有の問題ではないであろう。この点，水本教授は，買主が引き取らない場合，代金不払いを理由に解除しようが，受領遅滞を理由に解除しようが，結果は変わらず，受領遅滞の効果として解除を認める必要はないとし，ただ，売買等では引取行為がされるか否かが代金支払いをすべきか否かを決めることになるので，引取りもされないのでは，代金不払いを問題とする余地はなくなるから，受領遅滞による解除が必要なのだとする（水本70-71頁）。しかし，それでは，前掲最判昭46・12・16のように，代金全額前払いの場合に説明がつかないであろう。結局において，「受領」（引取）が問題となる契約類型では，債権者の義務として捉えるべきである。

　また，損害賠償を認めれば足り，解除まで認める必要はないとする説もある（前掲〔C〕奥田説。一般に〔B〕説に対する批判でもある）。前掲最判昭46・12・16では，代金前払いがなされたのと，契約期間が満了したためにこの問題が起こらなかったが，債務者にとっては，「解除」しなければ自己の債務は免れないから，損害賠償だけで解除を認めないのは債務者の保護に欠けるところが大きい。

さらに，〔D〕説との関係であるが，契約類型によっては受領義務が当該契約に本質的である場合があるから，それを付随義務として位置づけ，それから効果を演繹する方法は妥当ではないであろう。

2 受領遅滞の要件・効果

(1) 受領遅滞の要件

(a) 債務の本旨に従った「履行の提供」があること　債務の本旨に従った「履行の提供」があることは，受領遅滞責任が発生する前提である。

(b) 履行が可能なこと　履行が不能なために受領が不能となる場合は，受領遅滞としての受領不能（次掲(c)要件）ではなく，履行（給付）不能として危険負担の問題となる（我妻239頁，於保119頁，奥田227頁）。受領遅滞の理論的前提としては，観念的にせよ「履行が可能」でなければならない（奥富晃「「履行が可能であること」という受領遅滞の成立要件について」南山法学15巻3・4号51頁以下）。通説がこれを要件から外すのは，履行不能と受領不能の区別が困難な場合があり，それを受領遅滞で処理しようとしているからである（この問題の詳細は，次掲(c)で扱う）。

(c) 債権者の受領拒絶または受領不能　債権者の「受領拒絶」については，目的物の受取り拒否や，使用者の工場閉鎖などがこれに該当する。これらの場合は，一般には債権者に帰責事由が認められようが，「受領遅滞」は，債権者が「受領しない（受領不能を含む）」という事実から生じるものであり，債権者の帰責事由を要件とはしない。この点は，債務者の「債務不履行」と同じである（415条1項参照）。

問題は，<u>債権者の「受領不能」</u>の場合である。もとより，その不能が債務者の帰責事由に基づくときは債務不履行（履行不能）となるから，<u>受領遅滞として問題となる「受領不能」とは，債務者に帰責事由がない場合</u>である。このような「債務者の履行は不能であるが，債権者の受領も不能（受領遅滞）である」と捉えられるケースは多くないが，具体例として，次のケースを措定しておこう。

　〔設例①〕　工場が焼失して被用者が働けなくなった場合（→被用者は，なお賃金報酬請求権を有するか否か）

　〔設例②〕　患者が死亡して予定した手術ができなくなった場合（→医師は，なお準備に要した報酬を請求できるか否か）

　これらの〔設例〕では，債務者（被用者・医師）の履行は不能（＝「給付不能」）（債務不履行としての「履行不能」と区別するため，「給付不能」とする）ではあるが，債権者の受領も不能であるから，受領遅滞の要件を満たしてこよう（この関係から，通説は，受領遅滞の要件として，前掲(b)の「履行が可能なこと」を外したのである）。この両者の関係をいかに理解すべきか。

　〔Ａ〕「給付不能」・「受領不能」峻別論　　もし，〔設例〕の場合が給付不能であれば，旧536条1項（危険負担の債務者主義。現536条1項）により報酬請求権は消滅するが，受領不能であれば，受領遅滞となるから，報酬を債権者に請求できることになる。それゆえ，給付不能と受領不能との区別は実際上重要となる。そこで，学説は，ドイツで唱えられた「領域説」（Sphärentheorie）に依拠し，その不能原因が，① 債権者側の支配領域に存する場合には，受領不能（受領遅滞）として扱い，債務者は報酬の請求ができるものとし，反対に，② 債務者側の支配領域に存する場合には，給付不能（危険負担）（旧536条1項）として扱い，債務者は報酬を請求できないものとする（我妻239頁，前田298頁）。

　【ドイツ領域説と不能論】　　わが国の受領遅滞不能論は，ドイツの議論に端を発している。ドイツでは，債権者が給付を「受領しない」場合（「不受領」。これには受領不能も含まれると解されている）には，その帰責事由の有無を問わずに債権者遅滞責任が発生する（ド民293条）。そして，特に雇用契約においては，使用者が債権者遅滞となった場合にも被用者は報酬請求権を失わないことが明言されている（同615条。特別の政策規定である）。しかし，給付自体が不能であれば，危険負担の一般原則の問題となり，債務者は報酬請求権を失う（同323条1項）。それゆえ，工場の焼失や資材の中絶などのように，債権者・債務者の双方に帰責事由がない場合を，給付不能とするか受領不能とするかは重要な問題となってくるのである。

　この際の判断基準として通説化したのが，エルトマンの提唱にかかる「領域説」（Sphärentheorie）であった。すなわち，給付を妨げる原因が債権者の領域に存在する場合は，債権者遅滞となり，被用者は賃金債権を失わない（同615条）のに対し，その原因が債務者の領域に存在する場合には，給付不能となって危険負担の問題となる，とする理論である。この理論がわが国の通説に採り入れられたのである。領域説は，このように，債権者遅滞か危険負担かを峻別する有用な基準であった。

　ところで，危険負担の場合にはもちろん履行は不能であるが，債権者遅滞では，観念的には「履行は可能」でなければならない。給付を妨げる原因は債権者側にあるからである。この面から考えるならば，領域説は，履行可能と履行不能（給付不能）とを理論の上で分けていることにもなる（奥富「受領遅滞と履行不能の区別を論ずる意味について(1)」南山法学14巻2・3・4号8頁注7は，領域説のこの面を強調する）。

〔B〕「危険負担」処理説　〔A〕説〔設例①〕の受領遅滞による処理は妥当ではないとし，「給付不能」すなわち危険負担の問題として処理しようとする説である。2つに分けることができる。

ⓐ「受領遅滞による危険移転」構成説　奥田教授は，〔設例①〕の受領遅滞の場合になぜ報酬請求権が存続するかの根拠は不明だとして，旧536条1項を基本としつつ，受領遅滞による危険の移転を認め，かつ，労働給付は時々刻々と給付不能となると解して，危険負担法理により報酬請求権の存続を認めるべきだとする（奥田229-230頁）。

ⓑ「危険負担」説　〔設例①・②〕の事例を受領遅滞として扱うことは，医師の報酬請求も認めることになって不当であり，他方，工場の休業の場合でも，典型的な不可抗力の場合には，賃金請求を認めるわけにはいかないから，やはり不当であるとし，そこで，債権者・債務者共に帰責事由のない場合は「給付不能」（危険負担）としてのみ扱うべきであるとする。ただ，理論的説明としては，〔設例②〕のような一回的・純民法的な事例では給付不能として旧536条1項のみが適用され，〔設例①〕のような継続的雇用契約などの場合は，時々刻々に給付不能となるという意味で，やはり旧536条1項が適用されるとする（奥富・前掲「受領遅滞と履行不能の区別を論ずる意味について(2)」南山法学15巻1・2号40頁以下）。

　この問題は，本来的に「危険負担」の問題 —— 特に債権者に帰責事由のない「不能」の場合 —— を，受領遅滞の問題として処理しようとしたところに無理がある。確かに，受領遅滞とすれば（〔A〕説），〔設例①〕では賃金請求権は消滅しないから，被用者にとっては有利である。しかし，この理論は，ドイツの議論に引きずられたものであって（ドイツ民法が，労務の受領遅滞にあっても被用者は報酬請求権を失わないとしたのは，政策的な特殊規定であることに注意しなければならない），第1に，わが国の労働基準法26条および民法536条2項の規定の趣旨 —— 債権者の帰責事由を前提に債務者の賃金請求を認める —— に反するし，第2に，その結論は〔設例①〕では妥当かもしれないが，〔設例②〕の場合には不当であろう（前掲〔B〕ⓑ説の主張参照）。それゆえ，<u>債務者・債権者共に帰責事由のない場合には，直截に「危険負担」の問題として処理する〔B〕説が正当である。</u>危険負担（536条1項）で処理した場合，具体的には，〔設例①〕で，純粋に不可抗力によって工場が焼失したという場合に，被用者が賃金を請求しえないことはやむをえないことであろう（もはや，労働政策の問題であり，民法理論で解決すべき問題ではない）。反対に，〔設例②〕で，医師が報酬請求をできないことになるのは当然視されるはずである。

　ただし，〔B〕ⓐ説は，〔A〕説と同じく受領遅滞を認め，それによって危険が債権者に移転するとした上で，債務者の時々刻々の給付不能→債権者危険負担とするのであるが，「受領遅滞による危険移転」とは，通常は，遅滞中に発生した危険（給付不能）の処理を意味するわけであるから，「受領遅滞後の給付不能発生」という迂遠な理論に行き着かざるをえない（奥富・前掲論文(2)42頁注9参照）。しかし，このような構成は不必要というべきである。

　次に，〔B〕ⓐ説・ⓑ説の主張する，「時々刻々給付不能となる」とする労務給付の性質であるが，確かに，労務（＝時間）は物理的には時々刻々経過するものではあるが，法律的に観察した場合，特にその対価との関係で考えれば，計算的単位でもって把握することは可能であるし，またそう理解すべきであろう。それゆえ，時々刻々の給付不能とする説明は必要でない。したがって，私は，ⓑ説を支持するが，直截に危険負担（536条1項）の問題として理解すべきものと考える。

　結局において，413条の「受領不能」の観念は，特にその後段の「不能」（履

行を受けることができない）に意味があるわけでなく（債権者に帰責事由なくして受領「不能」となるならば，危険負担のみの問題となり，それ以上に，領域説によって受領遅滞とすべきではないからである），前段の「受領拒絶」（履行を受けることを拒む）と相俟って，広く「受領しない」こと（不受領）を指しているものと解すべきであろう。

(2)　受領遅滞の効果

(a) 弁済提供の効果　受領遅滞に際しては，その前提として「弁済提供」がある。それゆえ，弁済提供の効果も発生する。すなわち，「債務者は，弁済の提供の時から，<u>債務を履行しないことによって生ずべき責任を免れる</u>」（$\frac{492}{条}$）。① 履行遅滞責任（遅延賠償・遅延利息・違約金等）の不発生，② 約定利息の不発生（$\frac{大判大5・4・26}{民録22輯805頁}$），③ 危険（$\frac{536条}{1項}$）の移転，④ 注意義務（$\frac{400}{条}$）の軽減，⑤ 増加費用の債権者負担，などがそれである（$\frac{詳細は，}{第9章第1節第1款\boxed{5}(4)(a)}$ $\frac{}{(271頁) 参照}$）。

(b) 受領遅滞の責任　受領遅滞の効果として一般的に考えられているのは，① 履行遅滞責任の不発生，② 債権者の同時履行の抗弁権（$\frac{533}{条}$）の消滅，③ 注意義務（$\frac{400}{条}$）の軽減，④ 増加費用の債権者負担，⑤ 危険（$\frac{536条}{1項}$）の移転，などである（$\frac{部会資料「34」}{53頁参照}$）。したがって，かなりオーバーラップしていることになる。このうち，民法は，特に次の3つ（上記の③・④・⑤）を定める（$\frac{なお，「損害賠償及び解除の可否，受領の強制」については，}{改正では論点として取り上げないとする。部会資料「54」9頁}$）。

i　注意義務の軽減　「債権者が債務の履行を受けることを拒み，又は受けることができない場合」（受領遅滞）において，「その債務の目的が特定物の引渡しであるときは，債務者は，履行の提供をした時からその引渡しをするまで，<u>自己の財産に対するのと同一の注意</u>をもって，その物を保存すれば足りる」（$\frac{413条}{1項}$）。通常は，善管注意義務（$\frac{400}{条}$）が課されるから，義務の軽減である。

ii　増加費用の債権者負担　同じく債権者の受領遅滞の場合において，「その履行の費用が増加したときは，その増加額は，債権者の負担とする」（$\frac{413条}{2項}$）。

　iii　危険の移転（受領遅滞中の履行不能）　同じく債権者の受領遅滞の場合において，「履行の提供があった時以後に当事者双方の責めに帰することができない事由によってその債務の履行が不能となったときは，その履行の不能は，<u>債権者の責めに帰すべき事由によるものとみなす</u>」$\binom{413条の}{2第2項}$。「債権者の責めに帰すべき事由によるものとみなす」とは，危険負担の債務者負担原則$\binom{536条}{1項}$を債権者負担に転嫁することである（「提供」を「引渡し」と同視するわけである$\binom{567条}{参照}$）。

　(c)　債務不履行責任　さらに，債務不履行責任説に立った場合には，理論的に次の2つの責任を認めるべきである。

　i　損害賠償　第1は，損害賠償責任である$\binom{415\,条}{の類推}$。判例も，損害賠償は認める$\binom{前掲最判昭46・12・16民集25巻}{9号1472頁。\,\mathbf{I}2)（68頁）参照}$。

　ii　解除　第2は，債権者遅滞が続く場合は，債務者に契約解除を認めることである$\binom{541条以}{下の類推}$。他の説は，解除まで認めるのは行き過ぎだと批判するが，これを認めないと，債務者の履行責任自体は存続するわけだから（付随的義務は軽減されるにせよ），債務者の債務不履行との均衡が保てない。しかし，判例$\binom{前掲最判昭40・12・}{3民集19巻9号2090頁}$は，これを認めない$\binom{\mathbf{I}2)}{頁}\binom{(67}{頁)参照}$。

第4章　債権の効力（2）── 損害賠償

第1節　「損害賠償」制度総説

(1)　「損害賠償」制度の意義

(a) 失われた損失 の填補　　債務不履行に対する損害賠償は，古くは制裁的性格が濃く，懲罰的（刑罰的）制裁として課された。それが民事制裁（不法行為）へと発展し，さらに，近代法に至っては，債務不履行自体の法理として純化された。ここにおいて，「損害賠償」制度は，「失われた損失の填補」制度として確立したのである。

(b) 債権の価値的同一性 の保障　　本来，「債権」は，成立時における価値と履行期における価値につき，同一性・等価性を保って存在している。ただ，履行期が時間的にずれる場合には，そのずれを「利子」が埋め（時間的価値の付与），「原債権＋利子」という形で同一性・等価性が維持されているのである。

しかし，債務の不履行は，この「同一性」の破壊を意味する。そこで，発生した「損害」を賠償することにより，なおかつ，債権の同一性を保障しようとするのが，「損害賠償」制度である。

(c) 債権の損害賠償債権 への転化　　債務不履行は，遅滞であっても不能であっても，一定の要件の下で「損害賠償請求権」を発生させる。このことから，〈債権は，遅滞・不能となっても，その債権自体の価値は変わらない〉とする観念が生まれ，この思想の下で，上記のように，損害賠償制度が，「債権」の価値的同一性を保障する制度として構築されたのである（損害賠償のこのようなメカニズムを，林教授は，債権保障機構と言う。林ほか55頁以下〔林〕）。このことを，我われは，通常，「履行債権の損害賠償債権への（価値的同一性を保った）転化」と呼んでいる。

　以上が，近代法における損害賠償制度の骨格である。ただし，このことは，債務不履行の損害賠償制度についていえることであって，不法行為の損害賠償制度については，制裁（民事経済的制裁）による不法行為の防止という重要な機能があることを忘れてはならない（詳細は，【VI】95頁以下。この要素は，債務不履行の損害賠償についても言えないことはないが，ここでは省略する）。

(2) 「損害」の概念

　では，「損害」とは，何をいうのであろうか。考え方がいくつかある。──
　〔A〕　差額説）　損害とは，法益について被った不利益であって，債務不履行での損害は，債務の本旨に従った履行がされたならば債権者が有したであろう利益と，不履行によって債権者が現に有している利益との「差額」である（於保135頁）。すなわち，履行による仮定的全財産状態と不履行による現実的財産状態の総体的差額が，計数で表される。それゆえ，<u>その「差額」を埋めるのが損害賠償である</u>とする。
　この説は，損害賠償の基本理念を忠実に捉えてはいるものの，ドイツのような原状回復を原則とする完全賠償主義の下では適合するが，わが法制では不適切であること（平井67頁），非財産的損害（精神的損害）には適しないこと（於保136頁注1参照。この点の回避から，潮見説は，〔A〕説の修正として，仮定的事実状態と現実的事実状態との差額とする「事実状態比較説」を主張する（潮見・講義案 I 157頁）），および，そのような総額上の計算から損害を差し引くといった方法は実務上採用されていない（林 ほ か 114 頁〔林〕，前田166頁），などの難点がある。
　〔B〕　現実的損失説（個別損害説）　損害とは，債務不履行の結果として，債権者の財産状態（および精神状態）に<u>現実に発生した不利益（個々の法益について被った不利益）</u>であるとする（林ほか114頁〔林〕，奥田171頁，北川156頁以下，前田166頁）。すなわち，実務で行われている「個別損害項目積上方式」（後掲79頁【損害算定の実務】i 参照）に依拠し，それを基礎に，具体的な法益上の損失を個別に（項目ごとに）算出して，その総和を損害と捉えるものである。
　〔C〕　事実説　債務不履行としての「・不・利・益・な・事実」（目的物の引渡がなかったという事実，そのために代物を他から購入したという事実，転売先に違約金を支払った事実）を損害と捉える（平井・理論140頁・162頁，平井68頁）。この説は，損害を，法的評価を加えない「事実」そのものとして捉え，後述する損害の法的

評価（保護すべきかどうかの価値判断）の前提事実として理解するものである。

　〔A〕説・〔B〕説と〔C〕説との間には，「損害」と「賠償」をどのように考えるかにつき，根本的な対立がある。前者は，損害賠償というものを〈債務不履行（事実）によって惹起された「損害」を「賠償」するのだ〉と理解する。したがって，賠償の対象となる損害であるから，「損害」といえるためには，一定の法的評価（価値判断）を経たものでなければならない。損害（不利益事実）のすべてが賠償の対象となるわけではないからである。そこで，「損害」の発生につき，相当因果関係を要求してくる（相当性の判断は法的評価にほかならない）。

　これに対し，後者は，〈債務不履行の「事実」そのものを「損害」と捉え，その「事実」（＝損害）のうちで，どの範囲までのものが法的保護（法的評価）の対象となり得るかが「賠償」問題である〉と考える（保護範囲説）。したがって，「事実」（＝損害）自体は法的評価（価値判断）を含まないし，また，そうであれば，自然的・事実因果関係によるすべての事実でなければならないことになる。このように，損害を法的評価を含まない事実と捉える考え方は，賠償の論理構造上，保護範囲説を前提としてのみ成り立ち得るものであるし，反対に，保護範囲説を認容しないならば，事実説はとれないことになる。

　　【「損害」と法的評価（価値判断）の問題】　　事実説に対して，北川教授は，① 被害者が，別に同じ被害法益を目的とする債権をもっていても，損害の発生を認めるのが，判例（例，売主が詐欺によって目的物の所有権を失った場合，買主に対して代金債権をもっていても，詐欺者に対して損害賠償を請求できる（最判昭38・8・8民集17巻6号833頁））・通説であること，②「間接被害」（例，個人会社が，社長の交通事故のために被った損害。後掲(3)(d)「間接損害」参照）は，原則として損害賠償の対象とならないが，例外的に認められる場合があること，を挙げ，これらの場合に，「損害」の発生・不発生という判断は，すぐれて法的な評価（因果関係上の相当性の判断）に基づいているのだと批判する（北川160頁）。不履行という「事実」があっても実質的な「損害」が発生しない場合，またはその「損害」が間接的な場合でも，損害賠償は成立するのだという趣旨であろう。

　　しかし，事実説でも，事実的因果関係下でそのような場合を「事実」（損害）として取り込み，保護範囲とすることができるのだから，批判は正しくない。

損害が法的評価を含むか否かを抽象的に議論することは意味がなく，本文で述べたように賠償論理の違いによる理解の相違であり，基本的に保護範囲説に立たないかぎりは，事実説はとれないのである。

【損害算定の実務】　参考のために，損害算定の2つの方法に触れておこう（不法行為の場合だが）（詳細は，【Ⅵ】192頁以下参照）。──

　　i　個別算定方式　　交通事故などで一般に行われるもので，積重ね方式または個別損害項目積上方式とも呼ばれる。財産の損害項目としての「積極損害」（治療費・葬儀費など，現実に支出した損害）と「消極損害」（休業や死亡によって得られなくなった利益や，事故により失った逸失利益），非財産的損害項目としての「慰謝料」（精神的苦痛）に大別し，それぞれの項目につき具体的な損害と額とを個別的に算定して記入し，それを合算する方法である。

　　ii　一括算定方式　　公害訴訟などで見られるもので，「包括請求方式」ともいわれる。被害者に発生した財産的・精神的被害一切を包括して1つの「損害」と捉え，その総体としての損害を金銭評価して請求する方法である。

---

(3)　損害の分類

(a)　財産的損害・非財産的損害　　損害の発生した対象からの分類である。「財産的損害」とは，債権者の財産上に生じた不利益をいい，この中には，財産的諸利益上の不利益はもちろん，生命・身体上の不利益も入る。

　「非財産的損害」は，通常「慰謝料」とも呼ばれ，債権者の精神状態に生じた不利益，すなわち精神的苦痛をいう。債務不履行の場合には，710条のような規定がないが，不法行為法との均衡から慰謝料の賠償が認められている（最判昭32・2・7集民25号385頁。平井69頁）。ドイツと異なるところである。

(b)　積極的損害・消極的損害　　上記の「財産的損害」を，現在的損失と将来的損失とに分けたもの。「積極的損害」は，既存財産の減少をいい（例，物の破損，修理費など），「消極的損害」は，債務不履行がなかったならば得られたであろう利益（例，転売利益，営業利益，休業・死亡によって失った利益）の喪失をいう。

　「消極的損害」は，将来的な「逸失利益」のことで，通常，「得ることができた（であろう）利益」または「得べかりし利益」（旧来の用法）と呼ばれている（いずれもドイツ法から移入された概念である）。ただ，この場合，「得ることができた（得べかりし）」と

は，そのすべての場合を包摂するものではなく，その取得がある程度客観性・蓋然性をもっていなければならない。また，賠償に際しては，「得ることができた利益」は，それが明示的であれば通常損害にあたるし，特別の事情の下で発生するようなものであれば，予見可能性を前提に特別損害とされる（詳細は，第3節**(2)(b)**ⅴ(93頁)参照）。

> **【履行利益・信頼利益】**　積極的損害・消極的損害に類似する概念として，「履行利益・信頼利益」がある（利益と損害とが表裏の概念であることは理解されよう）。「履行利益」とは，契約が完全に履行されたならば得られたであろう利益である（例，転売利益など）。したがって，<u>契約が有効に成立したことを前提</u>とする利益概念である。
>
> 　これに対し，「信頼利益」とは，<u>契約が無効・不成立となった場合に，それを有効に成立すると信じた（＝信頼した）ために被った損害</u>をいう（例，契約締結のその他契約の成立に関して被った損害）。契約が無効・不成立となるのは，特殊な場合 —— 契約締結上の過失，解除など —— に限られるから，信頼利益の賠償は，特殊な賠償方法である。
>
> 　債務不履行においては，「履行利益」が賠償の対象となる。しかし，履行利益・信頼利益は，契約の有効・無効という損害発生原因からの区別であって，法益上の区別である積極的損害・消極的損害とは基準を異にすることに注意せよ。

＊　「得べかりし利益」（消極的損害）　因みに，ドイツ民法252条は，そのことを明言する。BGB §252「賠償すべき損害は，得べかりし利益（entgangener Gewinn）をも包含する。事物の通常の成行きに従えば，又は特別の事情とりわけ既に行った設備又は準備に従えば，確実に取得が見込まれたであろう利益は，得べかりし利益とみなす」。

(c) 通常損害・特別損害　わが損害賠償法の基本準則である。通常損害は，一定の原因行為から通常一般に生じる損害である。これに対し，特別損害は，「特別の事情によって生じた損害」であって，「当事者がその事情を予見すべきであったとき」に（予見可能性），賠償の対象に入る（416条）。したがって，訴訟実務上は，通常損害は損害事実の証明で足りるが，特別損害は，その「予見可能性」を要件として認められるものである（後掲第3節**(2)**(91頁以下)で詳論する）。

(d) 直接損害・　　フランス法の概念であり，直接損害は賠償の対象となるが，
**　　間接損害**　　間接損害はならない（林ほか117頁〔林〕参照）。因果関係の限界の問題
とも考えられる。なお，わが実務界では，「間接損害」を，被害者に直接生じ
た損害から派生して，被害者本人または第三者に波及した二次的損害を指す
場合に用いられることがある（通常は相当因果関係範囲外とされる）（【Ⅵ】158頁参
照）。

第2節 損害賠償の方法

(1) 「金銭」による賠償

「損害賠償は，別段の意思表示がないときは，金銭をもってその額を定める」($\frac{417}{条}$)。この規定は，損害賠償について金銭賠償主義を表明しているものである。

損害が発生する以前の状態に戻す「原状回復主義」も，一つの理想ではあるけれども，債務の性質が原状回復を許さない場合（例えば，精神的損害）や，履行不能の場合には，もはや機能せず，金銭賠償によるほかはない。

なお，「損害賠償」制度が確立することによって，「債権」の価値的同一性が保障されるから，経済学的な意義として，商品交換過程の実質的連続性と安定性も確保されることも，付言しなければならない($\frac{林ほか113頁}{〔林〕\ 参照}$)。

(2) 「中間利息」の控除

(a)「中間利息」とは何か 「中間利息」とは，将来的・漸次的に取得する金銭につき，現時点で一括して支払われる場合に，それを運用したならば得られたであろう利益（利息）をいう。例えば，40歳の男性（年収600万円・定年60歳）が交通事故で死亡した場合において，逸失利益は1億2000万円となり，これを一時金として受け取った場合，それを原資として利率5％の金融商品等で運用に回したとすれば，600万円の利益を取得することになる。そこで，このような利益は，損害賠償の対象とはならないはずだから，これを賠償金額から控除しようとするのが中間利息の「控除」制度である($\frac{2017年新設。詳細は}{【Ⅵ】194頁以下参照}$)。

(b) 中間利息の割合（利率） 民法は，「将来において取得すべき利益についての損害賠償の額を定める場合において，その利益を取得すべき時までの利息相当額を控除するときは，その損害賠償の<u>請</u>

求権が生じた時点における法定利率により，これをする」$\binom{417条の}{2第1項}$とし，その割合を法定利率によるものとした。そして，法定利率は，3%（3年毎に見直し）である$\binom{404}{条}$。

　なお，この規定は，不法行為による損害賠償についても準用される$\binom{722}{条}$。むしろ，不法行為において一般に用いられる準則である。

(c)「将来負担すべき費用」にも適用　この制度は，「逸失利益」算定の場合に限らず，「将来において負担すべき費用」（将来的な介護費用など）について損害賠償の額を定める場合についても，適用される$\binom{417条の}{2第2項}$。

(d) 中間利息控除の計算方式　ホフマン方式，ライプニッツ方式の2つがあり，そのいずれでもよいが$\binom{最判昭37・12・14民集16巻12号2368頁（ホフマン方式），最判昭53・10・20民集32巻7号1500頁（ライプニッツ方式による算出を不当ではないとする）}{}$，近時はライプニッツ方式に統一されつつある$\binom{詳細は}{【VI】195頁}$。

(e) 中間利息控除の問題点　この制度については，以下のような問題がある。

　　i　「運用に回す」という仮象性　第1は，中間利息の控除は，一度に全額が入った金銭を「運用」に回すことができるという前提で組み立てられた経済学的論理である（その基礎は，貨幣は絶えず利息を生み出すという貨幣理論である）。運用に回すかどうかは本人の問題であるし，貨幣にそのような利益増殖機能があるとしても，これを債権者（加害者）が控除してよいとする理論的根拠は見出せない（損益相殺的要素も存しない）。

　　ii　法定利率適用の適否　第2は，法定利率を適用することの適否である。令和2年現在の金融情勢では，定期預金の利率は0.002%前後で運用されているが，その中で，3%は極めて高い。そうすると，市場金利と法定利率との差額は，債務者が取得することになるが，この金額に不当利得的性質はないであろうか。法定利率を適用することは妥当ではないのである。判例$\binom{最判平17・6・14}{民集59巻5号983頁}$は，原審が裁判時の実質金利3%の適用を認めたことに対し，「法的安定及び統一的処理が必要」だとして，改正前の法定利率5%の適用を認めたが，被害者に酷であることは否めない。

(3) 過失相殺

(a) 過失相殺とは何か 「債務の不履行又はこれによる損害の発生若しくは拡大に関して債権者に過失があったときは，裁判所は，これを考慮して，損害賠償の責任及びその額を定める」$\binom{418}{\text{条}}$。すなわち，債務不履行となったこと，またはそれによって損害が発生するか拡大したことにつき，債権者側に過失があったときは，裁判所は，損害賠償の責任及びその額を定めるに当たっては，そのことを考慮して決定するということである。これを「過失相殺」という。要するに，債務不履行の原因は債権者にもあるのだから，その分だけ賠償額を減額するということである。

なお，改正法では，債務不履行の発生には債務者の帰責事由（過失等）を要求していないのであるから，債権者側の「過失」との「相殺」という概念は，理論的には整合性を欠こう。

(b)「債務不履行」または 「損害の発生・拡大」 前者は，債権者の過失が債務不履行の原因であった場合（例えば，履行期前に債権者が転居しても債務者に通知せず，その結果遅滞となった），後者は，債務者の債務不履行となった後に，損害が発生または拡大したことにつき，債権者の過失が寄与したという場合（例えば，履行遅滞が生じた後に債権者が転居しこれを通知しないために，遅延期間がさらに延びた），などである$\binom{\text{我 妻}}{\text{129頁}}$。

(c) 立証責任 債権者の「過失」は，債務者が立証しなければならない。そして，債務者側の主張があった場合に，裁判所がその額を決定することになる。

(4) 損益相殺

(a)「損益相殺」とは何か 「損益相殺」とは，債権者が債務不履行により「損害」を被った一方で，それと同一の原因で「利益」を受けた場合には，損害賠償額からその利益額を控除することである（損害と利益の相殺）。

例えば，運送人（運送契約の債務者）が客（同債権者）を死亡させた場合に逸

失利益の算定に際して出費を免れた債権者の将来的生活費（大判大2・10・20民録19輯910頁），請負契約の不履行で注文者（債権者）が出費を免れた労賃・材料費，などである。

これらの「利益」は，実損害とはいえないから，損害額から控除されることになる。債権者のいわゆる「二重取り」を防ぐためである。民法に規定はないが，一般に認められている。ただ，相殺といっても，民法上の「相殺」（505条）とは無関係である。

(b) 損益相殺の対象利益 問題は，どのような利益が損益相殺の対象になるかであるが，債務不履行によって債権者が通常免れた（または得た）利益と解すべきであって，債権者個人が別の目的から利益を担保されるところの保険金（最判昭50・1・31民集29巻1号68頁）や社会保険給付（最判昭52・5・27民集31巻3号427頁）などはこれに含まれない。個別的に判断されるべきものである（主に不法行為で問題となるので，詳細は，【VI】210頁以下に譲る）。

(5) 賠償額の予定

(a) 賠償額のあらかじめの取決め 取引社会では，当事者間で，あり得べき紛争を回避するために，あらかじめ，債務不履行があった場合の損害賠償額を取り決めておくことがある。損害賠償額の予定である（420条）。紛争を当事者間で解決しようとする意思の尊重である。

この制度の実益は，一般の損害賠償請求と異なり，債権者は，債務不履行の事実を主張・立証するだけで予定賠償額を請求でき，損害の発生および賠償額を証明する必要はないことである。ただ，その債務不履行につき債権者に過失ある場合には，過失相殺の適用があり得る（通説）。

(b) 予定額の拘束 当事者間で損害賠償額の予定が定められた場合には，実損害がそれより過大または過少であっても，原則として，当事者はそれに拘束され，増減の請求はできない。

ただし，その額が過大な場合には，強行法規（利息4条，労基16条・119条，船員33条・130条など）や公序良俗規律（90条）によって無効となり，または裁判によって額の改定が命じられる場合がある。

(c) 履行請求・解除　賠償額を予定した場合でも，履行の請求はもちろん，契約解除をすることもできる$\binom{420条}{2項}$。賠償額の予定は，これらの権利の放棄を含む趣旨ではないからである。

(d) 違約金の取扱い　「期限までに履行がないときは債務者は違約金を支払う」とする約定は，その目的から見れば，賠償額の予定の場合と，違約罰の約束の場合とがあろう。後者は，損害自体とは無関係の違約金であるから，損害自体の賠償請求が可能である。しかし，民法は，それを賠償額の予定と推定した$\binom{420条}{3項}$。推定であるから，債権者が違約罰であることを反証した場合には，覆されることになる$\binom{奥田}{216頁}$。なお，金銭消費貸借での違約金は，賠償額の予定とみなされているので$\binom{利息4}{条2項}$，それが事実に反するとすれば，反証だけでは足りない。

(e) 非金銭による賠償の予定　当事者が金銭以外のものをもって損害の賠償に充てるべき旨を予定した場合にも，上記420条の規定が準用される$\binom{421}{条}$。

(6) 損害賠償による代位

(a) 「賠償者代位」とは何か　「債権者が，損害賠償として，その債権の目的である<u>物又は権利の価額の全部の支払を受けたときは，債務者は，その物又は権利について当然に債権者に代位する</u>」$\binom{422}{条}$。これを「賠償者代位」という。

　例えば，BがAから預かっていた物を紛失したので金銭で賠償したが，その後，その物が見つかったときは，B（寄託契約の債務者）は，その物につき，所有者としてのA（同債権者）に当然「代位」してその所有権を取得することである。不当利得観念に基礎を置く制度である。

(b) 「価額の全部」　この意味は，物または権利に対する「価額による賠償」，すなわち「填補賠償」の全部ということである。それゆえ，一部賠償の場合には，代位は起こらない。

(c) 「当然債権者に代位」　「代位」の概念は，民法上種々の意味・内容で用いられるが，この場合の代位は，債権者の有してい

た物または権利が，法律上当然に債務者に移転することである。意思表示に
よらない法律上の移転（法定譲渡）であるから，対抗要件も必要とされない。
ドイツ民法第一草案の「当然代位構成」と第二草案の「譲渡主義構成」（債務
者は譲渡請求権を有し，それと損害賠償とを同時履行の関係に置く）を比較し，簡
略な前者を採用したといわれる（林ほか141頁〔林〕）。

　先の例で，紛失した物が見つかった場合には，債権者は，受け取った価額
を返し，その物の返還を請求できるかが問題となるが，物の所有権が当然移
転したといっても，「移転」を目的とした制度ではないから，このような請求
を認めるべきである（奥田217頁）。

第3節　「賠償」の法理 (賠償すべき損害の範囲)

(1)　416条の意義 —— 賠償範囲の合理的制限

(a) 賠償範囲の制限の意味　「債務の不履行に対する損害賠償の請求は，これによって通常生ずべき損害の賠償をさせることをその目的とする」($\substack{416条\\1項}$)。これは，債務不履行によって生じた損害につき，その賠償の範囲を，それによって生じた全損害ではなく，「通常生ずべき損害」に限定することを意味する。

およそ，「損害」の発生した因果関係をたどっていけば，無限に拡大することになる。しかし，その「賠償」とは，取引法上の社会的通念として，合理的で妥当な範囲に制限されなければならないことはいうまでもない。このようにして，損害賠償法では，その範囲の画定が，最も重要な問題となる。

賠償範囲の画定ないし制限をいかに行うかは，基礎となる賠償法制度の構造にかかっている。原状回復主義（完全賠償原則）を採用するドイツ法では，そのことから必然化する因果関係拡大を遮断するため，相当因果関係理論が大きな役割を果たす。フランス法では，損失および逸失利益を賠償内容とするが（全部賠償），過失不履行の場合には予見可能性を基準とし，悪意不履行の場合には直接損害を賠償させるものとした。わが法制は，通常損害・特別損害との区分を設け，それを予見可能性を基準として決定するという方法を採った。

日本民法は，賠償されるべき損害の範囲を，「通常生ずべき損害」（通常損害）に限定し($\substack{416条\\1項}$)，ただ，「特別の事情によって生じた損害」（特別損害）については，「当事者がその事情を予見すべきであったとき」（＝予見可能性）には，賠償請求できるとした($\substack{同条\\2項}$)。そうすると，通常損害は「予見可能性」がなくても賠償範囲に属し，特別損害は「予見可能性」を前提に賠償範囲に属することになるから，賠償範囲の画定は，「予見可能性」を基準として行われ

ることになる。

(b) 賠償法理論 (学説)　それでは，このような賠償範囲の合理的な画定・制限を，いかに論拠づけるか。激しく議論されるところである。

〔**A**〕　**相当因果関係説**）　相当因果関係説は，債務不履行によって発生した損害につき，特殊の事情を除き，普通に予想される因果関係の範囲に局限しようとするものであって，416条1項はこの原則を立言し，同2項は，特別に予見できた場合の範囲を示すものであるとする（我妻119-120頁，於保139頁，北川161頁）。なお，この理論は，次の2つの機能をもっている。

(α)　**「損害」の発生・不発生の判定機能**　「損害」が発生したというためには，債務不履行との間に，事実的な因果関係に加えて「相当性」がなければならない（無限的連鎖の遮断）。このよう「相当性」の評価（法的評価・価値判断）がされてはじめて，損害の発生・不発生が決定される（北川160頁。既述した「損害」概念の論争を参照（第1節(2)（77頁）））。相当因果関係は，まずこの場面で機能する。

(β)　**賠償範囲の画定機能**　次に，最も特徴的な機能である。賠償すべき損害の範囲は，債務不履行と相当因果関係に立つ全損害であって，416条はこのことを定めていると解する。それゆえ，相当因果関係は，「損害額」決定の一般的基準として機能する。なお，このように解すれば，過失相殺の規定は，注意規定の意味しかなくなる。賠償の対象は相当因果関係に立つ損害であって，債権者の過失分は，本来，賠償の対象とならないからである。

この説に対しては，相当因果関係は，ドイツのような原状回復主義（完全賠償原則）の下で，賠償範囲を画定するための法技術概念であり，法制を異にするわが国においては採用されるべきではない，とする批判がある（平井『理論』31頁以下・76頁以下，平井67頁）。

〔**B**〕　**保護範囲説**）　「損害」の問題と「賠償」の問題とを分化させた上で，賠償法の論理構造を，次の3つの段階で理解する（平井『理論』429頁以下）。

第1段階は，事実的因果関係からの「損害」（事実）の認定。差額説的発想を否定し，「損害」とは，法的評価を含まない債務不履行の「事実」であるとし（第1節(2)〔C〕説（77頁）参照），自然的・事実的因果関係（「あれなければこれなし」）から判断

されればよいとする。

　第2段階は，「保護範囲」の判断。上記の事実的因果関係に立つ損害のうち，どこまでを賠償させるのが妥当かという，政策的価値判断（法律判断）である。この判断は，裁判官の仕事である以上，一義的基準は存在せず，判例法から帰納して一般的基準を導くべきであるが，債務不履行では，416条を構成する抽象的な言語の意味を，判例に則してより具体的な命題にまで分解することであるとする。

　第3段階は，損害の「金銭的評価」。上記で「保護範囲内」にあると判断された「損害（事実）」を，どのようにして金銭に評価するかであるが，これは実体法の問題ではなく，裁判官の自由裁量に委ねられ，それゆえに，処分権主義・弁論主義が排除され，債権者は，損害額の立証責任を負わないとする（損害賠償請求訴訟の「非訟」化）。

　〔C〕　完全賠償原則説　この説は，立法過程から見れば416条は完全賠償原則に近いものを採用したものであるとし，それを前提に，「債権者に生じた損害はできるだけ完全に賠償されるべきであるが，特別の例外的な場合にはこれが制限される」のだと説く（石田穰『損害賠償法の再構成』141頁）。

(c) 賠償理論の考え方　416条の賠償範囲の相当的な制限につき，従来，学説は，相当因果関係から説明していた。これに対して，平井教授は，賠償制度の相違だとし，賠償すべき損害の範囲の画定は，因果関係の存否の問題ではなく，政策的価値判断の問題だと批判し，ここから，賠償理論に関する議論が始まった。

　しかし，およそ賠償法においては，賠償すべき範囲の合理的な制限（＝経験則上の相当性）が要求されるのであって，それを因果関係の問題とするか，政策的価値判断の問題とするかは，説明の問題にすぎない。保護範囲説も，結局において，通常損害・特別損害の判断としているからである（森島昭夫『不法行為法講義』307頁，石田穰・前掲書138頁，半田吉信「保護範囲説には，解釈上どのような意義があるか」『現代契約と現代債権の展望2』19頁）。

　また，相当因果関係理論が，何の制限もない完全賠償原則の下での「制限」法理として有効に機能する（解釈のための実践概念）ことは確かであるが，既に一定の合理性・相当性を基礎に設けられた「制限」── 416条の「通常損

害」── を，因果関係からの相当性の制限（相当因果関係理論）として説明することは，決して不当ではないはずである（森島・前掲書307頁）。もとより，説明の道具概念の域を出るものではないが（従来，問題だったのは，その概念の使い方の混乱であった）。だから，416条の説明理論としては，相当因果関係説，保護範囲説，共に成り立つものである。しかし，私は，保護範囲説が，損害の金銭的評価を，訴訟法の問題として扱い，しかも，裁判官の自由裁量だとして弁論主義を排し，債権者の損害額の立証を不要とすることは疑問に思う。現実の裁判実務にも反するし，民事裁判のあり方からしても，当事者主義を基本とし，裁判所は，当事者の損害額についての主張・立証に拘束されると考えるべきだからである（詳細は，前田204頁参照）。また，裁判官の負担増が安易な賠償額の算定につながりかねないであろう（北川167頁）。

　結局，わが民法における賠償の範囲は，416条の「通常損害・特別損害」という抽象的な枠組みの実際的運用（契約類型に応じた解釈）によって決定されることになる。これは，取引の種類によって異なるから，その類型ごとに判例法準則が積み上げられなければならないであろう。

(2) 通常損害・特別損害と「予見可能性」

(a)「通常損害」 「通常損害」は，当該債務不履行によって一般的に（社会経験的に）生じる損害であり，「損害賠償の請求は，これ〔債務不履行〕によって<u>通常生ずべき損害の賠償をさせることをその目的とする</u>」（416条1項）。

　i 訴訟上の問題点 通常損害は，債務不履行によって一般的に生じる損害であるから，訴訟実務においては，損害事実の証明で足りる。

　しかし，問題は，何が通常損害で何が特別損害かであり，当事者がにわかに判定できないことが多い。しかも，債権者が通常損害と思って主張した「損害」が特別損害とされ，予見可能性の証明がないとの理由で請求が認められないこともあり得る。このような損害の判定が困難な場合には，債権者は，特別損害としての予備的主張をしておく必要があろう。また，このような場合は，裁判所が釈明権を行使して，特別損害としての主張をさせるべきであ

ろう$\binom{奥\ 田}{178頁}$。

ⅱ　「通常損害」の例　　以下は, 一般に通常損害とされる例である。──

（α）　買主（債権者）が, 第三者と転売契約を締結していた場合の「転売利益」$\binom{大判大10・3・30民録27輯603頁, 最}{判昭36・12・8民集15巻11号2706頁}$。

（β）　買主（債権者）が, 第三者に不履行による損害賠償を支払ったときのその「賠償金」$\binom{大判明38・11・28}{民録11輯1607頁}$。

（γ）　買主が目的物を使用して得ることが確実であった「営業利益」$\binom{最判昭39・10・29民集18巻8号1823頁（売主の履行遅滞のため, 買主が自動車で運送事業を行い, 運送賃が取}{得できなかった場合には買主が運送事業免許を未取得でも, 得べかりし営業利益喪失の損害が認められる）}$。

(b)「特別損害」と　「予見可能性」　　「特別損害」は,「特別の事情によって生じた損害」であり, これについては,「当事者がその事情を予見すべきであったとき」は, その賠償を請求できる$\binom{416条}{2項}$。「すべき」というのは, 当為（Sollen）的な規範概念であるから, その特別な事情を, 当事者が「予見していたか, または予見することができたはずだ」（旧416条の解釈）ということになる。このことを「予見可能性」と呼んでいる。それゆえ,「通常損害」の場合には損害の証明で足りるが,「特別損害」では, 損害の証明と特別事情の予見可能性の証明が必要となるのである。要件をめぐっては, 以下のような問題がある。

ⅰ　何を予見するのか　　予見可能性の対象は, 当該債務不履行に関連して存在した「特別の事情」であって, それから生じた特別損害ではない$\binom{416条2項の}{文言通り}$。

ⅱ　誰が予見可能性を有するのか　　416条は予見の主体者を「当事者」としているが, 立場によって解釈を異にする。

〔A〕　債務者説）　判例・通説$\binom{我妻120頁, 於保}{141頁, 北川162頁}$は,「債務者」と解している。

〔B〕　契約当事者説）　保護範囲説は, 賠償範囲を契約の解釈問題とすることから, 契約当事者（債権者と債務者）だとする$\binom{平井『理論』173頁, 好美}{清光・後掲「判批」19頁}$。

　賠償義務者さえ予見できればよいのだから, 両当事者とする必要はない。実際上, 債権者の予見は問題とならないから$\binom{北川162頁は, 後者では特別}{損害は認めにくくなるとする}$,〔A〕説が妥当である。

ⅲ　予見の時期はいつか　　これも, 上記の立場に応じて, 2つに分か

れる。

　〔A〕　**債務不履行時説**　　契約締結時に特別の事情を予見できなくても，履行期までに特別の事情によって損害が拡大することを予見できたにもかかわらず履行をしない者は，その賠償をするのは当然であり（大判大7・8・27民録24輯1658頁（契約締結後に第一次大戦が勃発してマッチの原料が高騰したため，値上げ交渉しても買主が応じないので，売主がマッチの残部を引き渡さなかった），後掲最判昭37・11・16，後掲最判昭47・4・20），また，遅滞中に特別の事情が生じたことを予見できたのであれば，その事情も加えるべきであるとする（大判昭15・5・8判決全集7輯17号13頁（履行期後に債権者が転売して遅延賠償を特約をしたことを知ってなお遅滞を続けた））。通説もこれを支持する（我妻120頁，北川162頁）。

　〔B〕　**契約締結時説**　　保護範囲説の主張である。契約の解釈は契約締結時の状況を背景として行われるから，その時点で予見することができた事情に基づく債権者の利益のみが当該契約に組み込まれ，保護されるのだとする（平井『理論』180頁，好美清光・判例百選Ⅱ〔第3版〕19頁。同旨，奥田180頁）。

　確かに，契約締結時の状況は契約解釈の基準としては重要であるが，しかし，それは契約内容（すなわち履行の内容）を判断する基準となるにすぎない。だが，ここで問題となっているのは，<u>本旨に適った履行が可能であるにもかかわらず，履行しなかったことの損害賠償責任</u>であって（前掲大判大7・8・27，前掲大判昭15・5・8，後掲最判昭37・11・16，後掲最判昭47・4・20参照），当該契約に組み込まれるべき契約利益とは，利益の性質を異にする。例えば，典型例として，不動産の二重譲渡の場合 ── 第一買主が，履行不能を理由に売主に損害賠償を請求する ── を挙げよう。第二譲渡時（債務不履行時）にすでに価格高騰が始まっている場合に，売主は，このような特別事情を了知している（または予見できた）にもかかわらず，敢えて第二売買を行うわけである。この場合に，契約時には価格高騰の事情がないという理由で，高騰分を請求できないというのは明らかに不当である。このように，債務不履行の賠償責任は，契約締結時を基準として保護されるべき契約利益とは，その性質を異にするのである。したがって，債務不履行時を基準にするのが妥当である。

　iv　予見の立証責任は誰か　　債権者である（大判大13・5・27民集3巻232頁（立木の二重売買での価格騰貴），我妻120頁）。

　v　「特別損害」の例　　「特別損害」とは，抽象的にいえば，債務不履

行の損害に，さらに予見可能な特別事情が加わって発生した損害である。その典型は，「得ることができた（であろう）利益」（逸失利益）である。

　　(α)　「得ることができた利益」（逸失利益）　　「得ることができた（であろう）利益」（「得べかりし利益」・逸失利益・消極的利益）とは，あること（債務不履行）がなかったならば得たであろう利益である。例えば，転売利益や営業利益などである。ただ，それらが明示されている場合には「通常損害」に該当するから（前掲(a)ii（α）参照），ここで問題となるのは，明示されておらず，予見可能性を前提として損害と認められる場合である（転売利益でも，当該契約の事情によっては特別損害とされる場合がある）。

　　(β)　「高騰価格」　　高騰した価格についても，価格が騰貴を続けているという特別の事情につき，その予見可能性があれば416条の特別損害に入る，とするのが判例である。ただ，価格の高騰といっても，ケースによっては異別の問題点を含んでいるので，この問題は次の(3)で総合的に論じよう。

(3)　価格の変動（高騰）の問題

(a) 問題の所在　　〔図〕【価格の変動】参照。債務不履行となった目的物の価格は，契約締結時→債務不履行→訴訟提起→口頭弁論終結という過程で，大きく変動することがある。この過程の中で，債権者は，高騰した価格でもって賠償請求できるであろうか。基本的視点は，〈高騰した価格を賠償「範囲」の問題として扱うべきか（→その場合には，予見可能性を前提に

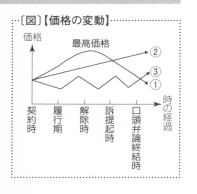

〔図〕【価格の変動】

「特別損害」として扱う），それとも，賠償「額」算定の基準時として扱うべきか（→その場合には，予見可能性などを必要としない）〉，である。しかし，価格の変動といっても，要素を異にする3つの態様があり，それぞれ異質の問題点を含んでいる。すなわち，① 過去に高騰した時があり，下落した現時点において，その時の価格で賠償請求できるのかというケース，② 現在でも高騰

を続けているときに現在の価格で賠償請求できるのかというケース，③ 株式・動産などの投機的売買のように，価格の変動が普通であるケース，である。したがって，以下では分けて論じよう（北川善太郎「損害賠償」『新版・民法演習3』55頁，北川162頁）。

(b) いわゆる「中間最高価格」問題　〔図〕【価格の変動】グラフ①のケース。価格がいったん高騰して現在では低下しているときに，債権者は，その最も高騰した価格（中間最高価格）時点を選択して損害を算定し，請求することができるであろうか。ここでの問題は，「中間最高価格」を「特別損害」と見ることができるか，できるとすればいかなる特別の事情がなければならないか，である。判例は，かかる「中間最高価格」を416条2項の特別損害とするためには，<u>その中間最高価格の時点で転売その他の処分等により高騰した利益を確実に取得したであろう「特別の事情」があり，かつその予見可能性がなければならないとする</u>（大連判大15・5・22民集5巻386頁（富喜丸事件））。

北川教授は，判例のこのような理解は，価格騰貴を「転売・処分による得ることができた利益」と捉え，それをもって特別損害とする構成にほかならず，ドイツ民法学の強大な影響によるものであるという（北川・前掲論文55-56頁）。

【富喜丸事件】　　前掲大連判大15・5・22。大正4年に，X所有の汽船「富喜丸」が，Y所有の汽船と衝突して沈没した。そこで，Xは，Yに対し，① 同船の最高価格であった大正6年頃の損害額と，② 大正4年に第三者に傭船に出してあったことから大正5〜7年まで傭船に出せば得たであろう傭船料（得ることができた利益）とを賠償請求した。

判決文が長いので要約すると，416条が不法行為にも準用されるとした上で，①につき，<u>損害の額は滅失毀損の当時における交換価値によって定まるべき</u>ものであり，価額が高騰した一事をもって直ちに騰貴価額に相当する消極的損害の賠償を請求することはできない。その不法行為がなければその騰貴した価額をもって転売その他の処分をし騰貴利益を確実に取得したなどの<u>特別の事情がある場合には，その事情が不法行為の当時，予見できた場合</u>でなければ，その損害の賠償請求はできない（本件ではその主張・立証がないとして否定）。

　②につき，現在および将来において通常の使用収益による利益を得べきことが，その物の現在の価格をなすものである。したがって，滅失毀損当時における物の価格を標準として定められた賠償を得たときは，将来その物につき通常の使用及び収益をなし得べき利益に対する賠償を得たものというべきであるから，更にそのような賠償を請求することはできないとして，船舶が滅失した大正4年以降の仮定的傭船に係る賠償請求を否定した（なお，この②に関する論理は，独自の見解といえよう）。

(c) 価格高騰問題　　次に，〔図〕【価格の変動】グラフ②のケースで，価格が高騰を続け，現在も高騰した状態にあるとき，債権者は，現在（＝実際には，口頭弁論終結時に最も近い時）の価格で損害賠償の請求ができるか。ここでは，損害賠償額の算定時期はいつかという問題と，高騰を続けている現在の価格を「特別損害」に組み込むことができるかという問題が混合していよう（さきの中間最高価格問題との違いを認識せよ）。

　判例は，不動産の不法処分（二重売買）による履行不能の事案で，まず，①損害賠償の額は原則として処分当時（債務不履行時）の時価であるが，その際に「目的物の価格が騰貴しつつあるという特別の事情」があり，かつ債務者が，債務を履行不能とした際その特別の事情を知っていたか又は知ることができた場合は，債権者は，その騰貴した現在の時価をもって「特別損害」とすることができ，② そしてこの場合には，債権者が価格の騰貴する前に処分したであろうと予想された場合でもないかぎり，騰貴した現在において債権者が他に処分したであろうと予想されたことなどは必要でない，とした（最判昭37・11・16民集16巻11号2280頁）。

　次いで，判例は，このことは，買主（債権者）が転売の目的ではなく，自己の使用に供する目的でした不動産の売買契約においても妥当するのだ，けだし，買主は，このような債務不履行がなければ，騰貴した価格の不動産を現に保有することができたはずだからである，とした（最判昭47・4・20民集26巻3号520頁（不動産二重売買での，所有権を失った第一買主から売主に対する損害賠償請求））。このように，判例は，価格騰貴をもって特別事情としている（少なくとも不動産については）。ただ，転売・処分の可能性がなくてもよいとする点で，前掲大連判大15・5・22（富貴丸事件）を変更していよう。

これに対しては，異常なインフレによる価格変動でもないかぎり，しかも転売利益でも何でもないのであるから，価格騰貴（下落）による損害はむしろ経済的趨勢として通常損害と解すべきで，損害算定時期の問題（後掲(4)）として処理すべきだ，とする有力説がある（北川・前掲論文56頁。北川164頁。同旨，林ほか126頁〔林〕，前田189頁）。

確かに，この問題は，先の，特別損害として処理した「中間最高価格」の問題とは異なろう。しかし，不動産などは，異常なインフレでなくても短期で高騰する可能性もあるから，これを通常損害とみて予見可能性を必要としない算定時期の問題で処理することは妥当であろうか。上記の有力説は，「特別損害＝転売による得ることができた利益」という観念にこだわっているのではなかろうか。私は，不動産の履行不能などで不能時以後の高騰した現在価格で賠償を請求するには，「中間最高価格」問題とは性質を異にするけれども，なお特別事情として予見可能性を必要とする処理の方が，債権者・債務者間の利益のバランスからいっても妥当であろうと思う。

(d) 変動価格取引　〔図〕【価格の変動】のグラフ③参照。株式や一定の動産などは，常に価格が変動し，しかもそれを前提に取引が行われるのが一般であろう。このような取引においては，価格の変動はまさに経済的趨勢であって，この場面で生じる損害を，予見可能性を要求するところの「特別損害」として扱うことは妥当ではない。したがって，このような損害は「通常損害」と考えるべきであり，その損害額は，損害賠償の算定時期の問題として処理されるべきであろう（北川・前掲論文57頁）。次掲(4)の処理となる。

(4)　賠償額の算定時期

(a) 基準となり得る時期は　賠償額の算定につき，いつの時点を基準とすべきかは，その「額」の多寡にかかわる重要な問題である。先の〔図〕【価格の変動】から理解されるように，基準となり得る時点はいくつか考えられるが，判例は，次のように，複数の基準時の存在を認めている（ただし，このことは，弁論主義の結果として，原告が主張した時期に裁判所の判断が左右されるからでもある）。

i　債務不履行時　債務不履行時は，「損害」の発生，すなわち，損害

賠償請求権が発生する時点であるゆえに，合理的な時期である。したがって，判例上，原則としてこの時点が損害額算定の時期だとするものが多い。ただ，債務不履行時は，不履行の態様によって異なろう。

(α) 履行遅滞の場合は，「履行期」$\binom{\text{最判昭36・4・28民}}{\text{集15巻4号1105頁}}$。

(β) 履行不能の場合は，「履行不能時」$\binom{\text{前掲大判大13・5・27，最判昭35・4・21}}{\text{民集14巻6号930頁（不動産の二重売買），}}$最判昭35・12・15民集14巻14号3060頁。前掲最判昭37・11・16（不動産の二重売買）および前掲最判昭47・4・20（不動産の二重売買）は原則論$\Big)$。

ただし，前掲最判昭37・11・16および前掲最判昭47・4・20は，原則論として「履行不能時」とするも，高騰した現在（口頭弁論終結時に最も近い時期）の価格で賠償を請求するには，特別損害として扱うべきものとしている。既述した$\binom{(3)(c)}{(96頁)}$。

ii 契約解除時 履行不能ではない場合においては，「買主は解除の時までは目的物の給付請求権を有し解除により始めてこれを失うと共に上記請求権に代えて履行に代わる損害賠償請求権を取得する」から，賠償の額は，履行期ではなく，解除の時を基準とすべきであるとする$\binom{\text{最判昭28・12・18民集7巻}}{\text{12号1446頁（げた材売買事}}$件$\Big)$。したがって，上記 i と理論的には共通している。

iii 訴訟提起時 訴訟を提起した時とする$\binom{\text{大判大4・10・2}}{\text{民録21輯1560頁}}$。

iv 口頭弁論終結時 口頭弁論の終結した時とする$\binom{\text{大連判昭15・3・13民集}}{\text{19巻530頁（ただし，強}}$制履行と共に，予備的に損害賠償の請求をした場合），最判昭30・1・21民集9巻1号22頁（同上）$\Big)$。

(b) 学説の対応 以上のような判例の多様な基準は，弁論主義から必然的に生じているものではあるが，それについて，学説は，次のような対応を示している。

〔**A** 一元説〕 ある特定の時点を賠償額の算定時期とすべきだとする。次の2つの説がある。

(**a** 損害賠償債権成立時説) 損害賠償請求権は給付請求権の消滅によって取得（＝転化）するから$\binom{\text{改正前の主張で}}{\text{あることに注意}}$，賠償額もその時における時価を標準とすべきであるとする$\binom{\text{於 保}}{\text{143頁}}$。したがって，一般的には「債務不履行時」$\binom{\text{前掲}}{\text{(a) i}}$であるが，前掲の「解除時」$\binom{\text{前掲}}{\text{(a) ii}}$もこれに包摂されよう。

(**b** 口頭弁論終結時説) 最も遅れた時点であるから，諸般の事情を考慮できる長所がある。

〔B〕　**多元説**　債権者は，上記の複数の中から，1時点を選択して算定時期とすることができるとするものである（北川167頁，石田穣・前掲書158頁，前田202頁）。

〔C〕　**訴訟法説**　保護範囲説の主張するところで，損害の額の算定は，もはや実体法の問題ではなく，訴訟における裁判官の自由裁量によるとする（平井『理論』494頁以下）。裁判官の自由であるから，どの時点などと決定する必要はなくなる。

上記〔C〕説の難点は，すでに述べた（(1)(c)90頁参照）。〔A〕説につき，損害賠償債権成立時説は，基本的基準としての考え方は正当であると思われる。ただ，給付請求権と損害賠償請求権が併存している場合（例，履行遅滞）や，判例が多様な基準時の存在を認めていることを説明できないという難点は否めない（北川167頁）。他方，口頭弁論終結時というのは，訴訟手続上の技術的便宜性から一般に使われる時点であって，賠償額決定に必然性を有しているわけではない。

他方，損害額の算定時期を債権者が任意に選択できるというのは，前述したように，基本的には，価格の変動が経済的取引上で一般化している場面でなければならないであろう（(3)(d)97頁）。これに対して，実質上，算定時期に関連した「騰貴価格」が問題となっている場面 —— 例えば，過去の中間最高価格を請求する場合（(3)(b)95頁），価格が高騰を続けるという場合（(3)(c)96頁）—— では，「特別損害」として処理することが妥当である。

第4節 債務不履行の損害賠償

(1) 債務不履行と「不可抗力」による免責

**(a) 債務不履行による
損害賠償責任の発生** 　「債務者がその<u>債務の本旨に従った履行をしない</u>とき又は債務の<u>履行が不能</u>であるときは，債権者は，これによって生じた損害の賠償を請求することができる」$\binom{415条1}{項本文}$。

「債務の本旨に従った履行をしない」と「履行が不能」とは，この2つが統合して債務の「不履行状態」を指しているのであって，前者が履行遅滞を，後者が履行不能をいっているわけではない。すなわち，この規定の意味は，債務不履行を一元的に捉え，<u>およそ「債務不履行」（履行遅滞又は履行不能[*]）が
生じた場合には，その効果として，直ちに「損害賠償請求権」が発生する</u>ということである。すなわち，損害賠償は，「債務の不履行」（債務の本旨に従った履行をしないこと）という事実を要件として発生するものであり，従来のような「責めに帰すべき事由」（債務者の帰責事由ないし故意・過失）を必要とはしない（ただし，これは，損害賠償の要件であり，遅滞・不能という不履行態様を否定するものではない）。

　　＊　「債務の本旨に従った履行をしないとき」又は「履行が不能であるとき」との関係
　　　　両者は一瞥すると，前者が履行遅滞の場合，後者が履行不能の場合のように思える
　　　かも知れない。しかし，これは，旧415条の前段と後段とを統合したものであり，
　　　そのため，要綱案たたき台では（要綱仮案第二次案も），「債務者がその<u>債務を履行し
　　　ないとき</u>（債務の履行が不能であるときを含む。）は，債権者は，これによって生じた損
　　　害の賠償を請求することができるものとする。」とされた$\binom{部\ 会\ 資\ 料}{「68-A」5頁}$。
　　　　ところが，要綱仮案では，カッコが外され，「履行しない」と「履行が不能」を「又
　　　は」でつないだ現行415条の表現に修正された$\binom{部会資料「83-}{2」8頁以下}$。その理由は，要綱
　　　案たたき台では，「債務を履行しない」ということの中に「履行不能」が入らないの
　　　ではないかという疑義が生じるため，それを回避したのだという$\binom{潮見・概}{要67頁}$。そこ
　　　で，旧415条も同様の疑義を回避するため前段と後段とを少なくとも表現上は独立

したものとして定められたものであることにかんがみ，今回の改正で同条前段と後段とを統合するに当たっても，カッコ内に入れるよりも，「又は」でつないだ方が適切であるとされた（部会資料「83-2」8頁以下（説明））。

　しかし，ここで問題としているのは，履行遅滞と履行不能の概念の独立性ではなく，損害賠償の要件としての「債務不履行」状態なのであるから，要綱案たたき台で示されたカッコ内表記のほうがわかりやすかったのではなかろうか。

(b) 不可抗力「免責」　ただし，「その債務の不履行が契約その他の債務の発生原因及び取引上の社会通念に照らして債務者の責めに帰することのできない事由によるものであるときは」，損害賠償請求権は生じない（415条1項ただし書）。「責めに帰することのできない事由」とは，一般に「不可抗力」と捉えることができる。そして，これは，「債務の発生原因及び取引上の社会通念」から判断されるから，必ずしも物理的な不可抗力とされるわけではない。資材の異常な高騰により制作することができなくなったなどの場合も，これに当たろう。

(2)　「遅延賠償」── 損害賠償の一般原則

　民法は，債務者が「債務の不履行」（債務の本旨に従った履行をしない）が生じたときは，債権者は，「これによって生じた損害」の賠償を請求することができる，として，債務不履行の発生による損害賠償を一般的に規定している（415条1項本文）。そして，その「損害」がいかなるものかを明示していない。しかし，同条2項では，履行が「不能」等の場合には，履行に代わる損害賠償（填補賠償）の請求を認めているから，同1項の損害賠償は，「遅延賠償」と捉えてよいであろう。というのは，「これ〔不履行〕によって生じた損害」とは履行期を徒過したことによる損害であって，その場合に不能なときは填補賠償を請求できるのであるから，そうすると，填補賠償を除けば，遅延賠償しかないからである。

　「遅延賠償」は，「履行期を徒過したことそれ自体の損害」の賠償であるから，損害賠償の基本形態である。この場合，本来的な給付（追完請求，履行の強制）と併せて請求できるので，契約解除をする必要はない。

(3)　「填補賠償」—— 履行請求権の限界

(a)「填補賠償」とは何か　「填補賠償」とは，債務の本来的「履行に代わる損害賠償」である $\binom{415条2}{項柱書}$。本来的履行が「不能」である場合に認められるものであり，したがって，この場合は「履行請求権の限界」として捉えられる。この場合の「不能」という概念も，他の箇所と同じく，物理的な不能だけではなく，「契約その他の債務の発生原因及び取引上の社会通念に照らして」不能と評価されるものである。

(b) 填補賠償が認められる場合　填補賠償が認められるのは，次の場合である $\binom{415条}{2項}$。

　　i　履行の不能　債務の<u>履行が不能</u>であるとき $\binom{同項}{1号}$。「不能」の理解は，上記のとおりである。

　　ii　履行の拒絶　債務者がその債務の<u>履行を拒絶</u>する意思を明確に表示したとき $\binom{同項}{2号}$。

　　iii　契約の解除　債務が契約によって生じたものである場合において，その<u>契約が解除</u>され，又は債務の不履行による契約の<u>解除権が発生</u>したとき $\binom{同項}{3号}$。この規定の関係で問題となるのは，解除しまたは解除権が発生しなくても，債務者の履行不能が明らかなときは損害賠償請求が認められるかどうかである。

　例えば，造船会社Aが，注文者Bから代金前払いを受けて造船契約を締結したが，経済不況等の事情から，Bの親会社であるC会社の申立てにより，B会社につき破産手続開始が決定された場合において〔この時点で履行不能が確定〕，Bの契約解除による代金の返還請求に対し，Aは，解除することなく，填補賠償請求権を取得したとして，受け取った代金をそれに充当することを主張できるか。

　改正「中間試案」では，415条2項につき，履行請求権の限界事由，解除，解除権の発生（催告）に続けて，「債務者が，その債務につき履行する意思がない旨を表示したこと〔この点はiiに結実〕その他の事由により，<u>債務者が履行する見込みがないことが明白</u>であるときも，同様とする」とされていた

から$\binom{\text{部会資料}}{\lceil 60\rfloor 17頁}$，その返還請求を拒否できることになろう。この案は，いくつかの変更を経て，現行415条2項となり，「債務者が履行する見込みがないことが明白であるとき」は，要件から落とされた。しかし，このような変遷を経ての415条2項であるから，同項3号の解釈としては，「債務者が履行する見込みがないことが明白であるとき」も含まれると考えるべきであろう。

(c) 履行遅滞でも認められるか　填補賠償とは本来的給付に代える賠償であり，「不能」(履行請求権の限界)の場合の損害賠償の原則形態である。それゆえ，履行遅滞でこれが認められるかについては，若干の検討を要する。

　第1に，履行遅滞において填補賠償を認める必要性があるかである。履行遅滞であっても実質的に履行不能に準ずる場合，例えば，遅滞後の履行が債権者にとってほとんど利益のない場合や，履行期後に履行不能となった場合には，給付に代わる填補賠償を認める必要があろう。したがって，このような場合には，履行遅滞の効果として，填補賠償を認めるのが一般である$\binom{\text{通説。ただし，後者の遅滞後の履行不能につ}}{\text{いては，413条の2第1項で立法的に解決された}}$。

　第2に，履行遅滞の効果として，債権者は，本来的給付の受領を拒絶して，直ちにそれに代わる填補賠償を請求できるであろうか。つまり，「解除」をしなくても填補賠償が認められるかどうかである。わが民法では，ドイツ法等と異なり，解除の効果として損害賠償を規定し$\binom{545条}{4項}$，しかもそれは填補賠償を含む債務不履行による損害賠償と解される*から，遅滞後に填補賠償を請求するには，解除すればよく$\binom{541}{条}$，解除をあえて避け，受領を拒絶して填補賠償を認めようとする意義は少ない$\binom{\text{我妻114頁，}}{\text{奥田138頁}}$。

　しかし，① 契約によらない債務(例，遺贈による債務)では解除の余地はないし，また，② 債権者の反対給付が現物(物または労務)であるときは，債権者は反対給付をすることの利益があるから，解除をしないことに意味がある$\binom{\text{奥田}}{138頁}$。このような理由で，通説・判例は，一般に填補賠償を請求するには「解除」を要しないが，ただ，契約から生じる履行遅滞については，「一定の期間を定めた催告」を要し，その期間後には解除を必要としないと解している$\binom{\text{大判昭8・6・13民集12巻}}{1437頁，我妻114-115頁}$。

　以上，債権者は，履行遅滞においては，解除をして填補賠償を請求するこ

とも（この場合は，債権者は自己の債務を免れる），解除をせずに一定の催告をして填補賠償を直接請求することも（この場合は，債権者は自己の債務履行は免れない）できると解される。なお，賠償額の算定に際しては，前者では，免れた自己の債務を清算して請求すべきであるし，後者では，自己の債務との相殺がされるから，実際上の差異はない（我妻115頁）。

* **填補賠償と「解除」** 解除は，給付義務を遡及的に消滅させるから填補賠償はできない（消極的利益の賠償請求のみ）との理論に立てば，填補賠償を請求するには，解除をしないで請求することに意味がある。ここに，ドイツ法やスイス法で，解釈上，解除をしないで遅滞責任としての填補賠償を認めようとする意義があった。しかし，わが民法では，本文で述べるように，解除の効果として損害賠償を認めており，それは債務不履行によるものと解されているから，それと同日には論じられない。

(4) 金銭債務の特則

　金銭は国家の基軸通貨であり，かつ経済社会の価値基準であることから，金銭債務（金銭の給付を目的とする債務）の不履行については上に述べた一般原則が当てはまらず，法的に次のように扱われる。

　i　金銭債務に履行不能はあり得ず，したがって，不可抗力をもって不履行の抗弁とすることができない（419条3項）。

　ii　金銭債務は，履行遅滞が生じるのみであるから，「履行期の徒過」が賠償責任の重要な要件となる。したがって，債権者が損害賠償を請求するには，損害を証明する必要はない（419条2項）。

　iii　金銭は，常に利子を生み出す存在である。その利子率は，債務者が遅滞の責任を負った最初の時点における法定利率による。ただし，約定利率が法定利率を超えるときは，約定利率による（419条1項）。

第 5 節　信義則上の義務違反

(1)　義務違反による損害賠償の根拠

　債権関係にある当事者間で損害賠償請求権を生じさせる原因の主なもの
は，前節で述べた「債務不履行」である。これは，債権の目的である「給付」
（履行行為）を結果（履行結果）からみた義務違反概念であり，条文上は，履行
遅滞および履行不能であった。

　しかし，それ以外にも，民法は，種々の義務を規定しており（例えば，善管
注意義務 $\binom{400条,}{644条}$），また，各所において損害賠償責任を負う旨を規定してい
る。このような損害賠償の根拠条文も，民法 415 条以外にはないから，同条
の「債務の本旨に従った履行をしない」とは，履行責任（遅滞・不能責任）の
みならず，種々の義務違反による損害賠償請求権に適用される規定だと解さ
れるのである（$\binom{奥田157}{頁参照}$）。

　ところで，債権関係にある当事者は，その義務履行過程においてはもとよ
り，契約成立以前から（接触関係を契機として），信義則を基礎とした規範的拘
束関係にある。すなわち，すでに述べたように，給付義務に付随する義務や，
給付外利益を保護する義務などの絆による拘束は，それである。このような
給付義務の履行を支えている義務を「信義則上の義務」と呼ぶとすれば，そ
の義務違反によって生じた損害の賠償もまた，415 条が根拠となると解して
妨げない（我妻博士は，これらの場合も「本旨に従った履行をしないとき」の表現
に含まれるものとする（$\binom{我妻}{99頁}$））。

　このようにして，給付行為の不履行以外の信義則違反による損害賠償もま
た，415 条の中に位置づけられるのである。*

　　*　ドイツ民法 280 条 1 項　　ドイツ民法は，義務違反による損害賠償を明文をもっ
　　て定めている。すなわち，BGB §280 (1)「債務者が債権関係から生じる義務に違反
　　したときは，債権者は，これによって生じた損害の賠償を請求することができる。

債務者が義務違反につき責めを負わない場合は，この限りでない。」

(2)　付随義務違反と保護義務違反

(a) 付随義務違反　既述したので簡単に述べると，債務者は，給付義務の履行に際しては，その本旨に適った形で給付結果を実現することが求められる（第1章**1** 3(b)(8頁)参照）。例えば，引渡しのために細心の注意を払うべき義務，使用に際しての説明を提供する義務などである。それゆえ，この義務違反によって給付義務違反を惹起するならば，債務の不履行責任に該当しよう。他方，拡大損害を生じさせた場合には，次の保護義務違反となろう。

したがって，原則として，付随義務違反による独立的損害賠償というのはあまり考えられない。奥田教授は，売主が目的物を毀損した場合，および売主が適切な使用上の指示を与えなかったために買主が使用方法を誤って目的物を毀損した場合に，付随義務違反として損害賠償義務を負うとするが（奥田163頁），前者は，売主の給付義務違反であり，後者は，目的物が買主に帰属した後の財産的損害（保護義務違反）と考えれば足りるのではなかろうか。「給付」に付随する義務たるゆえんである。

(b) 保護義務違反　これについても，詳細は前述したとおりである（第1章**1** 3(c)(9頁)参照）。保護義務は，給付義務の履行に際しては，いわゆる「完全性利益」（生命・身体・財産的利益等）を侵害しないとする義務である。問題となるのは，このような保護利益は不法行為法上の保護利益でもあるので，不法行為責任と競合することである。学説が対立するが，考え方等についても，先の箇所で既述した。

なお，契約類型によっては，完全性利益の保護が給付義務となることがあるが，その場合は，ここでいう保護義務の対象でないことはいうまでもない。例えば，警備契約，運送契約，宿泊契約などである。また，上記に「不法行為責任との競合と考えれば足りる」と言ったが，少なくとも契約規範としての保護義務の対象となるためには，「給付」（履行過程）と侵害行為との間に，常識的にきわめて強度の牽連関係がなければならないことに注意しなければならない（潮見・講義案I 114頁参照）。

(3)　契約締結上の過失責任

(a)「契約締結上の過失」　「契約締結上の過失」(**cic** = culpa in contrahendo) とは，契約締結の過程において，一方の過失によって相手方が損害を受けた場合に，その賠償責任を認めようとするもので，ドイツの学説・判例によって認められた責任理論である（詳細は，【V】契約法で論じるので，ここでは概略に留める）。

　例えば，当事者が契約締結に向けて交渉している過程において，その一方の過失によって契約が不成立となり，それによって他方が損害を被ったという場合に，契約が成立していないのだから，不履行責任を問うことはできない。不法行為責任を問うことはできるが，しかし，契約当事者は，まったくの赤の他人ではなく，契約締結に向けて信頼関係で結びついているのである。したがって，その契約の不成立が信義則に反するような場合には，信義則から責任を追及しようとするのが，この問題の基本である。

(b) 判例の展開　ドイツでは，学説・判例が早くからこの理論を承認し，わが国の学説・判例の採り入れるところとなった。

　リーディング・ケースは，最判昭 59・9・18（判時1137号51頁）である。Y は，分譲マンションの購入に際して，歯科医院を営むため，レイアウトを変更させ，また電気容量を問い合わせたことから，売主 X が Y の意向を確かめないで電気容量変更契約をし，受水槽を変電室に変更したが，結局，Y が購入を断ったという事案。

　判決は，「取引を開始し契約準備段階に入ったものは，一般市民間における関係とは異なり，信義則の支配する緊密な関係にたつのであるから，のちに契約が締結されたか否かを問わず，相互に相手方の人格，財産を害しない信義則上の注意義務を負うものというべきで，これに違反して相手方に損害をおよぼしたときは，契約締結に至らない場合でも，当該契約の実現を目的とする上記準備行為当事者間にすでに生じている契約類似の信頼関係に基づく信義則上の責任として，相手方が該契約が有効に成立するものと信じたことによって蒙った損害（いわゆる信頼利益）の損害賠償を認めるのが相当である」

とする原審の判断を肯認した（X勝訴）。内容的にも，ドイツ法理論を受けた判断である。

(c) ドイツ債務法現代化法での明文化　2001年のドイツ債務法現代化法は，明文でこの理論を認めた。次のとおりである。

まず，債権関係（Schuldverhältnis）が生じた場合には，その内容に応じて，各当事者に対し，相手方の権利，法益および利益を配慮すべき義務を負わせ（ド民241条2項），その義務違反に対しては損害賠償責任を課している（同280条1項）。そして，この「241条2項の義務を伴った債権関係」は，

① 契約交渉の開始

② 契約の準備（Anbahnung）（そこにあっては，当事者の一方が，他方に対して，法律行為的な関係が起こり得ることを考慮に入れて，自分の権利，法益および利益への作用の可能性を与えるか，または彼にこれを委ねている）

③ 法律行為に類似した接触

によっても発生する（同311条2項），として，「契約締結上の過失責任」法理の一般規定を置いたのである。

この制度の具体的な責任要件や運用については判例・実務に委ねられたが，その重要な事例群としては，(α) 契約の不成立に対する責任（無効な契約の締結，契約交渉の不当な挫折），(β) 望まれない契約に対する責任（契約が有効に締結されたが，説明義務・誠実義務違反などがあった場合），(γ) 契約開始に際しての身体および所有権の侵害（履行に際しての完全性利益の侵害），であるとされる（詳細は，半田吉信『ドイツ債務法現代化法概説』203頁以下参照）。

(4) 安全配慮義務違反

(a)「安全配慮義務」とは何か　ドイツ民法は，労務契約の使用者に対して，労務場所・施設・労務管理等の設定・維持につき，生命・健康に対する危険から被用者を保護すべき義務を課している（ド民618条。ドイツ法の解釈論については，高橋眞『安全配慮義務の研究』1頁以下参照）。学説は，つとにこの義務を，信義則上の「保護義務」として取り入れていたが（我妻栄『債権各論・中巻二』585頁），わが国の労働条件，特に労働環境の整備の立ち遅れのため，それが法律問題化したのは昭和40年代後半であった。すな

わち，雇用契約上の安全保証義務・安全保護義務等が叫ばれ，その法理が下級審判例で確立しつつあった。この状況下で，最判昭 50・2・25（民集29巻2号143頁）は，いち早く雇用契約における「安全配慮義務」を高唱するに至ったのである。そして，その判決文（次掲）をみれば分かるように，その定義・内容は，ドイツ民法 618 条（後掲注＊参照）のそれとほとんど同一である。

　その後，特に雇用契約において，多くの判例がこの見解を踏襲するが，ただ，その義務違反が否定された事案も少なくない（國井和郎「裁判例から見た安全配慮義務」下森編『安全配慮義務法理の形成と展開』3頁以下参照）。反面，判例の展開と相俟って，学説では，多くの議論が重ねられ，一定の理論的成果が得られたように思われる（特に，それまでの議論を推進した論文・判例研究を集めた下森定編『安全配慮義務法理の形成と展開』〔1988〕，日本私法学会1989年シンポジウム「安全配慮義務」私法52号3頁以下参照）。ここでは，問題点の概略に留める（安全配慮義務の意義，学説の状況については，奥田昌道「安全配慮義務」『損害賠償法の課題と展望』（石田・西原・高木還暦）1頁以下参照）。

【安全配慮義務のリーディング・ケース（自衛隊員轢死事件）】　前掲最判昭 50・2・25。簡略化すると，自衛隊員 A が整備工場で車両を整備中に他の隊員の運転する大型車に轢かれて死亡したことにより，A の遺族 X は，災害補償金 80 万円を受け取った。それ以外に補償を受けられないと思っていた X は，国 Y に対して損害賠償請求が可能であることを知り，事故から約 4 年を経た時点（不法行為上の請求権は消滅）で本訴を提起した。

　判決は，「国と国家公務員との間における主要な義務としては，法は，公務員が職務に専念すべき義務（条文省略）並びに法令及び上司の命令に従うべき義務（条文省略）を負い，国がこれに対応して公務員に対し給与支払義務（条文省略）を負うことを定めているが，国の義務は上記の給与義務にとどまらず，国は，公務員に対し，国が公務遂行のために設置すべき場所，施設もしくは器具等の設置管理又は公務員が国もしくは上司の指示のもとに遂行する公務の管理にあたって，公務員の生命及び健康等を危険から保護するよう配慮すべき義務（「安全配慮義務」）を負っているものと解すべきである。……国が，不法行為規範のもとにおいて私人に対しその生命，健康等を保護すべき義務を負っているほかは，いかなる場合においても公務員に対し安全配慮義務を負うものではないと解することはできない。けだし，上記のような安全配慮義務は，ある法律関係に基づいて特別な社会的接触関係に入った当事者間において，当該法律関係の付随義務として当事者の一方又は双方が相手方に対して信義則上負う義

務として一般的に認められるべきものであって，国と公務員との間において
も別異に解すべき論拠はな」い，として安全配慮義務を認めた。

* BGB §618　「(1)　労務給付の権利者（使用者）は，その性質の許す限りにおい
て，その労務をさせるべく提供した場所，施設または器具につき，生命および健康
に対する危険から義務者を保護するように，設置しかつ維持しなければならない。
自己の指図または指導の下になすべき労務給付の規律につき，また同じ。
(2)　義務者が家庭に同居する場合には，その居室，寝室および療養ならびに労働時
間および休憩時間については，労務給付の権利者は，義務者の健康，風習および
宗教を顧慮して，調整しかつ規律しなければならない。
(3)　労務給付の権利者が，義務者の生命および健康に関して負担する義務を顧慮し
ないときは，その損害賠償義務につき，不法行為に関する842条ないし846条の
規定を準用する。」

(b) 安全配慮義務の内容・適用領域　以上のような，使用者が，被用者の生命・身体等につき安全を顧慮すべき義務とは，いわゆる「完全性利益」が保護の対象となるものであることは疑いない。それゆえ，安全配慮義務とは，信義則上から発生する義務（付随義務ないし保護義務）と捉えることができるのである。この点については，学説上，共通の認識となっていよう（ただし，不法行為規範としての注意義務と構成する説は別である）。ただ，いくつかの議論がある。

　i　適用領域の問題　これまで安全配慮義務が問題となったのは，主に雇用（労務）の領域であり，この領域で生成・発展し，理論化されたものである。それゆえ，労働法学者の中には，これを，雇用契約の単なる付随義務というものではなく，労働法原理に立脚した労働契約上の本質的義務であるとする見解がある。しかし，理論の形成の経緯は別として，請負契約，学校事故，医療事故などの場合にも安全配慮義務が認められるべきことは当然であるから（星野雅紀「安全配慮義務とその適用領域について」下森編『安全配慮義務法理の形成と展開』34頁以下），広く，契約を契機とする特別の社会的接触関係で発生するものと解してよいであろう。

　ii　安全配慮義務違反は，給付義務違反か保護義務違反か　契約類型によっては，安全配慮義務が実質的に給付義務の内容となっている場合もあろう。例えば，雇用・労働契約などである。このような契約類型では，その義務違反は，給付義務違反を構成するものと解してよい。したがって，保護

義務と捉えるか給付義務と捉えるかは，契約類型に依る問題である（ただ，安全配慮義務が給付義務（契約の中心的義務）となっているような契約類型では，当然の契約規範なので，これをあえて「安全配慮義務」と称することもないのだが）。

　なお，これと異なり，宮本健蔵教授は，安全配慮義務を，給付義務としての「安全確保義務」（→債権者に，履行請求権・労務給付拒絶権を発生させるもの）と，付随義務としての「保護義務」（→債権者は，損害賠償の請求のみ）とに分け，使用者はこの2つの義務を併存的に負うとする（宮本健蔵「雇傭・労働契約における安全配慮義務」下森編『安全配慮義務法理の形成と展開』195-196頁）。この問題は後に扱う（(c)）。

> 【安全配慮義務と保護義務】　　「安全配慮義務」は，雇用・労働契約の領域上で発展した，信義則に基礎を置くところの保護義務規範である。特に，その根拠となったドイツ民法618条の生成については，19世紀後半に制定されたドイツの各「営業令」の労働者保護規定から発展したものだといわれる（高橋・前掲書30頁以下）。
>
> 　これに対し，特別の社会的接触を有するにいたった場合に課される「保護義務」（Schutzpflicht）理論は，奥田教授によれば，安全配慮義務とはまったく別の過程を経て，判例・学説に登場したものであり，最初に問題となったのは「契約締結上の過失」であって，ここでは，信義則上の行為義務の一側面が，相手方の完全性利益（生命・身体・財産権）を保護すべきとされた。次いで，債務の履行過程での完全性利益の保護が問題とされ，これも保護義務として把握されたが，その根拠は618条に求められたという（奥田・前掲論文22頁以下）。
>
> 　そこで，両者をどのように位置づけるべきかであるが，私は，既述したように，両者の保護法益はいずれも信義則上に求められる完全性利益なのだから，同じ性質の義務と考えてさしつかえないように思う。ただ，安全配慮義務は，奥田教授が指摘するように，雇用・労働関係で特殊的に生成・発展してきたものである以上，このような独自的展開の要素があることは否定できない（奥田・前掲論文27頁）。

(c) 解釈上の問題点　　**i　不法行為責任との関係**　　安全配慮義務の保護法益が完全性利益であることから，不法行為責任との競合の問題が生ずるが，これはすでに詳論したので，繰り返さない（第1章 **Ⅰ** (3)(c)ii（11頁）参照）。

　次に，安全配慮義務が契約規範上の義務であることから，不法行為による損害賠償請求権に対する利点（差異）が生じる。すなわち，① 不法行為責任の過失は債権者（被害者）が証明しなければならないのに対し，契約責任では，債務者の免責事由（不可抗力）の証明責任は債務者にある。② 不法行為による損害賠償請求権の消滅時効は原則3年であるのに対し $\binom{724条1号。ただし，}{人の生命・身体に対}$ $\binom{するものは5年}{（724条の2）}$，契約責任は原則5年である $\binom{166条1}{項1号}$。このような原則的な有利性から，契約規範としての安全配慮義務が形成されたことは否めない。

　　ⅱ　安全配慮義務の履行請求権と労務給付拒絶権は　　使用者に対する安全配慮義務の履行請求や労務拒絶などは，いずれも給付義務として構成されるならば，容易に認められよう $\binom{前掲宮本説の長}{所はここにある}$。しかし，義務履行請求権や労務給付拒絶権というのは，給付義務だから認められるというのではなく，双務契約において，同時履行法理の理念から導かれるところの一方当事者（被用者）の権能であろう。同時履行法理は，原則的には給付義務の履行の均衡を規律するものではあるが $\binom{第1章■3(a)}{（7頁）参照}$，それ自体公平の観念から導かれた法理である以上，当事者の公平が維持されないというならば，給付義務以外の場面にも類推されなければならない（そのことが，解釈上拡張的に運用されてきた理由である）。

　このような理論に立つかぎり，必ずしも安全配慮義務を給付義務と構成する必要はないであろう $\binom{奥田教授も，義務の目的・内容と訴求可能かどうかとは別問題（保護}{義務でも訴求は可能）として，宮本説を批判する（奥田・前掲論文29}$頁)）。

　要するに，保護義務と構成しても，双務契約である以上は，安全配慮義務の履行請求はもちろん，それが満たされない場合には，労務給付の拒絶ができるものというべきであって，保護義務だから不可能ということはないのである。

(5)　積極的債権侵害（拡大損害）

(a)「積極的債権侵害」
とは何か　　「積極的債権侵害」（または「拡大損害」）というのは，すでに詳しく論じたように $\binom{56頁【「不完全履行」概念と}{「積極的債権侵害」論の問}$題】)，「給付」に際して，「瑕疵ある履行」をしたために，それに起因して給付

外利益 —— すなわち相手方の「生命・身体・財産的利益」（完全性利益）—— を害したという場合である。例えば、後掲の事例で、食品に菌が混入していたためそれを食べた買主が食中毒に罹ったとか、ラケットを振ったところ製造が不完全だったため目を怪我したなどの場合で、「瑕疵ある物」の給付という側面では、「不完全な履行」であり（この点は、債務不履行一般の問題として処理できる。56頁【「不完全履行」概念と「積極的債権侵害」論の問題】）、「完全性利益の侵害」（拡大損害）という側面では、「保護義務違反」にあたる。前者は、債務不履行一般の問題として処理できることは、既述したとおりであり、問題となるのは、後者の損害賠償である。

　これによって侵害される法益は、債権者の「給付外利益」（債権者の生命・身体・財産的利益（完全性利益））であるから、「保護義務」違反ということになる。したがって、信義則上の義務違反の一類型である。

> 【ドイツ債務法現代化法の対応】　2001年のドイツ債務法現代化法は、積極的債権侵害に対して、明文をもってその「根拠」を与えた。すなわち、新241条2項は、「債権関係（Schuldverhältnis）は、その内容に応じて、各当事者に対し、相手方の権利、法益及び利益を配慮すべき義務を負わせる。」とし、それを承けた新280条1項本文が、「債務者が、債権関係に基づく義務に違反した場合には、債権者は、これによって生じた損害の賠償を請求できる。」とした。これによって、拡大損害に対する付随義務違反の損害賠償が整備された（半田吉信『ドイツ債務法現代化法概説』195頁以下・418頁以下参照）。

(b) 判例による承認　積極的債権侵害理論は、判例によって承認されたといえる。下級審ではあるが、そのリーディング・ケースを2つ挙げよう（ただし、以下の事例では、「安全配慮義務」も論じられているが、その点は(4)で既述したので、ここでは積極的債権侵害の点を扱う）。

ⅰ　卵豆腐事件（岐阜地大垣支判昭48・12・27判時725号19頁）　サルモネラ菌に汚染された卵豆腐により、大垣市地方で400名以上が集団食中毒に罹り、そのうち2名が死亡した。そこで、その遺族Xが、製造者Y1、卸売業者Y2、小売業者Y3に対し、不完全履行もしくは瑕疵担保責任または不法行為による損害賠償を求めた。

　判決は、製造者Y1には不法行為責任を認め、小売業者Y3については、「売買契約の売主は、買主に対し、単に、売買の目的物を交付するという基本

的な給付義務を負っているだけでなく，信義則上，これに付随して，買主の生命・身体・財産上の法益を害しないよう配慮すべき注意義務を負っており，瑕疵ある目的物を買主に交付し，その瑕疵によって買主のそのような法益を害して損害を与えた場合，瑕疵ある目的物を交付し損害を与えたことについて，売主に上記のような注意義務違反がなかったことが主張立証されない限り，積極的債権侵害ないし不完全履行（以下単に積極的債権侵害という）となり，民法 415 条により買主に対して損害賠償義務がある。そして，そのような売主の契約責任は，単に買主だけでなく，信義則上その目的物の使用・消費が合理的に予想される買主の家族や同居者に対してもあると解するのが相当」とした。さらに，卸売業者 Y2 についても，売主として，Y3 と同様の注意義務を負うとし，それと同額の損害賠償責任を認めた。

　　ⅱ　バドミントンラケット事件（神戸地判昭53・8・30判時917号103頁）　小学生 X が兄 A とバドミントンの遊戯中に，A の振ったラケット（他人から贈られたもの）の柄が抜けて X の左目に当たり受傷した。X からラケットの売主 Y に対する損害賠償請求。

　「一般に，売主は，売買契約上買主に対して，売買の目的物を交付するという基本的給付義務に付随して，買主の生命，身体，財産上の法益を侵害しないように配慮すべき義務を負っているが，この安全配慮義務は信義則上，売買の目的物の使用・消費が合理的に予想される買主の家族，同居者，買主から贈与された者等に対しても負うと解するのが相当」とし，付随義務としての安全配慮義務違反に基づく損害賠償請求を認めた。

第5章　債権の効力（3）── 責任財産の保全

《責任財産保全制度の意義》

　債権が任意に弁済を受けないときは，債権者は，債務者の一般財産にかかってゆき，それから弁済を受けることができる（債権の掴取力）。しかし，掴取によって債権が満足を得るかどうかは，債務者の一般財産がその弁済に見合うだけ存在しているかどうかによる。そこで，債務者が財産の減少を放置したり，または積極的に減少させたりする場合には，債権者は，それを阻止して一般財産（責任財産）を確保する必要が出てこよう。この目的から認められた債権者の自衛手段（保全行為）が，「債権者代位権」と「詐害行為取消権」である。

　債務者が貸金を取り立てなかったり，または抵当権登記をしないでいるときに，債務者に代わってそれを取り立て，またはその登記手続を行うのが債権者代位権の例であり，債務者が財産を贈与したり，または債権の放棄（免除）をして自己の財産を減少させたときに，その法律行為の効力を否定して，その財産を債務者の一般財産に取り戻すのが詐害行為取消権の例である。

　ところで，債権は，本来，債務者個人に対する「請求」を内容とする権利（債権の対人的・相対的効力）であるから，債務者以外の第三者に対して何らの「請求」をすることは許されない。債務者が第三者に対して有する権利につき，債権者といえども，勝手に干渉することはできないのである（私的自治の原則）。

　しかし，債務者の不作為または作為によってその一般財産（責任財産）が危殆化し，債権が満足を受けられないことが明白な場合には，債権者は，例外的に，「自己の債権の保全」のために，かつその範囲内で，債権者の干渉を認められることになる。これが，「責任財産の保全」制度である。

　ここに，責任財産保全制度の要件と限界とが存しよう。すなわち，① 債権者の債務者の財産への干渉は，責任財産が減少して最終的に自己の債権が満

足を受けられない場合にのみ認められるべきこと（→「無資力要件」の発生），
および，② その干渉は被保全債権が満足を得る範囲内に限られるべきこと
（→代位権・取消権行使の範囲の限定），である。

　以上が，責任財産保全制度の基本原則であるが，現実の運用においては，
その制度が拡大的な方向にあることは，以下で見るとおりである。

第1節　債権者代位権

1　債権者代位権の意義

(1)　「債権者代位権」とは何か

〔図①〕「債権者代位権」とは，債権者Aが，自己の債権を保全するために必要があるときは，債務者Bに属する権利——Bの第三者C

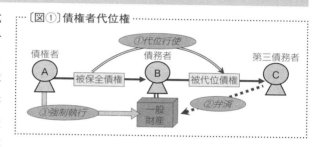

〔図①〕債権者代位権

に対する債権——を，Bに「代位して行使」する制度である$\binom{423条1}{項本文}$。債務者Bが，債権者Aには弁済しない一方で，第三者Cに対して債権を有しているがそれを取り立てないような場合において，Aが，Bに対する自己の債権を保全するために，BのCに対する債権を，Bに代わって（＝代位して）取り立てるという方法である。

このことからわかるように，債権者代位権制度の骨子は，第1に，「自己の債権の保全」を目的とするものであること，第2に，そのために，債務者の権利を「代位行使」することである。

【債権者代位権の歴史的系譜】　債権者代位権制度は，フランスの代位訴権・間接訴権にならったものであるが，フランスでこれが設けられた理由は，そもそも債権に対する執行制度の不備を補うためであった$\binom{工藤祐厳「フランス法}{における債権者代位権}{の機能と構造」民商}{95巻5号・96巻1・2号}$。しかるに，わが国の執行制度は完備したドイツ法を継受し，「債権」は差押え・転付命令の手続（強制執行手続）によって保全が図られ

ているので，フランスとは若干事情を異にしよう。わが国の債権の保全は，いわば手続法制度と実体法制度との二重構造がとられているのである。

しかし，実体法制度としての債権者代位権は，第1に，強制執行手続ではないから債務名義を要しないこと，第2に，強制執行になじまない権利$\binom{\text{取消}}{\text{権・解}}\binom{}{}$（取消権・解除権などの形成権）の行使や保存行為$\binom{\text{時効の完成猶予，}}{\text{登記具備手続など}}$もその対象となり得ることから，強制執行とは違った有用性がある。

【手続法上の債権執行の権利】 〔図②〕債権者は，手続法上の権利として，確定判決・和解調書・公正証書などの債務名義に基づいて，債務者の「権利」（債権）に対して執行することができる。

第1は，差押命令$\binom{\text{民 執}}{\text{145条}}$である。債権者 A_1が，債務者 B の第三債務者Cに対する「債権」につき，差押命令を得ると，その効力として債権取立権が発生し，Cからの直接取立てが認められる$\binom{\text{同155}}{\text{条}}$。しかし，この場合，他の債権者 A_2・A_3 は，配当要求ができるし$\binom{\text{同154}}{\text{条}}$，

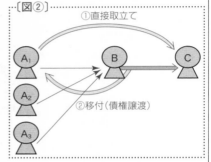

異議のある場合には，執行抗告・執行異議が認められるので$\binom{\text{同10条・}}{\text{11条}}$，$A_1$にとっては満足な結果が得られるとは限らない。

第2は，「転付命令」$\binom{\text{民 執}}{\text{159条}}$である。これは，BのCに対する債権を A_1に移付すること（法定の債権譲渡）であるが，他の債権者が差押えや配当要求をしたときは無効であるから，やはり一定の限界がある。

---

(2) 債権者代位権制度の基本構造

(a) 権利の「代位行使」 　「代位行使」というのは，他人（B）に帰属する権利を，Bに代わって行使することであるから，<u>その権利行使の効果がBに帰属する</u>ことは，論理の帰結である。したがって，Bの権利を「代位行使」することによって，<u>債務者Bの一般財産が充実し，確保される</u>ことになる。このことに着目して，従来，債権保全制度（債権者代位権・

債権取消権）が，総債権者のための「共同担保」の保全制度であると強調されてきたきらいがあった（特に，その根拠となったのは旧425条「前条の規定による〔詐害行為の〕取消しは，すべての債権者の利益のためにその効力を生ずる」であり，これは，代位権・取消権に共通する法理と解されてきた）（【旧Ⅳ】136頁参照）。しかし，代位権・取消権の行使によってもたらされる「共同担保」の充実は，副次的な産物にすぎない。

　さらに言えば，〔図①〕において，代位権の行使（①）によってＣから取り立てた金銭は，Ａに帰属するのではなく，上述のとおり，Ｂの一般財産の中に入ることになる（②）。Ａは，その金銭を直接債権の弁済に充てることはできない。これは，一般財産が，他の債権者の責任財産（共同担保）ともなっているからである。そこで，Ａが弁済を受けるためには，この一般財産に対する強制執行（③）の方法によらなければならない。これが原則である（ただし，この点は，2017年改正で緩和されたことは後に見るとおりである）。

(b)「**自己の債権を保全するため**」　債権者代位権は，債務者Ｂの特定債権者であるＡが，自分の債権が満足を受けることができないために，代位権を行使してそれ保全しようとすることである。したがって，上記したように，債務者の一般財産（共同担保の対象）それ自体の充実を図る制度ではない。結果的に債務者の一般財産が充実するが，それは，代位権行使の反射的な効果にすぎない。

(c)　金銭債権
（被保全債権）　「自己の債権の保全」ということから，被保全債権は，ＡのＢに対する具体的な債権である。ただし，次の債権は，被保全債権とはならない。

　i　内容・範囲の不確定な債権　保全されるべき具体的内容を欠くからである（最判昭55・7・11民集34巻4号628頁（確定前の財産分与請求権））。

　ii　強制執行により実現され得ない債権　強制執行によって実現することができない債権は，被保全債権とはなり得ない。既述したように（(2)(a)），債権者代位権の行使による債権の満足は，最終的に，債務者の一般財産に対する強制執行の方法によるからである。したがって，強制執行の対象とならない権利は，債権者代位権の対象とはならないのである。

iii 金銭債権以外の債権　以上のように，被保全債権は，原則として，第三者Ｃから回収した給付をもって満足できるものでなければならないから，実際上は「金銭債権」以外にはあり得ない。したがって，「特定債権」（特定物引渡債権）などが被保全債権となるわけがないのである（ただし，「転用」の場合は別であり，起点をまったく異にする（**4**頁(126)））。さらに，これは，後に述べる「無資力要件」の問題（**(2)**(1)）と，代位権行使の範囲確定の問題（**(3)**(2)(d)(125頁)）へと発展する。

2 債権者代位権の要件

(1) 債権保全の必要性 ──「無資力」要件〔要件Ⅰ〕

債権者代位権は，「自己の債権を保全するため必要があるとき」（423条1項本文）に認められる権利である。その意味は，債務者の資力（責任財産）が不十分なため，債権者が債務者の権利を行使しなければ自己の債権が完全な満足を受けることができない（または，そのおそれがある）こと，である。これを，「無資力要件」と呼んでいる。また，その「おそれ」があることで足りる（通説）。

ところで，法文上にない「無資力」がなぜ要件とされるのか。債権者は，債務者から弁済を受けない場合には，債務者の一般財産にかかってゆき，そこから満足を受けることができるが（債権の掴取力），債務者に弁済の資力がない場合には，不可能である。しかし，その際，債務者には，唯一の財産として，第三者Ｃに対する「債権」を有している場合があろう。その場合には，それを取り立てて弁済することは可能であるが，取立てをしないことがあり得る（手間ひまかけてCから取り立てても，どうせAに取られてしまうから取り立てない，という不埒な事情もあるかも知れない）。

他方において，「債権」は，債権者Ａと債務者Ｂとの二者間の権利義務関係であって，第三者Ｃに対してはいかなる効力も及ぼさないのを原則とするから（債権の相対的効力），ＡがＢの第三債務者Ｃ（「第三者」）の関係に介入することは，原則としてできない（Cからすれば，責任を負っているのはBに対してであって，見知らぬAから請求されるいわれはない）。

この2つの理論的相克の中で，「債務者の権利を代位行使しなければ，債権

は満足を受けることができない」という状況を前提として，第三者に対する権利につき代位行使を認めようとするのが，この制度である。したがって，「無資力要件」は，理論的に当然に要求される要件なのである。

> **【「無資力」の意義】**　　上記のように，債権者代位権は，債務者に他に財産がなく，代位権を行使しなければ自己の債権の満足を受けることができない場合にのみ，その行使が許される。それゆえ，最後の手段という意味で，債務者の「無資力」が要件とされてくる。
>
> しかし，被保全債権と被代位債権とが，例えば，同時履行の関係にあるなど，<u>法的保護の上で密接な牽連性を有しているならば</u> —— そもそも，被代位債権は被保全債権を保全する運命にあるわけだから —— ，「無資力」要件自体の意義は消失する反面，債権者代位権制度の趣旨に悖るものとはいえない。債権者代位権制度の「転用」については，このような基準から判断すべき事柄のように思われる。後述する（**4**1）(126頁)参照)。

(2)　債務者の権利不行使〔要件Ⅱ〕

債務者が第三者に対する<u>権利を行使しない</u>ことが前提である。債務者の権利不行使につき，その理由は問わないし，また，その行使を催告する必要もない。

しかし，債務者がすでに権利を行使したときは，たとえそれが債権者にとって不利益であっても，債権者は，重ねて代位権を行使することはできない（判例・通説）。債務者の財産に対する不当な干渉だからである。

(3)　被保全債権の履行期到来〔要件Ⅲ〕

債権者は，債権の期限が到来しない間は，被代位債権を行使することができない（423条2項本文）。債権に期限が付いていれば，その期限は，一般に，債務者の利益のために付されるものだからである（136条1項）。

ただし，「保存行為」については，この限りでない（423条2項ただし書）。保存行為とは，債務者の財産の現状を維持する行為である。債務者が本来しなければならない，消滅時効の完成猶予行為，未登記の権利の登記などがこれにあたる

$\left(\substack{\text{我　妻}\\\text{166頁}}\right)$。

3 債権者代位権の客体および行使

(1) 債権者代位権の客体

(a) 客体となり得る権利　債権者代位権の対象（客体）となるものは，後に掲げる〈例外〉を除き，債務者に属するすべての「権利」である。

　i　請求権であると形成権であるとを問わない　金銭的な請求権，物権的請求権のほか，解除権・取消権・買戻権・相殺権・建物買取請求権$\left(\substack{\text{借地}\\\text{借家}\\\text{13条}}\right)$などの形成権も認められる。

> ＊　**借地上の建物の借家人による建物買取請求権は**　判例は，借地人が地主の承諾なしに所有建物と借地権を譲渡し，その譲受人から建物を借り受けた借家人は，譲受人の建物買取請求権を代位行使できないとしたが$\left(\substack{\text{最判昭38・4・23}\\\text{民集17巻3号536頁}}\right)$，結論は妥当なものの，理論自体は不当というべきである。

　ii　私権であると公権であるとを問わない　代位による登記申請は明文規定がある$\left(\substack{\text{不登59}\\\text{条7号}}\right)$。

　iii　明確な「権利」でなくても「意思表示」でもよい　しかし，「意思表示」は，本来，債務者の自由意思に委ねられるべきものである以上，債権者が無条件に「代位」表示していいわけはない。判例も，一定の条件の下でのみ，これを認めている。すなわち，債権者（物上保証人の一般債権者）は，債務者（物上保証人）が「その<u>消滅時効を援用しうる地位にあるのにこれを援用しないとき</u>は，債務者の資力が自己の債権の弁済を受けるについて十分でない事情にあるかぎり，<u>その債権を保全するに必要な限度で</u>」，債務者の消滅時効の援用を代位できるとする$\left(\substack{\text{最判昭43・9・26民}\\\text{集22巻9号2002頁}}\right)$。妥当というべきである$\left(\substack{\text{同旨，林ほか151頁〔石}\\\text{田〕。なお【I】339頁参照}}\right)$。

(b) 客体となり得ない権利　債権者代位権の行使によって，第三者が弁済したものは，原則として債務者の一般財産を構成

し，総債権者の共同担保の対象となり得る。したがって，「共同担保」の対象
に適さない権利は，債権者代位権の対象とならない。

　　i　一身専属権　　債務者の一身に属する権利は債権者代位権の対象と
はならない$\binom{423条1項}{ただし書}$。「一身専属権」とは，その権利を行使するかどうかを
債務者自身の「意思」に任せるべきものである（行使上の一身専属）。しかし，
分けて考えるべきである。——

　　(α)　純粋身分権　　離婚・離縁請求権など，純粋な身分法上の権利は，
債権者代位権に親しむものではない。

　　(β)　身分的財産権　　扶養請求権・夫婦間の契約取消権など，身分に
伴って発生する財産権も，原則として代位権の客体とならない。しかし，譲
渡性を有する遺産持分権（相続分）とそれに基づく遺産分割請求権は，代位権
の客体となり得る$\binom{林ほか・149}{頁〔石田〕}$。

　　(γ)　慰謝料請求権　　その行使は一身専属性を有するが，いったん請
求されたものは純粋な金銭債権に転化するから，請求されたものに限って債
権者代位権の客体となる。

　　(δ)　債務者の自由「意思」にかかる権利・意思表示等　　前記iiiで述
べたように，原則として代位には親しまないが，その権利行使や意思表示が
債権者に当然に期待されている場合に，それをしないことが，債権者の権利
を害するときは，債権者代位権の客体となる場合があろう$\binom{改正前の「錯誤無効」}{の意思表示。最判昭}$
$\binom{45\cdot3\cdot26民集}{24巻3号151頁}$。しかし，債権譲渡の通知など，債務者の義務的性格のものは否
定されよう$\binom{大判昭5\cdot10\cdot10民集9巻948頁。その理}{は，第8章第1節■2(a)i（223頁）参照}$。

　　ii　差押えを禁じられた権利　　共同担保となり得ないから，代位の対
象とはならない$\binom{423条1項}{ただし書}$。

　　iii　訴訟上の権利　　訴訟の提起など債務者の訴訟行為については代位
行使ができるが，債務者自身が訴訟を開始した後の訴訟追行行為（上訴，執行
異議，即時抗告など）は，代位行使することができない。これらは，訴訟当事
者のみに認められるものだからである$\binom{川\ 井}{134頁}$。

⑵　債権者代位権の行使

(a) 行使の方法　債権者代位権は，債権者が，<u>自己に固有の権利として，自己の名において，債務者の権利を行使する</u>ことである（代理行使するのではない）。いわば，債務者の財産に対する管理権（【I】20頁・50頁参照）を，強権的に取得するものである。また，債権者代位権は，詐害行為取消権と異なり，裁判上はもちろん，裁判外でも行使できる。

(b) 相手方の地位　**i　債務者の取立てその他の処分等**　**(α)**　債権者が債権者代位権を行使した場合であっても，債務者は，被代位権利について，自ら取立てその他の処分をすることを妨げられない（423条の5前段）。

　(β)　この場合においては，相手方も，被代位権利について，債務者に対して履行をすることを妨げられない（同後段）。

ii　相手方の抗弁　債権者は，債権者代位権に基づいて<u>債務者の権利を行使する</u>わけであるから，相手方は，本来の債権関係にある「債権者Bに対する債務者」との関係が維持されている。したがって，──

　(α)　相手方（第三債務者）Cは，債務者Bに対して主張することができる「抗弁」（例，同時履行・相殺・権利消滅など）をもって，代位債権者Aに対抗できる（423条の4）。例えば，①　A→B→Cと不動産が譲渡されたが（後掲〔図③〕（129頁）参照），Cへの移転登記前にA・B間の売買契約が合意により解除されたときは，Cは，Bに代位して，B→Aの移転登記を請求することはできない（最判昭33・6・14民集12巻9号1449頁）。当事者A・B間で契約が消滅しているから，Cは代位すべき権利がないし，また，Cは，解除に係る「第三者」たる利益も有しない（545条1項ただし書参照）からである。また，②　上の例で，A→B間の譲渡が虚偽表示であり，Cが善意の転得者である場合でも，Aは代位債権者Cに対して無効を主張できる（大判昭18・12・22民集22巻1263頁）。しかし，後者に対しては反対が強く，Cに対してAは無効を主張できない（94条2項類推）とする説（我妻170頁）が有力である。

　(β)　債権者の抗弁は不可　反対に，相手方の提出した抗弁に対して，代位債権者は，自己自身の抗弁を提出できない（最判昭54・3・16民集33巻2号270頁）。相手方との

直接的債権関係はないからである。

(c) 訴訟告知　　債権者は，債権者代位権行使に係る訴えを提起したときは，遅滞なく，債務者に対し，訴訟告知をしなければならない$\left(\substack{423条\\の6}\right)$。これは，従来，代位権訴訟が債権者と第三債務者の間の訴訟となり，そこから外れる債務者に判決の既判力が及ばないのではないかとの争いがあったため$\left(\substack{三ケ月章「わが国の代位訴訟・取立訴訟の特異性とその判決の効力\\の主観的範囲」『裁判法の諸問題・中』(兼子一還暦) 356頁以下参照}\right)$，債務者に訴訟参加$\left(\substack{民訴\\42条}\right)$の機会を保障するものである。

(d) 行使の範囲　　債権者代位権は，「自己の債権を保全するため必要があるとき」に認められるものであるから$\left(\substack{423条\\1項}\right)$，代位権行使の範囲は，債権者の当該被保全債権額の範囲に限定されることが原則である。この点，改正法は，「被代位権利の目的が可分であるときは，自己の債権の額の限度においてのみ，被代位権利を行使することができる」$\left(\substack{423条\\の2}\right)$とするが，当然のことを注意的に表明したまでである$\left(\substack{「共同担保」の保全を強調した無限定説 (林\\ほか176頁〔石田〕など) の否定でもある\\が}\right)$。

　もとより，被代位債権の目的が「不可分」（特定物債権）の場合には，その全部の引渡しを請求できることは，いうまでもない。

(e) 行使の効果　　債権者代位権の行使により，次の法律的効果が発生する。

　　i　効果の債務者への帰属　　債権者代位権は，基本的に債務者の権利を行使するものであるから，既述したように，回収した代金等は，本来の債権者である債務者Bに帰属することになる$\left(\substack{🔲(2)(a)\\(118頁)}\right)$。したがって，代位債権者Aは，Cに対し直接自己に請求することはできないのが原則である。

　　ii　債務者への引渡し　　ただし，債権者は，「被代位権利が金銭の支払又は動産の引渡しを目的とするものであるときは」，相手方に対し，その支払又は引渡しを自己に対してすることを求めることができる。この場合において，相手方が債権者に対してその支払又は引渡しをしたときは，被代位権利は，これによって消滅する$\left(\substack{423条\\の3}\right)$。

　　iii　時効の完成猶予　　債権者Aの代位訴訟（＝請求）により，債務者Bの第三債務者Cに対する債権の時効は完成猶予されるが$\left(\substack{147条1\\項1号}\right)$，AのB

に対する債権（被保全債権）の時効は完成猶予されるかどうか。

〔Ａ〕　**訴訟法説**　訴訟法説では，被保全債権が訴訟物となっていないのだから，完成猶予はないことになる。そこで，代位許可の告知（または代位の通知）によって処分禁止の効力が生じることにかんがみ，148条・149条の「差押え・仮差押え・仮処分」に準じて，債務者Ｂに対する通知により，ＡのＢに対する債権の時効は完成猶予されると解する（於保175頁，奥田267頁）。

〔Ｂ〕　**実体法説**　実体法説では，債権者代位訴訟の前提として，被保全債権が当然に主張されていることから，完成猶予されると考えることになる（我妻171頁，川井140頁）。

iv　費用償還請求権　債権者代位権は共同担保の保全という側面があるから，その行使に要した費用は，共益費用として，債権者は，債務者の総財産上に先取特権を有することになる（306条・307条）。この費用は，一種の法定委任関係に基づく費用償還請求権（650条）と説明されるが（於保176頁，奥田268頁），事務管理に基づく費用償還請求権（702条）と考えられなくもない。

4　債権者代位権の「転用」

(1)　債権者代位権の「転用」の意義

(a)「無資力要件」の不要性　債権者代位権は，「自己の債権の保全」が目的ではあるが，その制度的仕組みは，〈債権者が債務者の権利を代位行使することにより債務者の一般財産を確保する〉というものである。そして，債権者が「自己の債権の満足」を得るためには，一般財産を対象として強制執行をかけなければならない（責任財産の維持により債権が保全される）。この仕組みによって満足を得ることになる債権者の被保全債権は，「金銭債権」以外にはあり得ない。そこから，債務者の「無資力」を要件として，代位権の行使が認められるのである。

しかし，〈自己の債権の満足を得るために債務者の権利を代位行使する〉という法律的構造は，無資力要件とは切り離されても，広く債権保全方法とし

て独立的意義を有している。はたして，実務は，この機能に着目し，金銭債権以外の特定物債権（登記請求権・妨害排除請求権など）についても，423条の適用を認めてきた。これが，債権者代位権の「転用」である。

被代位債権となる登記請求権や妨害排除請求権は，「共同担保」の充実とは無縁である。したがって，この場合に，「無資力要件」などは問題とならない。ただ，代位権行使の要件としては，被代位債権の行使により被保全債権が満足を受けるという論理構造であるから，両債権には密接な牽連性がなければならない。

このように考えると，債権者代位権の「転用」は，債権者が自己の債権を保全する必要のある場合に，他にその債権の保全方法がない場合には（かつ，その場合に限って），認められるものという要件が演繹されよう。この場合には，無資力要件などは意味を持たないのである。

(b) 学説の対応　しかし，これに対しては反対説も強く，基本的に以下の対立が見られる（従来の議論）。

〔A〕「転用」肯定説　ある具体的な結果を導くことが妥当とされる場合に，それを導く直截な法手段が存在せず，かつ，「転用」がそれほどの弊害を生じないような場合であれば，「転用」を認めてさしつかえない，とする（判例・通説）。

〔B〕「転用」否定説　債権者代位権は，債務者の責任財産の維持（掴取力の保全）の目的から認められるものであり，これを必要以上に拡大することは，債務者個人の財産管理に対し不当な干渉となる。「転用」とされる場面では，それぞれの固有領域において問題解決を図るべきであり，過渡的理論としてはともかく，本来，代位権制度によって処理されるべきではない，とする（松坂佐一『債権者代位権の研究』33頁，川島59頁，星野132頁（妨害排除請求権），平井265頁（登記請求権と妨害排除請求権）など）。

思うに，〔B〕説は，第1に，転用が問題となる固有領域で解決を図るべきだというが，例えば，中間省略登記請求権，賃借権に基づく妨害排除請求権その他の権利が法理論として承認されなければ（具体的な解釈上の問題点は後述），問題の解決にはならない。

第2に，債務者の財産管理に対する不当な干渉というが，これは，債権者

が，債務者のいかなる権利でも行使できるという仮象理論を立てて導いた結論にすぎない（そこから，責任財産の保全→無資力要件を要求することになる）（121頁｛「無資力」の意義｝参照）。しかし，<u>被代位債権が法的保護の上で被保全債権と密接な牽連性がある限りは</u> ── 換言すれば，<u>債権者が特定債権を保全するために債務者の特定債権を代位行使すること</u>が当然視される場合であれば ── ，債務者の財産への不当な干渉ということにはならないはずである。<u>「転用」は，このような密接な牽連性を有する債権間で生じる債権保全手段</u>であることに注意しなければならない。「転用」問題は，この観点からのみ判断されなければならないのである。もとより，「無資力」要件とは一切無関係である。〔A〕説が正当である。

(2)　「登記請求権」の保全〔転用Ⅰ〕

(a)「423条の7」の新設　「登記又は登録をしなければ権利の得喪及び変更を第三者に対抗することができない財産を譲り受けた者は，その<u>譲渡人が第三者に対して有する登記手続又は登録手続をすべきことを請求する権利を行使しないとき</u>は，その権利〔被代位債権〕を行使することができる」（423条の7前段。2017年新設）。上記〔A〕「転用」肯定説の「登記請求権の代位行使」の承認である。

　なお，この場合においては，上記で扱った，423条の4〔相手方の抗弁〕，423条の5〔債務者の取立てその他の処分の権限等〕，423条の6〔代位訴訟を提起した場合の訴訟告知〕の各規定が準用される（423条の7後段）。

　この規定の新設によって解決されるのは，①「中間省略登記」の問題と，②「共同相続人間の登記請求権」の問題である。以下で述べる。

(b)「中間省略登記」請求の問題　〔図③〕不動産がA→B→Cへと譲渡されたが，登記がまだAの下にある場合，Cは，Aに対し，原則として，直接に登記請求（中間省略登記の請求）をすることはできない。登記制度は，物権変動の経緯を忠実に反映するものでなければならないからである。では，この問題は，どのように扱われるか。

　i　登記請求権の代位行使　上記のように，改正法423条の7は，登

記請求権の代位行使
を承認した。ただ
し、これは、債務者
Bの有する売主A
に対する登記請求権
（被代位債権）の「代
位行使」であって、

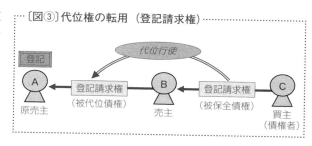

〔図③〕代位権の転用（登記請求権）

不動産の所有者CからAに対する「中間省略登記」請求を認めたのではない。
債権者代位権は、対人的権利（債権構成）であり、したがって、抗弁権（423条の7→423条の4参照）が付着している場合もあるであろうから、一定の制約が存在しよう。

ii　中間省略登記「請求」は可能か　本項の問題からはやや外れるが、
では、中間省略登記の「請求」は可能であろうか。かつては、一定の要件の
下に一定の直接請求が認められていたが、2004年の改正不動産登記法は、登
記申請につき「登記原因証明情報」の添付を要求したことから、中間省略登
記請求に対し否定的な態度をとったため、もはや不可能かとも思われた。し
かし、現在は、「平成19〔2007〕年1月10日法務省民二第53号」を根拠に、
以下の2つの方法により、実質的な「中間省略登記」請求が認められている
（中間省略登記の代替手段といわれる）（詳細は、【Ⅱ】131頁以下参照）。

(α)　「第三者のためにする取引（契約）」の方式　A・B間の不動産売
買契約において、BはAに代金を支払うが、その際、「特約」として、所有権
はAからCに直接移転するものとする旨を定め（第三者のためにする取引条
項）、かつ、Cの受益の意思表示（当該不動産の所有権の移転を受ける意思表示）
条項が付される。所有権の移転時期は、BがAに代金全額を支払った時であ
る。

(β)　「買主の地位の譲渡」方式　A・B間の不動産売買契約に際して、
B・C間で「当該売買契約における買主としての地位をCに売買により譲渡
する旨を約し、Aはこれを承諾した」とする地位の譲渡契約が締結される。
代金はCからAに対して支払われ、同時に、不動産の所有権がAからCに
移転することになる。

　これらは，「第三者のためにする契約」($\binom{537}{\text{条}}$)制度および「契約上の地位の移転」($\binom{539条}{\text{の}2}$)制度から演繹される手続である。2004年の改正不動産登記法の趣旨に反して脱法行為だとする批判もあるが($\begin{smallmatrix}\text{松岡久和「物権法講義7」法学セミナー}\\\text{677号75頁以下，石口修「「真正な登記}\\\text{名義の回復」による中間省略登記」}\\\text{愛知大学法経論集192号127頁など}\end{smallmatrix}$)，その演繹性には問題はないし，そもそも中間省略登記は一定の範囲で認められてきたという合理性もあるのであるから，実体に符合する限り特に弊害はないといえよう。そもそも，改正不動産登記法が「登記原因証明情報」を要求したのは，不実・虚偽登記への対処であって，中間省略登記の否定ではなかったのである。

(c)「共同相続人間の登記請求権」の問題　　〔図④〕最判昭50・3・6($\begin{smallmatrix}\text{民集29巻}\\\text{3号203頁}\end{smallmatrix}$)。AはBに土地を売却し，その代金の一部を受け取った後に死亡し（①），C・DがAを共同相続した。CはBから残代金の支払を受けることを望んだが，Dは，Bへの移転登記義務の履行を拒否した。そこで，Cは，A→Bに対する残代金請求権（②）を被保

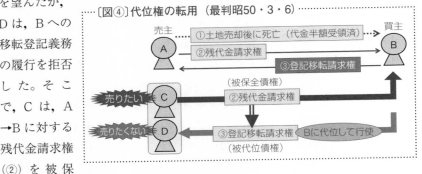

〔図④〕代位権の転用　(最判昭50・3・6)

全債権として，B→Dに対する登記移転請求権（③）の代位行使を請求した。判決は，これを認めた。

　改正423条の7はこの場合にも適用され，Cは残代金請求権を被保全債権として，BのDに対する登記移転請求権を代位行使し，その結果，C・DとB間で売買契約が成立し，Cは代金を確保できることになる。

(3)「妨害排除請求権」の保全〔転用Ⅱ〕

(a) 賃借権に基づく妨害排除請求　　債権者代位権の「転用」が認められてきたもう一つのケースは，賃借権に基づく妨害排除請求権の代位行使

である。例えば，BがAから賃借していた土地上に，Cが勝手に建物を建て，その土地を不法に占拠している場合において，土地所有者AがCに対して土地明渡請求権を行使しないときは，賃借人Bは，不法占拠者Cを排除する手段がない。そこで，判例は，BのAに対する賃貸借契約上の債権（601条）を被保全債権とし，土地所有者AのCに対する土地明渡請求権（物権的請求権）の代位行使を認めた（大判昭4・12・16民集8巻944頁）。

(b) 「605条の4」の新設　改正法は，605条の4を新設して，上記の問題に立法的な手当てをした。すなわち，「第605条の2第1項に規定する対抗要件」を備えた「不動産の賃借人」は，次の各号に掲げる事態が生じたときは，その排除を請求できる（605条の4柱書）。

　i　不動産の占有を第三者が妨害　不動産の占有を第三者が妨害しているときは，当該不動産の賃借人は，その第三者に対して妨害の停止（＝妨害排除）を請求である（同条1号）。

　ii　不動産を第三者が占有　不動産を第三者が占有しているときは，当該不動産の賃借人は，その第三者に対してその返還を請求できる（同条2号）。

　保護される要件である「第605条の2第1項に規定する対抗要件」とは，賃借権登記（605条）のほか，「借地」については，借地権の登記又は「建物の登記」（借地借家10条），「借家」については，賃借権の登記又は「建物の引渡し」（同31条），でもよい。

　この規定は，債権者代位権の転用を排除するものではないから，債権者代位権による妨害排除請求権は依然可能であると考えなければならない。①改正規定には，いわゆる「妨害予防請求」の場合が含まれていない，②債権者代位権は，対人的権利としての利便性もある（侵害者から所有者に対する抗弁権が付着する場合もあり得る），ことなどから，債権者代位権の有用性があろう（その有用性については，我妻86頁）。

　また，賃借人が目的物を「占有」している場合には，それに基づいて占有訴権を主張できることは明らかである。占有訴権は，賃借権に基づく直接排除請求とは別個の制度だからである。

第2節 詐害行為取消権

1 詐害行為取消権の意義

(1) 「詐害行為取消権」とは何か

〔図①〕「詐害行為」とは，「債務者Ｂが債権者Ａを害することを知ってした行為（財産逸出）」$\binom{424条1項本文。財産売却}{などの法律行為のほか，弁済などの事実行為も含む}$をいい，債権者は，この詐害行為の取消しを，裁判所に請求することができる$\binom{同条}{項}$。これを，「詐害行為取消権」という。

ただし，その行為によって利益を受けた「第三者（受益者）」が，その行為の時において債権者を害することを知らなかったときは，この限りでない$\binom{424条1項本}{文ただし書}$。

〔図①〕詐害行為取消権の構造

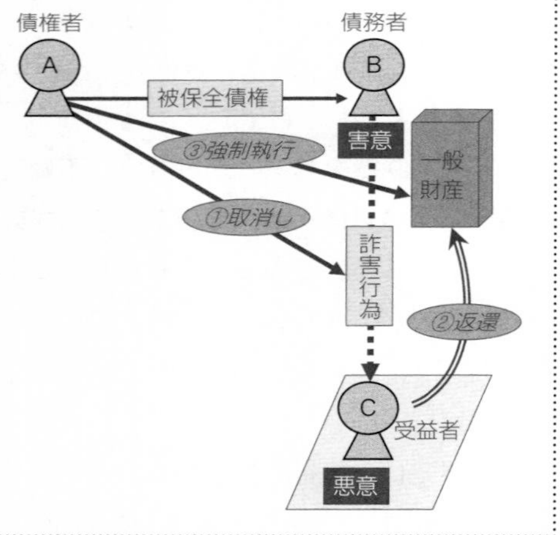

(2) 詐害行為取消権制度の目的 ── 行為の「取消し」と財産の「返還」

詐害行為取消権の目的は，詐害行為の「取消し」と逸失財産の「取戻し」である。論理的には，詐害行為を「取り消す」ことによって，逸失財産を「取り戻す」ことである$\binom{424条}{の6}$。

「取消し」とは，当該法律行為を無効とする一方的意思表示であって，これ

によって,「債務者の害意のある法律行為又は事実行為」は初めから無効となる$\binom{121}{\text{条}}$。その結果,相手方には原状回復義務が発生し,既になされた給付が原状に復されることになる$\binom{121条の}{2第1項}$。しかし,これは,原状回復義務を発生するだけであるから,相手方がその義務を履行するとは限らないし,また,第三者に移転した財産については,取り戻すことができない。

　そこで,詐害行為の取消しと逸失財産の取戻しを目的とする詐害行為取消権制度が置かれた。この取消権の法的性質や行使方法については,後述する$\binom{\boxed{3}\,(1)\,(a)}{(141頁)}$。

　【詐害行為取消権の歴史的経緯】　詐害行為取消権は,ローマ法の「パウリアーナ訴権」(actio pauliana パウルスの訴権・廃罷訴権)に由来する。これは,債務者が債権者を害する目的で自己の財産を処分した場合,債権者に,その譲受人に対する譲渡物の返還を請求する訴権を与えるものであり,それは,破産開始後であろうとその開始前であろうと認められた。

　イタリア都市法ではこれを強化し,その詐害意思が一定の場合(例えば,同居親族への譲渡,破産開始前の一定期間内の譲渡などの場合)には推定されるとし,また,債権者を全体的に捉えて総債権者の保護が図られた(客観主義への移行)。

　この制度が,各国において,否認権(破産手続)・債権者取消権(実体法制度)へと発展していく$\left(\begin{smallmatrix}松坂佐一「Actio Paulianaの史的変遷と債務者の受働的適格に就い\\て」『債権者取消権の研究』1頁以下 (41頁以下),前田260頁以下参照\end{smallmatrix}\right)$。

2　詐害行為取消権の要件

(1)　「債権者を害する行為」＝客観的要件

(a) **債務者の「行為」**
であること　　詐害行為の対象となる「行為」は,通常は「法律行為」(契約など)であろうが,「単独行為」(債務免除など),「合同行為」(法人設立など),「事実行為」(弁済など)でもよい$\binom{潮\ 見\cdot}{概要85}$頁)。ただ,次の場合が問題である。

　i　虚偽行為　　債務者の虚偽行為による財産隠匿などは「虚偽行為」として無効である$\binom{94条}{1項}$。この場合,無効な行為の取消しとは奇妙だが,そ

れが理論上可能であるとして，債権者は，虚偽表示を理由として取消しを訴求することは許されないが，詐害行為を挙証して取消しを求めることはできると解されている（我妻177頁，奥田290頁，林ほか170頁〔石田〕。詳細は，【I】209頁以下参照）。

ii　対抗要件具備行為　対抗要件具備行為（登記手続）は，先行する実体的な法律行為の変動を確定する公法上の手続にすぎないから，取消権の対象とはならない。詐害行為に当たるかどうかは，その基礎である実体的な法律行為自体の問題だからである（我妻178頁）。したがって，不動産の譲渡が取消債権者の被保全債権成立前にされたものであるときは，たとえ，その登記行為が債権成立後にされたときであっても，債権者取消権を行使することはできない（最判昭55・1・24民集34巻1号110頁）。

iii　債権譲渡通知行為　債権譲渡の通知は，債権の移転を第三者に対抗させる効果を生じさせるものにすぎず，債務者の財産の減少を目的とする行為そのものではないから，詐害行為取消権の対象にはならない（そうしないと，譲渡行為自体が詐害行為を構成しないときに，通知のみを切り離して詐害行為取消権の行使を認めるとする不合理性が生じる）（最判平10・6・12民集52巻4号1121頁。詳細は，宮川不可止「債権譲渡通知に対する詐害行為取消権の許否」金法1579号31頁）。対象は，財産減少を目的とする行為である。

(b) 債権又はその原因が詐害行為の前に生じたこと　詐害行為を行使する被保全債権は，詐害行為によって侵害されるわけであるから，<u>詐害行為が行われる前から存在</u>していなければならないことは当然である。そこで，改正法では，<u>被保全債権（原因）から生じた債権</u>（例，遅延損害金など）が詐害行為請求の対象となるかであるが，その「原因」である債権（元本債権）が，「詐害行為の前」に生じたものである場合に限り，その対象となるとの明文が置かれた（424条3項）。判例も，既に発生している債権につき，詐害行為後に遅延利息債権が生じたときは，その遅延利息債権も，取消権の対象となるとする（最判昭35・4・26民集14巻6号1046頁，最判平8・2・8判時1563号112頁）。

(c) 債権者を「害する」行為であること　**i　客観的詐害**　ここでいう「害する」とは，後掲の主観的要件としての「詐害意思」ではなく，責任財産が減少し，その結果として，債権者に対する債務を弁済できなくなることである（客観的詐害。いわゆる「無資力」）。積極財産と消極財産のプラ

ス・マイナスで判断される。担保の目的となっている財産は積極財産から外され，また，債務者の負担している物上保証・保証債務（ただし，主債務者に十分な資力があれば別である（大判昭4・3・14民集8巻166頁））・連帯債務（大判昭20・8・30民集24巻60頁）などは，消極財産として算入される。

　　ii　資力の判定時期　　資力の判定時期は，詐害行為時である。しかし，その後に資力が回復し，取消権行使時（訴訟の事実審口頭弁論終結時）に無資力状態を脱していれば，取消権を行使することはできない。

(d) 除外される場合　　以下の場合は例外であり，詐害行為取消請求はできない。

　　i　財産権を目的としない行為　　財産権を目的としない行為については，適用しない（424条2項）。婚姻，縁組，離婚などの身分行為は，それをするかしないかは，財産行為とは違った法益に基づく「本人の意思」に係る事柄だからである。

　　ii　強制執行ができない債権　　被保全債権は，「強制執行により実現することのできないもの」であるときは，詐害行為取消請求をすることができない（424条4項）。詐害行為取消権は，逸失した財産を債務者の一般財産に戻して，そこに強制執行をかけて弁済を受けるという仕組みだからである。

(2)　「詐害意思」＝主観的要件

(a) 債務者の「詐害意思」　　「詐害行為」とは，債務者が，「債権者を害することを知ってした行為」である（424条1項本文）。この意思を，判例は，詐害性の「認識」（＝悪意）と捉えるが，学説では，より積極的な，「害意」（水本），「不当性」（石田喜），「違法性（不法行為性）」（竹屋），「公序良俗ないし信義則違反」（澤井好美）等の要件を付加すべきだとする考え方が強い。

　424条1項の「害する」とは，単なる「悪意」（知っていた）より強い観念と解されるから，学説の理解が正当であろう。ただ，具体的事案に左右されると思われるので，次掲(c)および(4)で扱う。

(b) 受益者の「悪意」　　詐害行為の相手方である「受益者」が，その行為の時において，「債権者を害することを知らなかったときは」，詐害行為取消権は生じない（424条1項ただし書）。

　なお，この「悪意」は，債務者との通謀性などを意味しているわけではないから，詐害行為の成立要件ではなく，取消権の行使要件と解すべきである（奥田312頁，倉田卓次編『要件事実の証明責任〔債権総論〕』199頁〔春日偉知郎〕参照）。他方，受益者の「善意」については，過失の有無を問わない。また，取得後に知ったとしても，債権者取消権は成立しない。「善意」の立証責任は，受益者にある。

(c) 客観的要件と主観的要件の関係　この客観的要件（詐害結果）と主観的要件（債務者の詐害意思）の関係をどのように捉えるか。2つの立場・方法があり得る。

　〔A〕　詐害結果優先　第1は，詐害結果（債権が満足を受けることができないこと）の惹起を基底に置き，詐害意思で判断しようとする方法である（我妻183頁以下）。この立場では，詐害結果の発生を前提とするから，詐害結果が生じない以上は，詐害行為はいかなる場合でも成立しない。また，詐害意思は，詐害結果が生じた場合に，詐害行為を成立させないための道具として機能することになる。

　〔B〕　詐害結果と詐害意思との総合判断　第2は，詐害結果と詐害意思とを総合して判断し，詐害行為の成立を決しようとするものである（判例・多数説）。この方法だと，詐害結果が惹起されなくても詐害行為を成立させることを可能とするが，そのためには，詐害意思につき，相当程度の「害意」ないし「不当性」を要求することになる（債権者が満足を受けることができても詐害行為となるというのだから，このような理論構造とならざるをえない）。上記(a)で叙したとおりである。

　この2つの立場は，詐害行為の成立をめぐって激しく対立することになる。具体的には，後掲(4)で検討しよう。

(3)　「転得者」に対する詐害行為取消請求

(a)「転得者」とは何か　〔図②〕詐害行為取消権の対象は，上記のように，原則として，債務者（→行為の否定）および受益者（→目的物の取戻し）である。では，受益者からさらに目的物を譲り受けた「転得者」に対して，債権者は，詐害行為取消権を行使できるか。

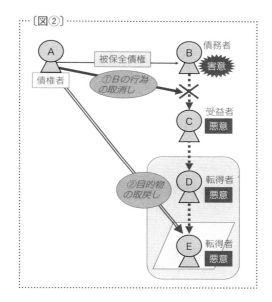

〔図②〕

A 債権者 — 被保全債権 → B 債務者 害意
①Bの行為の取消し
C 受益者 悪意
②目的物の取戻し
D 転得者 悪意
E 転得者 悪意

旧法下では，転得者は受益者と同じく「第三者」の範疇で捉えられていたが（424条の場合に限らず，94条，32条など，転得者が生じる場合），改正によって，異別な関係として扱われた（転得者は，債務者の詐害行為の直接の相手方ではなく，受益者と利害状況が異なるという理由からだとされる。潮見・概要84頁）。

「転得者は，債務者の詐害行為とは無関係であり，債権者と直接関係をもたない」という理論的前提で捉えられている。そこから，「転得者」は，「債権者が，受益者に対して詐害行為取消請求をすることができる場合」に限り，次の区分に応じて取消権の相手方となり得る（424条の5第1項柱書）。

(b) 受益者からの転得者　このことの意味は，詐害行為の「受益者」から直接に転得した者ということである。この場合は，転得者が，「転得の当時，債務者がした行為が債権者を害することを知っていたとき」でなければならない（424条の5第1項1号）。

(c) 他の転得者からの転得者　次に，転得者が「他の転得者」から転得した者である場合には，「その転得者及びその前に転得した全ての転得者」が，「それぞれの転得の当時，債務者がした行為が債権者を害することを知っていたとき」でなければならない（424条の5第1項2号）。

(4)　「要件」をめぐる解釈問題

(a) 不動産の相当対価での処分　不動産を「相当の対価」で「第三者」へ売却する場合である。「第三者への売却」は不動産市場への放出を意味するから，「対価の相当性」は維持される。この場合，債務者の財産（積

極財産・消極財産）に増減はなく（前掲の「無資力」要件に該当しない），したがって，原則として，詐害行為は成立しない。

ただし，その<u>処分行為が，次のいずれにも該当する場合に限り</u>，「詐害行為」を構成する（424条の 2柱書）。

i 隠匿等の処分のおそれ　第1は，その行為が，不動産の金銭への換価その他の当該処分による財産の種類の変更により，<u>債務者において隠匿，無償の供与その他の債権者を害することとなる処分（「隠匿等の処分」）をするおそれを現に生じさせる</u>ものであること，である（424条の 2第1号）。

ii 債務者の隠匿等の処分の意思　第2は，債務者が，その行為の当時，<u>対価として取得した金銭その他の財産について，隠匿等の処分をする意思を有していたこと</u>。（424条の 2第2号）。

iii 受益者の悪意　第3は，受益者が，その行為の当時，<u>債務者が隠匿等の処分をする意思を有していたことを知っていた</u>（＝悪意）こと，である（424条の 2第3号）。

(b) 特定債権者への本旨弁済　〔図③〕<u>一部の債権者に対する弁済</u>（債務消滅行為）は，確かに債権者平等原則には反するが，しかし，「本旨弁済」である以上，債務者の積極財産・消極財産の差に変わりはない。したがって，原則として，詐害行為とはならない。

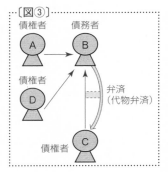

〔図③〕
債権者　債務者
A → B
債権者
D
弁済
（代物弁済）
債権者
C

ただし，次に掲げる要件のいずれにも該当する場合に限り，詐害行為を構成する（424条の 3第1項柱書）。

i 支払不能時に行われたこと（偏頗行為）　第1は，その弁済が，債務者が「支払不能」の時に行われたものであることである（424条の3 第1項1号）。ここで，「支払不能」とは，「債務者が，支払能力を欠くために，その債務のうち弁済期にあるものにつき，一般的かつ継続的に弁済することができない状態をいう」（同 1 号 かっこ書）。その後の弁済等を，一般に「偏頗行為」という。

ii 債務者と受益者との通謀による詐害意図　第2は，その弁済が，

債務者と受益者とが通謀して他の債権者を害する意図をもって行われたものであることである$\left(\substack{424条の3\\第1項2号}\right)$。

(c) 債務者の「非義務行為」
（非本旨弁済）　　債務者の弁済等の行為が，「債務者の義務に属せず，又はその時期が債務者の義務に属しないものである場合」——「代物弁済」や「期限前の弁済」など—— についても，「債務消滅行為」である（積極財産・消極財産の合計に差異はない）以上，詐害行為とならないのが原則である。

　ただし，それらの行為が，次に掲げる要件のいずれにも該当するときは，債権者は，424 条の 3 第 1 項$\left(\substack{上記\\(b)}\right)$の規定にかかわらず，その行為について，詐害行為取消請求をすることができる$\left(\substack{424条の3\\第2項柱書}\right)$。

　i　支払不能前 30 日以内の弁済　　その行為が，債務者が支払不能になる前 30 日以内に行われたものであること$\left(\substack{424条の3\\第2項1号}\right)$。破産法上の否認権行使の要件$\left(\substack{破162条1\\項2号参照}\right)$に合わせたものである。

　ii　債務者と受益者の通謀による詐害意思　　その行為が，債務者と受益者とが通謀して他の債権者を害する意図をもって行われたものであること$\left(\substack{424条の3\\第2項2号}\right)$。

(d) 過大な代物
弁済の特則　　「代物弁済」に関する一般的規律は，上記(c)のとおりであるが，特に「過大な価格の代物弁済」である場合には，次の制限が加わる。「受益者の受けた給付の価額がその行為によって消滅した債務の額より過大であるものについて，424 条に規定する要件に該当するときは，債権者は，前条〔424 条の 3〕第 1 項$\left(\substack{上記\\(c)}\right)$の規定にかかわらず，その消滅した債務の額に相当する部分以外の部分については，詐害行為取消請求をすることができる」$\left(\substack{424条\\の4}\right)$。

(e) 担保の供与　　「一部の債権者」に対して担保を供与することは，原則として詐害行為には当たらないが，その行為が次に掲げる要件のいずれにも該当する場合に限り，詐害行為を構成する$\left(\substack{424条の\\3第1項}\right)$。既述したので，概要に留める$\left(\substack{詳細は，上\\記(b)参照}\right)$。

　i　支払不能時に行われたこと（偏頗行為）

　ii　債務者と受益者との通謀による詐害意図

　この要件の下では，従来否定されてきた，営業継続上必要な新たな借入れのための担保設定行為（最判昭44・12・19民集23巻12号2518頁（牛乳店事件））や，生計費・子女の教育費を借用するためであった場合（最判昭42・11・9民集21巻9号2323頁）も，当然に詐害行為に当たらないことになる。詐害意思をまったく欠くからである。

　人的担保の負担についても，このような趣旨から考えるべきであろう。

(f) 離婚に伴う財産分与・慰謝料等　この問題は，以上とは若干視点を異にしよう。

　　　　i　財産分与　これは，夫婦が婚姻中に有していた「共同財産」を清算分配し，離婚後における相手方の生活の維持に資するものである（768条）。したがって，「それが民法768条3項の規定の趣旨に反して不相当に過大であり，財産分与に仮託してされた財産処分であると認めるに足りるような特段の事情のない限り，詐害行為として，債権者による取消の対象となりえない」（最判昭58・12・19民集37巻10号1532頁）が，その特段の事情があるときは，不相当な部分の限度において取消権の対象となる。

　　ii　慰謝料支払いの合意　これは，「配偶者の一方が，その有責行為及びこれによって離婚のやむなきに至ったことを理由として発生した損害賠償債務の存在を確認し，賠償額を確定してその支払を約する行為であって，新たに創設的に債務を負担するものとはいえないから，詐害行為とはならない」が，当該配偶者が負担すべき損害賠償債務額を超えた額の慰謝料支払いの合意がされたときは，その超過部分については，「慰謝料支払の名を借りた金銭の贈与契約ないし対価を欠いた新たな債務負担行為」というべきであるから，詐害行為取消権行使の対象となり得る（最判平12・3・9民集54巻3号1013頁）。

　　iii　財産分与に準じる贈与　妻への贈与が財産分与に準じる場合，例えば，財産を贈与後に離婚した場合などにおいては，過大な財産の移転とはいえない場合は，詐害行為には当たらない（神戸地尼崎支判平17・10・5判時1926号123頁）。

(g) 遺産分割の協議　遺産分割の協議は，共同相続人全員の合意による相続財産の帰属を確定させる行為であり，その性質も財産権の移転を目的とする法律行為であるから（【Ⅷ】282頁以下参照），取消権の対象となり得る（最判平11・6・11民集53巻5号898頁）。

3　詐害行為取消権の行使・範囲

(1)　詐害行為取消権の行使の方法

(a) 訴訟の形式　詐害行為取消権は，「裁判」によって行使しなければならない$\left(\begin{smallmatrix}424条1\\項本文\end{smallmatrix}\right)$。これは，詐害行為取消権の行使が，債務者が本来的に有する自己財産の自由処分権（私的自治の原則）を停止させるものであるため，その判断は，裁判を通じて厳正に行われなければならないからである。

(b) 請求の内容　詐害行為取消権の目的が「行為の取消し」と「財産の取戻し」であるから，取消請求の内容は，次のとおりとなる$\left(\begin{smallmatrix}424条の6第\\1項・2項\end{smallmatrix}\right)$。

　i　受益者（又は転得者）に移転した「財産の返還」

　ii　受益者（又は転得者）が財産の返還が困難なときは，「価額の償還」

　これは，従来の「折衷説」の立場を踏襲したもので，その基本思想は，「逸出財産またはこれに代わる利得の返還を請求することが債権者取消権の本体であって，取消しというのは，その返還請求の理論的前提として詐害行為の効力を否認することにすぎない」ということである。

　【「折衷説」の理論構成】　詐害行為取消訴訟の法的性質については，「行為の取消し」を目的としたものと解する「形成権説」（→したがって，訴訟の形式は，「取消訴訟」となる）と，「財産の取戻し」を目的としたものと解する「請求権説」（→したがって，訴訟の形式は「給付訴訟」となる）が対立する中で，「折衷説」はその双方の効果を目的とするものとして構成された考え方である$\left(\begin{smallmatrix}大連\\判明\end{smallmatrix}\right.$ 44・3・24民録17輯117頁，我妻172頁以下，奥田285頁など，通説。学説の対立状況については，【旧IV】152頁以下参照$\left.\right)$。判例によって確立された準則を挙げると$\left(\begin{smallmatrix}判例理論については，飯原一乗『詐\\害行為取消権・否認権の研究』参照\end{smallmatrix}\right)$，──

　①　詐害行為取消権の目的は，詐害行為を取り消し，債務者の財産上の地位を，以前の状態に回復することである。

　②　詐害行為の取消しとは，法律行為の取消し$\left(\begin{smallmatrix}121\\条\end{smallmatrix}\right)$とは性質を異にする

「相対的取消し」であって，訴訟の相手方に対しては効果無効であるが，訴訟に関与しない者に対しては依然有効である（相対効）。ただし，この点は改正法により変更され，取消しの効果は，「債務者及び全ての債権者」に効力を及ぼす「絶対効力」とされた($\frac{425}{条}$)。

③　訴訟の相手方は，受益者C（または転得者D）であり，債務者Bを被告とする必要はない。

④　財産が転得者Dの手許にある場合には，Cに対して取消しと価額賠償を請求してもよいし，Dに対して取消しと財産回復の請求をしてもよい（債権者の選択）。

⑤　「取消し」と「原状回復」とは詐害行為取消権の必要条件ではないから，「取消し」のみの請求もできる。

【「責任説」の理論構成】　学説の対立関係については上記のとおりであるが，この中で，実体法・手続法にまたがる理論として注目すべき「責任説」を紹介しておかなければならない。

「責任説」は，債務者の一般財産への返還を求める諸説に対し，失われた「責任」の回復という観点から，詐害行為取消権（取消訴訟）とは，Bの譲渡行為の効力を奪うものでなく，<u>逸出財産は相手方BまたはC所有のままで，取消権者に対しては責任財産を構成する</u> —— これを「責任的無効」という —— 効果を生じさせる形成権であるとする。つまり，訴訟の相手方は，取得した財産をもって債務者の債務につき責任を負担する状態となる（一種の物上保証人的地位）。そして，その財産に対して強制執行するためには「債務名義」が必要となるが，それは，この取消訴訟と同時または別に提起される責任訴訟（強制執行認容訴訟）での勝訴判決であるとする($\begin{smallmatrix}中野貞一郎『訴訟関係と訴訟行為』161頁以下，\\同『民事執行法〔第2版〕』259-262頁，下森120\\頁，潮見・講\\義案 I 239頁\end{smallmatrix}$)。

現行の実定法手続とは必ずしも接合しないが，制度論として重要な点を含んでいよう。

(c) 訴訟の相手方及び訴訟告知　詐害行為取消請求訴訟の相手方は，誰に請求するかにより異なる。すなわち，① 受益者に対する請求では「受益者」，② 転得者に対する請求では「転得者」，である($\begin{smallmatrix}424条の\\7第1項\end{smallmatrix}$)。ここで注意すべきことは，2つある。——

　第1は,「財産の返還」が請求の本体であるから,行為の当事者であっても「債務者」を相手方とする必要はない。

　第2は,債権者は,詐害行為取消請求訴訟を提起したときは,遅滞なく,債務者に対し,訴訟告知をしなければならない。債務者に,訴訟に参加する機会を与えるためである$\left(\substack{424条の\\7第2項}\right)$。

(2)　取消しの範囲

(a) 債権額による制限（原則）　　詐害行為取消制度の目的は,取消債権者の具体的な債権を保全することである。それゆえ,取消しの範囲も,基本的にはその債権額の範囲内に制限されることが原則である$\left(\substack{424条の\\8参照}\right)$。したがって,——

　i　対象範囲の限定　　数筆の土地が詐害行為の対象となる場合でも,債権額の範囲内でいくつかの土地を限定し,特定しなければならない。

　ii　債権額の基準時　　債権額は,詐害行為の時を基準とする額である。ただし,詐害行為後に発生した遅延損害金等は,債権がそれ以前に成立しているものであれば,被保全債権に含まれる$\left(\substack{424条3項。\mathbf{2}(1)\\(b)\ (134頁)\ 参照}\right)$。

　iii　他の債権者の配当加入が明白な場合　　他に債権者が多数いても,自己の債権額を超えて取消権を行使することは許されない$\left(\substack{大判大9\cdot12\cdot24\\民録26輯2024頁}\right)$。ただし,それらの債権者の配当加入の申出が明白な場合には,債権額を超えて取消権を行使することが認められる$\left(\substack{大判大5\cdot12\cdot6\\民録22輯2370頁}\right)$。一般に,他の債権者の存在は配当加入を推定させるから,取消債権者は他の債権者の存在およびその債権の合計額を主張・立証すれば足り,配当しないという事情は被告が挙証すべきだとする$\left(\substack{上田徹一郎「債権者取消権」\\『新版・民法演習3』134頁参照}\right)$。

(b)「不可分」の場合の取扱い　　しかし,目的物が性質上「不可分」の場合には,上記の法理を適用することは困難である。この場合には,基本的に,目的物全部の取消し（原状回復）が認められなければならない$\left(\substack{424条\\の8}\right.$反対解釈。最判昭54・1・25民集33巻1号12頁$\left.\right)$。

　i　上記最判昭54・1・25は,「詐害行為取消権の制度は,詐害行為により逸出した財産を取り戻して債務者の一般財産を原状に回復させようとする

ものであるから，<u>逸出した財産自体の回復が可能である場合には，できるだ</u><u>けこれを認めるべきである</u>」と論じた上で，抵当権の付着する土地の譲渡担保契約が詐害行為に該当する場合において，譲渡担保権者が当該抵当権者以外の債権者であり，その土地の価額から抵当権の被担保債権額を控除した額が詐害行為取消権の被保全債権の額を下回っている場合に，譲渡担保契約の全部を取り消して土地自体の原状回復を認めた。

　　ⅱ　　しかし，原状回復が現実に不可能な場合には，一部取消の限度での「価格による賠償」しかない。最大判昭36・7・19（民集15巻7号1875頁）は，Ｘ が Ａ との間で本件家屋の売買契約を締結しその引渡請求権を有していたところ，Ａ が本件家屋（価格10万円）を抵当権者Ｂ（債権額8万円）に代物弁済として提供したことが詐害行為と認定されたが，抵当権登記は既に抹消されたため，<u>Ｘ</u><u>の保全債権に優先するＢの抵当権付債権及び同登記を復活させて原状に回</u>復することは現実的に不可能であるから，このような特別な場合には，「取消は債務者Ａの詐害行為により減少された財産の範囲にとどま」り，「家屋の価格〔10万円〕から前記抵当債権額〔8万円〕を控除した残額の部分に限って許されるもの」〔8万円部分についてはＢが優先〕であり，このように，「目的物が本件の如く一棟の家屋の代物弁済であって不可分のもの」である場合には，「債権者は一部取消の限度において，その価格の賠償を請求するの外はない」とした（なお，その理由は，本判決の奥野健一，下飯坂潤夫，山田作之助の裁判官補足意見が詳しい）。

(c) 特定物債権は被保全債権となるか　　Ｂ が，不動産を Ａ に売却した後で，それを Ｃ に二重に譲渡したとしよう（〔図④〕）。この場合，買主 Ａ は，売主 Ｂ に対して，目的物の「引渡請求権」（特定物債権）を有している。この「特定物債権」を被保全債権とし，Ｂ→Ｃ への第2売買を詐害行為として取り消すことができるか。

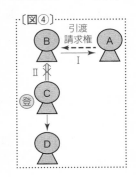

　　ⅰ　**帰属関係のための取消権行使**　　まず，Ａ が，Ｃ との関係で，目的物の帰属関係（権利関係）を争うというのであれば，このような目的のために，債権者取消権を行使することはできない。なぜな

ら,「物」の所有権の帰属関係は, 物権法原理によって規律されるべきもので
あり, 債権法上の取消権制度が発動することは許されない。そもそも, 詐害
行為取消権は, 債権法上の行為否認制度であるから, 目的物の帰属を決定す
る原理ではないのである(旧425条参照)。それゆえ, この場面で第2売買を否認す
る制度があるとすれば,物権法上の背信的悪意者制度による排除のみである。

ⅱ　一般債権者としての取消権行使　　しかし, 債務者Bが当該財産の
処分(例, 債権者Cへの代物弁済)により無資力となり, Aの目的物引渡債権
(特定物債権)が, Bの一般財産からの金銭による満足(損害賠償)さえも受け
られない, という場合であれば, 別である。特定物債権といえども, それが
実現されない場合には, 損害賠償債権(金銭債権)に転化するのであるから,
その損害賠償を請求すること(価値的満足)を前提として, かつその限りにお
いてのみ,債権者取消権を行使することは否定されるべきではない。判例は,
無資力要件にこだわり, 最初上記ⅰと混同してこれを否定したが, 学説から
の批判に遭い, 前掲最大判昭36・7・19は,「かかる債権も, 究極において損
害賠償債権に変じうるのであるから, 債務者の一般財産により担保されなけ
ればならないことは, 金銭債権と同様」であるとして先例を変更し, この場
合の取消権行使を認めた(ただし, 抵当債権者への代物弁済の場合。前掲(b)〔A〕参照)。

ただ, 注意しなければならないのは, 第1に, 被保全債権が特定物債権と
いっても, その実質は, 損害賠償債権(金銭債権)であることである。では,
いつまでに損害賠償債権に転化することを要するかであるが, 一般的には,
取消権を行使する時までであろう(我妻180頁)。通常は, Bの処分行為によって履
行不能が生じ, 損害賠償債権に転化すると解されよう(奥田306頁)。

第2に, 取消権行使の結果, CまたはDから戻された財産は, Bの一般財
産を構成することである。したがって, ① Aは, その一般財産から, 一般債
権者として満足を得る(強制執行の方法で)ことになるのであって, 目的物自
体を自己の債権に充てることは許されない(後掲④参照)。Aが, CまたはDから
返却された不動産につき, その「登記」を自己へ移転することを要求するこ
とができないことはいうまでもない(最判昭53・10・5民集32巻7号1332頁)。② ただし, その目的
物が,「金銭又は動産」であるときは, 債権者は, その「自己への引渡し」を

請求できる $\left(\begin{smallmatrix}424条の\\9第1項\end{smallmatrix}\right)$。

　第 3 に，債務者 B の「無資力」が要件となるのは，当然である。

4 詐害行為取消権行使の効果

(1) 認容判決の効力が及ぶ範囲

　詐害行為取消請求を認容する確定判決は，「債務者」及びその「全ての債権者」に対してもその効力を有する $\left(\begin{smallmatrix}425\\条\end{smallmatrix}\right)$。詐害行為取消権行使の効果の「絶対的効力」である。この規定の改正は，「債務者」にも効力が及ぶとした点に意味がある。従来は，詐害行為取消権の効力は「相対的効力」であると解されていたから $\left(\begin{smallmatrix}大連判明44・3・24\\民録17輯117頁等\end{smallmatrix}\right)$，訴訟に無関係の者に効力は及ばず，したがって，受益者や転得者は，債務者に財産を返還しても反対給付を請求することはできないとされた（そのため，不当利得法理など別の手段が必要となった）。主に，この点を改正したものである $\left(\begin{smallmatrix}部会資料「73A」\\56頁以下参照\end{smallmatrix}\right)$。

　また，「全ての債権者」であるから，詐害行為時または判決確定後に債権者となった者にも及ぶが，<u>詐害行為取消請求の債務者 B の「債権者」でない者</u>，例えば，転得者に対する訴訟では，その中間の受益者はこれに当たらないから，効力は及ばないことになる。したがって，財産の返還請求を受けた転得者は，自分の前者に対しては，反対給付などは請求することができない $\left(\begin{smallmatrix}潮見・概要\\99頁参照\end{smallmatrix}\right)$。これについては，別の手当が用意されている $\left(\begin{smallmatrix}以下の項\\目を参照\end{smallmatrix}\right)$。

(2) 債務者が取得した反対給付に対する受益者の権利

　債務者がした財産の「処分行為」（ただし「債務消滅行為」を除く）が取り消されたときは，受益者は，債務者に対し，その財産を取得するためにした反対給付（対価）の返還を請求することができる $\left(\begin{smallmatrix}425条の\\2前段\end{smallmatrix}\right)$。この点も，上記(1)と共通するもので，従来の「相対的効力」の解釈から，債務者に対して反対給付を請求することが不可能であったため，特別に手当てされたものである $\left(\begin{smallmatrix}部会資料「73A」\\58頁以下\end{smallmatrix}\right)$。

弁済や代物弁済など「債務消滅行為」が除外されるのは，これらは，一般に債務者の財産の増減に関係しないからである（原則として詐害行為とはならない）。

なお，債務者がその反対給付の返還をすることが困難であるときは，受益者は，その価額の償還を請求することができる（425条の2後段）。

(3) 受益者の債権の回復

債務者がした「債務消滅行為」（弁済・代物弁済など）が取り消された場合（424条の4の規定により取り消された場合を除く）において，受益者が債務者から受けた給付を返還し，又はその価額を償還したときは，受益者の債務者に対する債権は，これによって原状に復する（425条の3）。その結果，債務者と受益者との法律関係は，従来の債権関係どおり存続することとなる。

なお，「424条の4の規定による取消しの場合」が除外されているのは，受益者の受けた給付が，代物弁済によって消滅した債務額より過大である場合には，その過大部分についてのみ取消しの対象となるに過ぎず，それを償還したとしても，当該代物弁済によって消滅した債務額に相当する部分の価額を償還したことにはならないため，受益者の債務者に対する債権は回復されないからである（部会資料「73A」60頁）。

(4) 転得者の権利

債務者の行為が「転得者」に対する詐害行為取消請求によって取り消されたときは，その転得者は，次の各号に掲げる区分に応じ，それぞれ当該各号に定める権利を行使することができる。ただし，その転得者がその前者から財産を取得するためにした反対給付，又はその前者から財産を取得することによって消滅した債権の価額を限度とする（425条の4柱書）。

　　i　債務者の財産処分行為（債務消滅行為を除く）の取消し（425条の2）の場合　　その行為が「受益者」に対する詐害行為取消請求によって取り消されたとすれば同条の規定により生ずべき受益者の債務者に対する反対給付の返還請求権又はその価額の償還請求権（425条の4第1号）。「債務消滅行為」が除外

されるのは，上記(2)で述べた理由と同じである。

　　ii　債務者の債務消滅行為（過大な代物弁済等を除く）の取消し（425 条の3）の場合　　その行為が「受益者」に対する詐害行為取消請求によって取り消されたとすれば同条の規定により回復すべき受益者の債務者に対する債権$\binom{425条の}{4第2号}$。「過大な代物弁済等」が除外されるのは，上記(3)で述べた理由と同じである。

(5)　債権者への直接の支払又は引渡し

(a) 金銭又は動産の自己への　支払又は引渡し請求　　債権者は，424 条の 6 第 1 項前段〔受益者に対する請求〕又は第 2 項前段〔転得者に対する請求〕の規定により，受益者又は転得者に対して財産の返還を請求する場合において，その返還の請求が金銭の支払又は動産の引渡しを求めるものであるときは，受益者に対してその支払又は引渡しを，転得者に対してその引渡しを，自己に対してすることを求めることができる$\binom{424条の9}{第1項前段}$。

　この場合において，受益者又は転得者は，債権者に対してその支払又は引渡しをしたときは，債務者に対してその支払又は引渡しをすることを要しない$\binom{424条の9}{第1項後段}$。

　詐害行為取消権の行使によって，取り戻された財産は，債務者の一般財産に返還されるのが原則である（原状回復）。したがって，債権者が自己に要求できるのは，その例外ということになる。

(b) 価格の償還の　請求の場合　　424 条の 6 第 1 項後段又は第 2 項後段〔価額の償還請求〕の規定により受益者又は転得者が財産の返還が困難なときは，債権者は，その「価額の償還」を請求することができる$\binom{424条の}{9第2項}$。

5　詐害行為取消権の期間制限

　詐害行為取消権の訴えは，「債務者が債権者を害することを知って行為をした」ことを債権者が知った時から 2 年を経過したときは，提起することができない$\binom{426条}{前段}$。行為の時から 10 年を経過したときも，同様とする$\binom{同条}{後段}$。

第6章　債権侵害に対する保護

　債権が第三者によって「侵害」されると仮定した場合に，実際に問題となるのは2つの点である。第1は，それに対して不法行為に基づく損害賠償請求ができるのか否か（不法行為成立の問題）。第2は，債権はその「侵害」を排除できるのか否か（債権に基づく妨害排除請求の問題）。そして，これらの請求が肯定されるとすれば，いかなる要件が必要となるか。

1　不法行為に基づく損害賠償

(1)　債権「侵害」の問題点

　「物権」がすべての人に対して対抗できる（＝絶対権）のは，「物支配」に排他性があるからである。それゆえに，物権が妨害されたときは，法的に保護されることになっている（妨害排除請求権の発生）。しかし，「債権」は，〈特定の人（債務者）に対して特定の行為を請求する権利〉（＝相対権）であって，第三者がその権利の実現を妨害しても，その者に対しては何らの請求権も発生しない。他方，その債権の実現は債務者の意思にかかっているから，債務者が債務を履行しないという形での侵害はあり得る。このように，債権に排他性がない以上，第三者による債権の侵害ということは論理的にあり得ず，「債権」は債務者により債務不履行として侵害されるだけである。—— このような考えの下に，かつては，債権侵害による不法行為責任（→損害賠償請求）や，侵害に対する妨害排除請求などは否定されていた。

　しかし，債権が相対権であること（＝債権の本質）と，債権者が債務者から弁済を受ける地位（権利）が法的な保護を受けるかどうかとは，関係がないものといわなければならない。この債務者に対する権利を，第三者が侵害したというのであれば，依然，債権の「侵害」として法的保護の対象となり得るのである。つとに，末弘厳太郎博士は，権利の「不可侵性」を主張し，それ

は物権・債権に共通するものだとし，それを不法行為の成立要件である「権利侵害」に結びつける（その「権利」に債権も含ませる）ことによって不法行為の成立を肯定した（大正3年）。そして，この見解は，判例に受け継がれ（大刑判大4・3・10刑録21輯279頁（波合村立木売買事件），大判大4・3・20民録21輯395頁），不法行為責任を肯定する基礎となった。

しかし，何分不明なところが少なくない。すべての債権に侵害が可能かといえば疑問である。また，ある種の債権に侵害があったとしても，侵害の態様も問題であろうし，あるいは，第三者（侵害者）が債権の存在すら知らなかった場合もあろう。かくして，この不法行為成立いかんの問題は，<u>どのような場合</u>（債権の種類や侵害の態様）において，<u>何を要件として債権「侵害」が成立するのか</u>の問題に帰着するのである。

(2) 不法行為の成立要件の問題点

債権侵害として不法行為に当たるかどうか（その成立いかん）は，上記したように，債権の種類や侵害の態様から具体的に考える必要がある。しかし，その前提として，不法行為による損害賠償というからには，まず，709条の不法行為の一般成立要件 ――「故意又は過失」による「権利又は法律上保護される利益を侵害」―― が問題となろう。ただ，これを債権侵害の不法行為に当てはめてる場合には，次のような債権の特質との関係を考慮に入れなければならない（詳細は，【Ⅵ】148頁以下参照）。

(a) **債権の非公示性と「故意・過失」**　債権には，通常，公示性はない。したがって，客観的に債権侵害の結果が発生しても，第三者は，当該債権の存在を知らない場合もあろう。そこで，債権侵害ありと評価されるためには，第三者が，債権の存在を知っているか，または容易に知ることができたであろうという状況がなければならないことになる。しかし，現実において，第三者が債権の存在を知らない場合には，通常は過失もないとされよう（奥田237頁）。したがって，債権侵害は，事実上「故意（ないし重過失）」による場合に限られてくる。

(b) **「違法性」と自由競争原理**　債権は，同一債務者に対する同一内容のものであっても，複数成立し得る。そして，その満足は，債務者の任

意の意思にかかっている。このことは，複数債権者による自由競争を許容することにつながる。そこで，このこと（同一内容の債権による侵害）が，はたして，債権の「侵害」といえるのかどうかが問題となるが，この局面では，第三者も債権成立を否定されるいわれはないから，いわゆる一般的な不法侵害とは異なり，第三者の行為が公序良俗や強行法規などに反しない限りは，原則的に不法行為を構成するものではない。したがって，この考え方を押し進めれば，第三者の行為が違法性を帯びるのは，第三者が，不正な競業を目的とする場合や，詐欺・強迫等の手段による場合など，「違法」と評価される場合に限られることになる（於保85頁，奥田237頁）。

これに対しては，近時，債権者A・債務者B間で明白に存在している債権につき，第三者Cが，Aの存在を認識・認容しつつ，Bとの合意で同一内容の債権を成立させた場合には，自由競争原理はCを保護する理由とはならないとする主張がある（磯村保「二重売買と債権侵害 (1)」神戸法学雑誌35巻2号391頁以下（代償請求権との関係を注視する），吉田邦彦『債権侵害論再考』561頁以下）。しかし，二重出演契約などでは，依然自由競争内にあるのではなかろうか。いずれの契約を実現させるかは債務者の意思の問題であり，これを第三者の責任の問題としてのみ理解することは妥当ではないであろう。

(3) 債権侵害による不法行為の態様

以下では，債権侵害が不法行為を成立させる各態様とそこでの問題点を検討しよう（分類については議論があるが，幾代通/徳本伸一補訂『不法行為法』68頁以下に従う。批判は，吉田・前掲書561頁以下，平井114頁以下，前田232頁，潮見・講義案I 274頁）。

(a) 債権の帰属の侵害　第三者Cが無記名証券（520条の20）を横領して他人に善意取得（192条）させた場合，Cが受領権者としての外観を有する者として有効な弁済を受けた場合（478条），Cが表見代理人として債権を処分した場合，など。債権（財貨）自体を消滅させる行為であるから，債権の特殊性を考慮する余地はなく，一般不法行為の原則に従う。したがって，「過失」の場合でも不法行為責任が発生する（通説）。

(b) 債務者の給付行為に対する妨害　いくつかの場合がある。――

 i　債権の消滅を惹起する行為　CがA・B間の売買目的物を滅失さ

せた場合，Cが債務者Bを拘禁した結果Bの責めに帰することができない事由で履行不能となり債権を消滅させた場合（大判大7·10·12民録24輯1954頁），Cが債権の目的物である立木と知りながら，自己の物と偽って他人に売却し，その者が伐採した場合（大判大11·8·7刑集1巻410頁），など。

　債権の消滅を惹起する行為であるから，Cは，債権の存在を認識している必要があろう。過失でも不法行為に当たるとする説があるが（我妻78頁），この種の事案で過失による成立を認めるとすれば加害者が責任を負うべき範囲が無限定に拡大するおそれがあるので，「故意」を要すると解すべきである（幾代/徳本·前掲書70頁）。なお，債権者Aは，所有者BがCに対して損害賠償債権を有するときはそれを代位行使できるから，Cに故意がない場合は，その代位で満足すべきことになる（林ほか65頁〔林〕）。

　ii　債権は消滅させないが給付を不可能とする行為　　不動産や指名債権の二重譲渡において第二譲受人が先に対抗要件を備えた場合，労務者の引き抜き，不動産仲介業者の飛ばし（仲介業者を出し抜いて契約を締結する），労働争議による会社の取引先の債権侵害など（吉田·前掲書561頁以下·667頁以下は，特にこの類型を問題とし，イギリス·フランス法を参酌して，種々の場面に即した類型考察をする）。

　この局面では，一般に，経済的な自由競争原理から適法行為とみなされることに注意すべきである。したがって，債権者の債権を侵害する「故意」だけでは足りず，その行為の態様が，「保護法規違反·公序良俗違反」と評価される程度のものでなければならないと解すべきである（幾代/徳本·前掲書71頁）。Cは，当然に，債権の存在を知っていなければならない。

　(c) 債権の経済的価値
　**　　の侵害**　　担保を失うことによる債権の経済的価値の減少である。──

　i　責任財産の減少行為　　強制執行を免れるために，債務者Bと共謀してCがBの財産を隠匿する行為（大判大5·11·21民録22輯2250頁）など。「故意」が要件となる。

　ii　担保消滅行為　　代理受領における第三債務者Cの債務者Bに対する弁済行為（最判昭44·3·4民集23巻3号561頁，最判昭61·11·20判時1219号63頁）など。「過失」でも不法行為が成立すると解される。しかし，この場合は，Cは代理受領（担保行為）を承諾しているのだから，義務違反（債務不履行）としても考えられよう（【Ⅲ】372頁）。

2　債権に基づく妨害排除請求

(1)　問題の所在

(a) どのような場合に問題となるか　債権は，侵害された場合に，それを排除する効力（妨害排除請求権）が与えられるであろうか。権利の不可侵性からすれば，抽象的には債権一般に考えられよう。しかし，侵害は継続性がなければならず（非継続的侵害の排除請求は問題ではない），したがって，この問題が生じるのは，「物」の利用を目的とする債権（利用権的債権），すなわち賃借権の場合である。

(b) 紛争類型　この問題の本質は，不法侵害（例えば，不法占拠者）に対する賃借権の法的保護としての妨害排除請求の可否である。しかし，これまでは，以下のような紛争類型が見られた。——

　i　無権限者による侵害　適法な賃借人が，その賃借物を違法に侵害（不法占拠）されている場合である。賃借人は，所有者の有する妨害排除請求権を代位行使して明渡請求ができることはいうまでもないが，問題は，賃借権に基づいて直接の排除請求が認められるかどうかである。

　ii　二重賃借権の場合　ところが，戦後の判例で多く問題となったのは，二重の賃借権が衝突する場合であった。すなわち，Aの土地をBが賃借して建物を建築したが，建物が焼失し，その後，Aから同一土地を賃借したCが新たに建物を建築した場合である。罹災都市借地借家臨時処理法10条は，Bに対し，借地権の登記または建物の登記がなくても，建物が滅失してから5年間，その賃借権に対抗力を与えている。そこで，Bは，Cに対して妨害排除（建物収去土地明渡）請求をすることになる。判例・学説は，後に見るように，このようなBの妨害排除請求権を認めている（最判昭28・12・18民集7巻12号1515頁）。

　しかし，この類型は，正当に成立した2つの賃借権の優劣を争う問題である。利用権的債権としての賃借権は，純粋な債権と同一に論じることはできず，対抗要件を基準としてその優劣を決定しなければならない。したがって，ここにおいては，賃借権に基づく妨害排除請求は，その優劣決定の役割を果

たしていることになる。上記 i と本質的な差異があることに注意すべきである（後掲〔E〕私・見参照）。

(2)　妨害排除請求をどのように論拠づけるか

さて，上記の問題を，判例・学説はどのように考えているか。──

〔A〕「準占有」訴権説（妨害排除請求否定説）　205 条（準占有規定）の「財産権」に賃借権も含まれることを前提として（通説は否定），「物の利用保護」を，民法は，「占有ないし準占有に基づく訴権」で図っており，賃借権に基づく妨害排除は，まさに「準占有」に基づく訴権の問題だとする（川島武宜『〔新版〕所有権法の理論』117-119頁・144-145頁）。妨害排除請求権は物権に固有のものであり，賃借権ではこれが認められないとする物権・債権の峻別を前提としている。

　興味のある理論だが，205 条に関する処理は異説だし（〔II〕213頁参照），これでは「賃借権の物権化」を説明できないであろう。

〔B〕「対抗力」根拠説（判例）　戦後の判例は，賃借権に基づく妨害排除を原則として否定し，ただ，賃借権が特別法により「対抗力」が与えられる場合にはその賃借権はいわゆる物権的効力を有し，その土地につき物権・賃借権を取得した第三者に対抗できるから，その土地の賃借権を取得して建物を建て土地を使用する第三者に対し，直接にその排除を請求できるものとする（前掲最判昭28・12・18，最判昭29・2・5民集8巻2号390頁）。そして，「対抗力」を備えていない賃借権は，債権者代位権によることになるが（最判昭29・9・24民集8巻9号1658頁），「占有」している場合は占有訴権が認められるとする（最判昭28・12・14民集7巻12号1401頁(傍論)）。

　判例は，対抗力を得た賃借権は二重賃借権の第三者に対抗できるから，その場合には妨害排除請求ができるというのである。前記(1)(b)ii で述べた二重賃借権の対抗の論理である。しかし，対抗力具備と妨害排除請求権の発生とは無関係というべきである（157頁「賃借権の物権化」とは何か参照）。

〔C〕「排他性・占有」根拠説　判例の立場に原則的に賛成するが，①排他性（判例の「対抗力」を「排他性」と解する？）を具備した場合のみならず，②排他性（対抗力？）が認められなくても，目的物の占有を取得した場合には，これを根拠として（目的物と緊密な事実上の関係が生じ，第三者からの認識が可能となったから），妨害排除請求権を認めるべきであるが，しか

し，③ ・未・占・有の場合には，債権者代位権によるべしとする（我妻84頁以下）。

　なお，新田敏教授は，上記②と同じ理論から，「占有」をもって賃借権保護要件とし，それを根拠としてのみ妨害排除請求を認め，未占有の場合には③の債権者代位権によるものとする（新田「賃借権に基づく妨害排除請求権に関する一考察」法学研究39巻9号40頁以下）。

　まず，①については，対抗力と排他性を混同しているといわざるをえない。排他性は，１つの物に物権が重ねて成立しないとする物権の一般的性質であり，未登記の物権にも認められるものだからである（水本・セミナー18頁）。次に，②であるが，なぜ「占有」が賃借権保護の要件となるのか？　もし占有がその要件となるのであれば，「物権化」したことによって「占有」が対抗要件として認められた結果であるからにほかならないであろう（新田教授もこのような説明をしている。前掲論文41頁）。そうであれば，次の「物権化」説の説明の方が妥当だといわざるをえない。それ以外に，「占有」の法律的意味はないからである。また，この説では，占有に基づいて発生する占有訴権をどのように考えるのか不明である。

　〔D〕　「賃借権の物権化」根拠説　「物権化した賃借権」── そのメルクマールは対抗要件の具備 ── は物権と債権の中間的権利であり，そこには物権性も債権性も入っている。そこで，その「物権性」すなわち排他性から妨害排除請求権が抽出されると説く。結局，対抗要件を具備した賃借権にのみ妨害排除請求権を認め，対抗要件不備の賃借権は，債権者代位権によるべきとする。なお，占有を要件として占有訴権も認める（水本・セミナー21頁以下。田山輝明「賃借権に基づく妨害排除」『現代判例民法学の課題』(森泉章還暦)489頁も同旨だが，「対抗要件」を「物権化のための資格要件」と捉える点は疑問）。

　また，これより先に主張された好美説も，「物権化」とは言わないが，この〔D〕説に含めてよいであろう。すなわち，賃借権が「対抗力」を有するということは，自由競争の場にさらされるべき理念型債権から脱皮して，絶対的に保護されるべき物権へと生成する権利であると把握できるから，このような対抗力のある賃借権なら，地上権と同様，不法侵害に対して直接の妨害排除請求が認められるとする。しかし，「対抗力」のない賃借権でも，無権限者でも賃貸人たりうるとする理念型債権としての賃借権ではなく，賃貸人が所有権者ないし処分権者である賃借権で，かつ侵害者が不法占拠者である場合には，例外的に妨害排除請求を認めてよいとする（好美清光「賃借権に基づく妨害排除請求権」『契約法大系Ⅲ』184頁以

下，同「賃借権に基づく妨害排除」法学セ
ミナー320号32頁。同旨，奥田246頁以下。）。

　〔Ｅ〕　**私見**　妨害排除請求権というのは，物権の「排他性」ゆえに認め
られる効力であり，この排他性は，対抗要件の具備とは無関係の物権の一般
的特性である（【Ⅱ】20頁 4頁・）。そこで，利用権的賃借権に妨害排除請求権の必要性
が叫ばれるのは，物を利用するに際して，排他性を有する物権と同様の保護
が必要だからである。では，どのような賃借権が，物権と同様の保護を受け
るに値するかといえば，法的に強力に保護されなければならないもの ── す
なわち，特別法により「物権化」している賃借権 ── であろう。そうであれ
ば，〔Ｄ〕説が正当である。しかし，「対抗力」（対抗要件の法定付与）は物権化
の１メルクマールにすぎないので，それを妨害排除請求の認否の分水嶺とす
ることは妥当ではない。そこで（詳細は，近江「債権に基づく妨害排除請求」『民法
と著作権法の諸問題』（半田正夫還暦）312頁以下）， ──
　第1に，無権限の第三者による侵害に対しては，特別法によって物権化し
ている賃借権は，対抗力にかかわりなく妨害排除請求権が認められると解す
べきである（同旨，好美・前掲「賃借権に基づく妨害排除」32頁，赤松秀岳「債権
に基づく妨害排除の問題」『現代契約と現代債権の展望1』45-46頁）。対抗要件を
備えなければ不法占拠者を排除できないというのはおかしいであろう。
　第2に，さきに掲げた「二重賃借権」の場合（(1)(b)ii）には，賃借権の優劣が
問題となるわけだから，この場面では，対抗力（対抗要件の有無）によって決
すべきことは当然といわなければならない。不法な「無権限者による侵害」
((1)(b)i)とは，本質的に異別の問題である（判例・学説が妨害排除請求につき「対
抗力」にこだわるのは，以上の２つの場合を区別していないからである）。
　なお，賃借人は，所有者の有する物権的請求権を代位行使（423条）することも
否定されるべきでないが，この点は，2017年改正により，立法的手当がされ
た。既述したので簡単に述べると（詳細は，第5章第1節
④3(b)（131頁）参照），一定の対抗要件〔605
条の２第１項所掲〕を備えた不動産の賃借人は，① 不動産の占有を第三者が
妨害しているとき，その第三者に対して妨害の停止（＝妨害排除）を請求でき，
② 不動産を第三者が占有しているときは，その第三者に対して不動産の返
還を請求できる（605条の4）。
　この規定は，債権者代位権の転用を排除するものではない。したがって，
次のような場合は，債権者代位権を使う利便性もあろう。① 改正規定に含

まれていない「妨害予防請求」の場合や，② 対人的権利としての債権者代位権の利便性（侵害者から所有者に対する抗弁権が付着する場合もあり得る）の場面である$\binom{その有用性につい}{ては，我妻86頁}$。

また，賃借人が目的物を「占有」している場合には，占有訴権を主張することができる。

【「賃借権の物権化」とは何か】　　〔図〕民法上，「物」を支配する権能の移転は，物権による場合（原則形態）と賃借権による場合とがある。いわゆる利用権の二重構造である$\binom{【Ⅱ】264}{頁以下}$。物権の設定は，Ａの物支配権能（使用・収益権）をＣに完全に移譲することであるから，物権者Ｃは，完全な物権的諸権能$\binom{物権的請}{求権など}$を取得する。他方，賃借権の場合，Ａの物支配権能は賃借人Ｂに移転せず（Ｂはそれを借り受けるにすぎない），物権的諸権能は依然Ａに帰属しているから，Ｂに物権的請求権が発生する余地はなく，ＢはＡのそれを代位行使できるにすぎない。ただ，賃借権は対抗要件を備えることによって，物権に対抗・・・できるとされたことから$\binom{605}{条}$，その限りで物権的な扱いを受けることができ・・・る。

　物権の内容は法定されているのに対し，賃借権の内容はＡ・Ｂ間で自由に決めることができる（契約の自由）。このため，賃借人は一般に不利な立場に置かれることになる。合意で対抗要件が具備されることはまずない。このような賃借人の地位を強化するため，法律は，賃借権の内容・条件の自由決定を否定

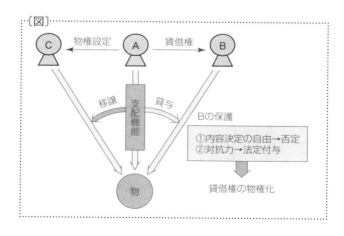

〔図〕

物権設定　賃借権

移譲　貸与　支配機能

Ｂの保護
①内容決定の自由→否定
②対抗力→法定付与

賃借権の物権化

物

た。賃借権の存続期間の法定，更新の制限，譲渡性，対抗力の法定付与などである。こうなると，賃借権はもはや純粋な賃借権ではなく，ほとんど物権に接合したことになる。これが，「賃借権の物権化」なのである。利用権が二重構造をとることの修正として，歴史必然的に生じてきた現象である。

　したがって，対抗力の具備（法定付与）自体は，物権化の一つのメルクマールではあるが，それと妨害排除請求権の発生とは何の関係もないのである。

　【使用借権は？】　　使用借権は，「物権化」（排他性）とは無縁の制度だから，直接的な妨害排除請求権を有するものではない。

　また，賃貸借と使用借権とが衝突・競合する場合には，「占有」による早い者勝ちというべきである。使用借権は，対抗手段がないとともに，「占有」を内容とする権利だからである。ただし，賃借権が対抗要件を備えた場合には，賃借権が常に優先する。

第7章　多数当事者の債権関係

序　説　「多数当事者の債権及び債務」の意義

(I)　「多数当事者の債権関係」とは何か

「多数当事者の債権及び債務」すなわち「多数当事者の債権関係」とは，1つの「債権関係」(この用語は特別な概念であることに注意。11頁【「債権関係（債務関係）」(Schuldverhältnis)の概念】参照)について，当事者（債権者・債務者）の一方または双方が複数いる場合をいう。例えば，3人が共同で自動車を買ってその引渡請求権を有する場合，保証人が債務者の債務を保証する場合，3人の共同相続人が被相続人の債権・債務を相続する場合，などである。このような場合においては，複数当事者の債権帰属や債務負担，その対外的関係，あるいは一人の当事者に生じた事由の取扱いなど，多数当事者に特有の問題が生じる。

民法上，「多数当事者の債権関係」は，次のように分類されている(各債権・債務の詳細については，以下で順次述べる)。

　　i　分割債権・分割債務　　債権・債務が，「分割」（分割請求・分割履行）が可能なものをいう。

　　ii　不可分債権・不可分債務　　債権・債務の目的が「性質上不可分」の場合であり，したがって，全員による請求又は全員による履行，となる。

　　iii　連帯債権・連帯債務　　債権・債務の目的が「性質上不可分」の場合において，「法令の規定又は当事者の意思表示」によって，請求または履行を「連帯」して行わなければならない，とされる場合である。

　　iv　保証債務　　保証人が主たる債務者の債務の履行を保証した場合は，履行義務の負担者は複数となる。

⑵　分析視角

　債権・債務につき複数の当事者がいる場合には,「多数当事者」特有の法律問題が生じる。すなわち，次の3つの事象である。そこで，これら3つの視点を「規準」として，それぞれの債権・債務の法律関係を規律しようというのが,「多数当事者の債権関係」に対する法律的対応である。

　(a) 対外的効力
　(債権者・債務者関係)　債権者と債務者との関係（対外的関係）はどうなるかの問題である。例えば，履行の請求や弁済は，誰が誰に対してするのかなどである。

　(b) 多数当事者の一人について生じた事由　多数当事者の中の一人について生じた事由は，他の当事者にどのように影響を及ぼすかという問題である。例えば，多数債権者の一人が請求や免除をし，または多数債務者の一人が請求や免除を受けた場合，他の債権者・債務者にどのように影響を及ぼすか，などである（厳密には上記(a)の範疇にも入るが，ここでは分けて扱う）。

　問題となる「事由」としては，①「債権消滅事由」（相殺・更改・免除・混同），②「時効事由」（請求（催告）・承認・時効の完成），③「契約消滅事由」（無効・取消し），などがある。

　(c) 内部関係　多数当事者間における，債権の分与または債務の分担の割合に関する問題である。例えば，債務者の一人が全額を弁済した場合に，他の債務者に対し，いくらを求償できるか。当事者間で帰属ないし負担部分の定めがあればよいが，それがない場合には問題が生じよう。

　本章では，これらの3つの「規準」によって，各「多数当事者の債権関係」を分析し，整理することにする。

1　分割債権関係の意義

(1)　多数当事者債権関係の「原則形態」

　分割債権関係とは，1個の給付（可分給付）が，各債権者または各債務者に分割される多数当事者の債権関係である。債権者が多数あ

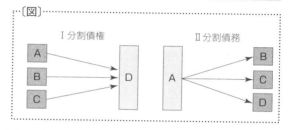

〔図〕

Ⅰ分割債権

Ⅱ分割債務

る場合を「分割債権」，債務者が多数ある場合を「分割債務」という（〔図〕参照）。その分割される債権・債務は，互いに別個・独立した存在である。

　一般に，「数人の債権者又は債務者がある場合において，別段の意思表示がないときは，各債権者又は各債務者は，それぞれ等しい割合で権利を有し，又は義務を負う」（427条）。これは，分割債権関係をもって，原則形態とする趣旨である。それは，民法の基底を流れる個人主義的思想に合致し，法律関係も簡明だからである。

　しかし，「債権」につき多数当事者が生じる場合に，それが「分割」的実体を有する関係であるというのは稀である。特に，多数債務者を生じる場合には，不可分ないし連帯的実体であることが多い。それゆえ，分割債権関係は必ずしも社会の実情に合致しないので，判例・学説は，適当な制限を加えるべきものとしている。

(2)　分割債権と分割債務

(a)　分割債権

判例によれば，次のような場合に分割債権を生じるとされる。

i　共有地収用の補償金請求権$\left(\substack{大連判大3・3・10\\民録20輯147頁}\right)$

ii　共有物に対する不法行為の損害賠償請求権$\left(\substack{大判大4・4・2刑\\録21輯341頁}\right)$

iii　共同貸付金債権$\left(\substack{大判大7・6・21\\新聞1444号24頁}\right)$

iv　共同相続財産中の金銭債権$\left(\substack{大判大9・12・22民録26輯2062頁（生命保険金請求権）,\\最判昭29・4・8民集8巻4号819頁（損害賠償請求権）}\right)$

　分割債権は，各債権者の権利が独立した実体を有していると考えるべきだから，原則的には，債権者間に特別の結合関係がなく，しかもそれらの者の意思に基づかないで（＝法律の規定によって）発生する場合に見られよう。

　これに対して，債権者側に人的な結合関係 ── いわゆる合手的目的による結合関係（＝合有的関係）── がある場合には，原則として分割債権とはならないと解すべきである。このような理解に立てば，前掲のiii・ivおよび民法上の組合の取得した債権$\left(\substack{大判昭7・12・10\\民集11巻2313頁}\right)$などは，分割債権とはならないというべきである$\left(\substack{我妻387\\頁以下}\right)$。

(b)　分割債務

　分割債務は債権の効力を弱める。そこで，複数の債務者が「1個の給付」を負担する場合に，それが分割的であるとする場合は，社会一般では考えにくい。むしろ，債務者間には何らかの〈関係〉があるはずだから，その〈関係〉上の拘束 ── 不可分ないし連帯 ── を受ける関係であると考えるのが自然であろう。それゆえ，できるだけ分割債務を認めるべきでないとする主張が強い。問題となる場合を挙げると，──

　i　契約によって債務を負担する場合　　この場合に，ドイツ法は，連帯責任の推定規定を置いている$\left(\substack{ド民427\\条}\right)$。わが民法ではこのような規定はないが，判例は，会社の債務につき，その取締役と販売係が，「責任をもって払う」とした借用書を差し入れたことをもって，「連帯債務を負う暗黙の特約」（427条の「別段の意思表示」）とした$\left(\substack{最判昭39・9・22\\判時385号50頁}\right)$。しかし，一船分の木材を2人が共同で買った場合の代金債務は分割債務となるとした$\left(\substack{最判昭45・10・13\\判時614号46頁}\right)$。これについては，学説は，こぞって反対している。

ii 契約でなく債務を負担する場合　共同不法行為によって負担する債務は，連帯債務であるから$\left(\substack{719\\条}\right)$，分割債務とはならない。事務管理や不当利得によって発生する債務も同様である。

2 分割債権関係の効力

(1) 対外的効力

各債権者または各債務者は，独立した分割債権・分割債務を有するが，その割合は，別段の意思表示がないときは，原則として平等である$\left(\substack{427\\条}\right)$。したがって，分割債権の各債権者は，自己の債権だけを単独で行使でき，分割債務の各債務者は，自己の債務だけを弁済すればよい。しかし，——

(a) 同時履行の抗弁権　例えば，〔図〕Ⅱ$\left(\substack{161\\頁}\right)$が同時履行の関係にある場合において，Aは，B・C・D全員の履行提供があるまでは，自己の履行を拒絶できるか。Aの債務が不可分の場合にそれが認められることは，異論がない。問題は，Aの債務も可分の場合である。——

〔**A** 肯定説〕　全債務が合して反対債務と対価的関係にあること，かつ各債務者が個別的に契約することなく1個の契約でしたこと，からAの同時履行の抗弁権の行使を肯定する$\left(\substack{椿寿夫『注民(11)』27頁，\\林ほか386頁〔高木〕}\right)$。

〔**B** 否定説〕　分割を前提とするかぎり，各債権・各債務は完全に独立するから，分割債務全部と同時履行の関係に立つとはいえないとして，これを否定する$\left(\substack{於保214頁，\\奥田339頁}\right)$。

同時履行の抗弁権は，双務契約全体の均衡性を担保する履行牽連制度ではあるが，B・C・Dの債務が可分，反対給付であるAの債務も可分の場合，どうして契約全体の均衡が崩れるというのか，不可解である。〔B〕説が正当である。ところで，〔A〕説を導いたのは我妻説とされているが，この説は，Aの債務が不可分の場合を念頭に置いているだけで，可分の場合を含めているわけではないから，〔A〕説に位置づけるのは不正確であろう$\left(\substack{我妻393頁\\以下参照}\right)$。

(b) 契約の解除　　解除の意思表示も，Ａは，Ｂ・Ｃ・Ｄ全員に対して（分割債権の場合にはＡ・Ｂ・Ｃ全員が）でなければならないか。

〔Ａ〕　肯定説（不可分説）　契約の解除は，当事者の一方が数人あるときは，その全員からまたはその全員に対してのみ，行わなければならない（544条）。これを根拠に，解除権の共同行使を肯定する（我妻394頁，椿『注民(11)27頁，高木354頁）。

　なお，奥田教授は，この説に立ちつつ，効果としては一部解除（遅滞なき部分のみ）を認める（奥田339頁）。

〔Ｂ〕　否定説（独立行使説）　前掲(a)所掲〔Ｂ〕否定説と同じ根拠で，独立行使・一部解除を認める（於保214頁）。

　解除は，債権関係を発生させる基本関係（原因関係）自体を解消する法的手段であるから，前記(a)とは同日に論じられない面がある。分割債権関係は，給付関係が独立性を有するため分割できるというにすぎず，それと基本関係自体の解除とは別問題である。基本契約は１個の契約であり，その当事者（複数いれば全員）による解除でなければならないから，〔Ａ〕説が妥当である。

(2)　一人について生じた事由

　分割されるべき各債権・各債務は，個別的・独立的な存在であるから，多数当事者の一人について生じた事由（請求・時効完成・債務免除など）は，他の当事者に影響を及ぼさない。問題なのは，・一・部・取・消・しである。例えば，〔図〕Ⅱ（161頁）で，買主の一人Ｂが未成年者の場合に，Ａとの契約を取り消すことができるであろうか。これを認めなければ，取消制度に悖ることになろう（ただし，ＡとＣ・Ｄとの関係では契約は有効に成立しているから，その部分の取消しまで認めるべきでないことは当然である）。その効果は，分割債権関係である以上，原則として一部縮減となると解すべきである（奥田338頁）。

(3)　内部関係

　427条は，債権者と債務者との関係（対外的関係）において，当該債権関係が分割債権となり，かつ平等の割合による分割を推定する規定であって，内部関係を規定するものではないから，内部割合は，多数当事者間で定めるこ

とができる。なお，自己の分担額以上の債務を支払った場合には求償関係が
発生し，また他の者の債権まで受領した場合は分与すべき義務が生じようが，
これらのことは，分割債権の内部関係とは無関係である。

第 2 節　不可分債権関係

1　不可分債権・債務の意義

《「性質上の不可分」の場合に限定》

〔図〕不可分債権関係とは，1 個の「不可分給付」について，複数の債権者または債務者がある場合の債権関係をいう。債権者が多数の場合を

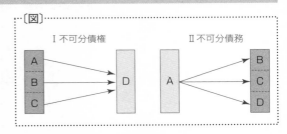

〔図〕

Ⅰ不可分債権　　Ⅱ不可分債務

「不可分債権」，債務者が多数の場合を「不可分債務」という。

　問題は，その「不可分」概念であるが，不可分債権・債務は，もっぱら「性質上不可分」の給付を目的とするものであり $\binom{428条 \cdot}{430条参照}$，これに対し，連帯債権・債務が，もっぱら「性質上可分」の給付を目的とする $\binom{432条 \cdot}{436条参照}$ という前提で構成されているのとは異なる $\binom{両者の概念の峻別につき，}{部会資料「36」31頁参照}$。

　「性質上の不可分」は，一般には「物理的不可分」と考えてよいから，金銭債権・債務などは，基本的に不可分債権・債務の目的とはなり得ない。目的となり得るのは，例えば，建物 1 棟を建築するとか，自動車 1 台を引き渡すなど，「特定物」に関する債権・債務である。

2　不可分債権

(1)　不可分債権の意義

　「不可分債権」とは，1個の給付につき<u>債権者が数人</u>ある場合において，その給付物が「性質上不可分」なものである（428条 参照）。

　〔図〕　I（166頁）判例上，不可分債権とされた例としては，次のものが挙げられる。

　　i　数人が供託した1枚の公債の取戻請求権（大決大4・2・15 民録21輯106頁）

　　ii　共有者の第三者に対する共有物引渡請求権（大判大10・3・18 民録27輯547頁）

　　iii　土地共有者の建物収去・土地明渡請求権（最判昭36・3・2民 集15巻3号337頁）

　　iv　貸主が数人いる場合の家屋明渡請求権（最判昭42・8・25民集21巻7号1740頁，最判昭44・7・24判時567号51頁（相続））

(2)　対外的効力

(a)「全部給付請求」　「各債権者は，<u>全ての債権者のために全部又は一部の履行を請求</u>することができ」る（428条→432条前段）。すなわち，各債権者は，単独で全部の給付を「請求」でき（全部給付請求），その場合には，「全ての債権者のために」効力を生じる（絶対的効力）。

(b)「給付一倍額性」　他方，「債務者は，<u>全ての債権者のために各債権者に対して履行</u>をすることができる」（428条→432条前段）。このことは，債務者は，「全ての債権者のために」，各債権者に対して履行をすることができることであるから，一人の債権者に対して履行をすれば，全債権者に対して履行した効力を生じることになる。これを，「給付の一倍額性」という（絶対的効力でもある）。

(3)　不可分債権者の一人について生じた事由

(a) 原則＝相対的効力　不可分債権にあっては，各債権者の「一人について生じた事由」は，他の債権者に影響を及ぼさない$\left(\begin{smallmatrix}428条→\\435条の2\end{smallmatrix}\right)$。これを，「相対的効力」といい，不可分債権の原則である$\left(\begin{smallmatrix}免除と\\混同を\end{smallmatrix}\right.$除き，連帯債権の規定$\left.\begin{smallmatrix}\\435条の2が原則となる\end{smallmatrix}\right)$。

　「更改又は免除」については，特に明文規定が置かれ，「不可分債権者の一人と債務者との間に更改又は免除があった場合においても，他の不可分債権者は，債務の全部の履行を請求することができる」$\left(\begin{smallmatrix}429条\\前段\end{smallmatrix}\right)$とされた（相対的効力）。ただし，この場合において，他の債権者は全部の履行をなおその債務者に請求できることになるから，「その一人が免除等によって権利を失わなければ分与されたであろう利益」については，債務者に返還しなければならない$\left(\begin{smallmatrix}429条\\後段\end{smallmatrix}\right)$。不当利得的処置である。

(b) 絶対的効力事由　例外として，絶対的効力を及ぼす事由は，次のとおりである。

　i　請　求　債権者の一人が債務者に対して「履行の請求」をした場合には，その効力は，他の債権者にも及ぶ。

　ii　履行等　履行（弁済・代物弁済，供託及び提供）とそれらの効果も，債権を満足させる行為であるから，当然に債権者全員に効力を及ぼす。

　iii　相　殺　「債務者が不可分債権者の一人に対して債権を有する場合において，その債務者が相殺を援用したときは，その相殺は，他の不可分債権者に対しても，その効力を生ずる」（絶対的効力）$\left(\begin{smallmatrix}428条→\\434条\end{smallmatrix}\right)$。

(4)　内部関係

　債務者から単独で履行を受けた債権者が，他の債権者に対して，償還請求（求償請求）ができるかどうか，またはその負担割合は，債権者間の取決めによるであろう。特定物の引渡しがその目的であるから，その債権が発生したことの事情も考慮されなければならない。

(5)　可分債権への変更

　不可分債権が可分債権となったときは，各債権者は，自己が権利を有する部分についてのみ，履行を請求することができる$\binom{431}{条}$。「分割債権」としての取扱いである。

3　不可分債務

(1)　不可分債務の意義

　〔図〕 II $\binom{166}{頁}$「不可分債務」とは，1個の給付につき債務者が数人ある場合において，その給付物が「性質上不可分」であるものである$\binom{430}{条}$。不可分債務については，原則として連帯債務規定が準用される$\binom{430}{条}$。「性質上不可分」であるから，特定物債権が対象となる。

　「不可分債務」とされる例を挙げると，──

　　i　共同賃借人の賃借物返還義務$\binom{大判大7・3・19}{民録24輯445頁}$
　　ii　共有者の共有物（立木）引渡義務$\binom{大判大12・2・}{23民集2巻127頁}$
　　iii　共同相続人の登記義務$\binom{最判昭36・12・15民}{集15巻11号2865頁}$

(2)　対外的効力

(a)「全部給付義務」　連帯債務と同じく，各不可分債務者は，それぞれ，債権者に対し「全部給付義務」を負う$\binom{430条→}{436条参照}$。

(b)「給付一倍額性」　不可分債務者の一人が債権者に対して履行した場合には，その履行の効力は，「すべての債権者」にも及び（絶対的効力），債務は消滅する$\binom{430条→}{436条参照}$。「給付の一倍額性」である。

(3)　不可分債務者の一人に生じた事由

(a) 原則＝相対的効力　不可分債務者の一人に生じた事由は，原則として，他の債務者に影響を及ぼさない。すなわち，「相対

的効力」が原則である $\left(\substack{430条→441条。混同を除き,\\連帯債務の規定が準用される}\right)$。ただし，債権者および他の不可分債務者の一人が別段の意思を表示したときは，その不可分債務者に対する効力は，その意思に従う $\left(\substack{441条た\\だし書}\right)$。

(b) 絶対的効力事由　　例外として，以下の事由は他の債務者に影響を及ぼす（絶対的効力）。

　i　履行等　　「履行」（弁済，供託及び提供）とそれらの効果は，債権を満足させる本来的行為であって，一人が弁済すれば，債権自体が消滅する。

　ii　相殺・代物弁済　　債権全額を消滅させるための「相殺」は，不可分債権と異なり，債権者が1人であるから，弁済に準じて，総債務の消滅を導く $\left(\substack{439条1\\項参照}\right)$。「代物弁済」も同様に解してよい $\left(\substack{奥田344頁, 林ほか392\\頁〔高木〕 など通説}\right)$。

　iii　更　改　　不可分債務者の一人と債権者との「更改」は，他の債務者にもその効力を及ぼす $\left(\substack{441条→\\438条}\right)$。

(4)　内部関係（求償権）

　不可分債務を負担する債務者の一人が履行したときの他の債務者に対する求償関係は，連帯債務の求償に関する規定が準用される $\left(\substack{430条→\\442条以下}\right)$。詳細は，連帯債務の箇所に譲る $\left(\substack{第4節**2**3\\(180頁)}\right)$。

(5)　可分債務への変更

　不可分債務が可分債務となったときは，各債務者はその<u>負担部分についてのみ履行</u>の責任を負う $\left(\substack{431\\条}\right)$。「分割債務」として取り扱う趣旨である。

第3節　連帯債権

1　連帯債権の意義

(1)　「法令の規定又は当事者の意思表示」による「不可分」

(a)「連帯債権」とは何か　「連帯債権」とは，「債権の目的がその<u>性質上可分</u>である場合において，<u>法令の規定又は当事者の意思表示</u>によって数人が<u>連帯して債権を有する</u>ときは，各債権者は，全ての債権者のために全部又は一部の履行を請求することができ，債務者は，全ての債権者のために各債権者に対して履行をすることができる」($^{432}_{条}$)債権関係である。

(b)「性質上可分」　既述したように，不可分債権の給付物が「性質上不可分」であるのに対し，連帯債権は，給付物が「性質上可分」である場合を前提としている。したがって，連帯債権が発生するのは，「法令の規定又は当事者の意思表示」による場合のみということになる。

(2)　現実にどのような場合か

当事者の約定でこのような類型の債権関係を発生させるのは抽象的には可能であるが，現実に生じるかは疑問なしとしない。法律の規定によるものも見られない。ただ，唯一，指名債権の二重譲渡に際して，二重の譲受人の優劣を決定できない場合に，それらの債権関係を不真正「連帯債権」と捉えるべきだとする説が唱えられているくらいであろう（詳細は，第8章第1節**3**(2)(b)ii〔**A**〕ⓐ説（233頁）参照）。

また，問題なのは，連帯債権なるものが，実質的に，債権の全額単独受領権を認める危険性を有していることである。したがって，親密な債権者間でしかこのような形態の債権関係は生じないであろう。そうであれば，軽々し

く連帯債権を認定すべきではない（『大学双書4』177頁〔三和一博〕，椿寿夫「複数債権者と分割原則」『民法研究Ⅰ』112頁。ここから，椿教授は，複数債権者がいる場合は原則として分割債権となるとし，前掲の債権二重譲渡の問題では，「分割債権説」を主張する）。

2　連帯債権の効力

(1)　対外的効力

(a)「全部給付請求」　「連帯債権」にあっては，各連帯債権者は，「全ての債権者のために」全部又は一部の履行を請求することができる（432条）。「全部給付請求」である。その効果は，他の債権者にも効力を及ぼす（絶対的効力）。

(b)「給付一倍額性」　債務者は，各債権者に対して「全部給付義務」を負っていたが，そのうちの一人に履行した場合には，「全ての債権者のために」履行したことになる（432条）。「給付の一倍額性」である。

(2)　連帯債権者の一人について生じた事由

(a) 原則＝相対的効力　連帯債権者の一人の行為又は一人について生じた事由は，下記(b)「絶対的効力事由」に該当する場合を除き，他の連帯債権者に対してその効力を生じない（435条の2本文）。「相対的効力」が原則である。ただし，他の連帯債権者の一人及び債務者が別段の意思を表示したときは，当該他の連帯債権者に対する効力は，その意思に従う（同条ただし書）。

(b) 絶対的効力事由　以下の事由については，他の連帯債権者にも効力を及ぼす（絶対的効力）。

　　i　請　求　債権者の一人が債務者に対して履行の「請求」をした場合には，その効力は，他の債権者にも及ぶ。

　　ii　履行等　「履行（弁済・代物弁済，供託及び提供）」とそれらの効果も，債権を満足させる行為であるから，当然に債権者全員に効力を及ぼす。

　　iii　更改又は免除　連帯債権者の一人と債務者との間に「更改又は免

除」があったときは，「その連帯債権者が弁済等によってその権利を失わなければ分与されるはずであった利益」の部分を，他の連帯債権者は，債務者に対して履行請求をすることができない$\left(\begin{smallmatrix}433\\条\end{smallmatrix}\right)$。

　　iv　相　殺　　債務者が連帯債権者の一人に対して債権を有する場合において，その債務者が相殺を援用したときは，その相殺は，他の連帯債権者に対しても，その効力を生ずる$\left(\begin{smallmatrix}434\\条\end{smallmatrix}\right)$。

　　v　混　同　　連帯債権者の一人と債務者との間に「混同」があったときは，債務者は，弁済をしたものとみなす$\left(\begin{smallmatrix}435\\条\end{smallmatrix}\right)$。

(3)　内部関係

　連帯債権者間の内部関係については，各連帯債権者の権利割合に応じて，受領債権者が分与義務を負うことになろう。

第4節　連帯債務

1 連帯債務の意義

(1) 「連帯債務」とは何か

(a) 性質上「可分」　「連帯債務」とは，債務の目的が「性質上は可分」であるが，「法令の規定又は当事者の意思表示」によって「連帯」給付とされた債務形態である（436条）。本来的に「性質上不可分」である「不可分債務」とは異なる。

　i 「法令の規定」　2017年改正で追加された概念である。① 719条はこの概念で捕捉され，したがって，共同不法行為者の連帯損害賠償責任（いわゆる不真正連帯債務）は，一般の「連帯債務」に包摂された。② 夫婦間の日常家事債務の連帯責任を規定する761条など。

　ii 「当事者の意思表示」　例えば，B・C・Dが共同して，Aから900万円を借り，それを「連帯」して支払うことを約定する場合である。

(b) 債務の「連帯」　〔図〕「連帯」とは，債権者に対して負担する1個の債務につき，数人が共同して履行義務を負うことである。したがって，各債務者は，それぞれ独立して「全部給付」する義務を負っている（連帯債務者の全部給付義務）。もとより，債務は1個であるから，連帯債務者の一人が弁済した場合には，他の債務者の全部給付義務は，当然に消滅する。これを，「給付の一倍額性」という。

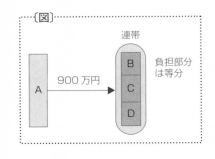

〔図〕

A →（900万円）→ 連帯　B・C・D　負担部分は等分

それゆえ，「連帯」債務の性質について重要なことは，① 各自が「全部給付義務」を負うこと，及び，②「給付の一倍額性」，である。また，この法律構造は，連帯債務以外で「連帯」が生じる「不可分債務」にも準用される（430条）（わが国の連帯債務制度の系譜については，藤原明久「明治前半期における連帯債務法」神戸法学雑誌46巻3号，およびその書評，近江・法制史研究47号（法制史学会年報1997年）273頁以下参照）。

【「連帯」――「全部給付義務」】　　債務者が複数いる場合において，それら債務者各自に「全部給付」義務を負わせることは，債権者はどの債務者からも「全部給付」を請求できることを意味するから，その「債権の効力」は強化されることになる。この「全部給付」を，法的概念として，「連帯」と呼んでいる。

　「全部給付」義務（すなわち，「連帯」）が，当事者間で合意されたときには，その債務は，債権を強力に保全する「連帯債務」となる。このように，「連帯債務」というのは，「全部給付義務」を中心概念とした人的担保制度なのである。不可分債務，連帯債務，保証債務，連帯保証は，いずれもこのようなしくみを基本に置いている。

　なお，債務者が「全部給付」義務を履行した場合には，他の債務者の「全部給付」義務は消滅するが，これは，もともと給付が1個なのであるから，<u>「給付の一倍額性」</u>というのは，「全部給付」義務から導かれる当然の効果であるといわなければならない。

　他方，「債務」の反対概念である「債権」についても，「全部給付請求権」の形をとり，同様の機能を営むことは，上記「不可分債権」・「連帯債権」の箇所で述べたところである。

⑵　連帯債務についての考え方

　連帯債務の特徴は，① 連帯債務者各自が独立して債務（全部給付義務）を負い，② 連帯債務者の一人について生じた事由が一定の範囲で他の連帯債務者にも影響を及ぼし（絶対的効力），③ 内部的には他の連帯債務者に求償できる（求償権の発生），ことである。このような「連帯」債務を，どのような制度として理解すべきであろうか。学説が対立する（なお，これらは，不真正連帯債務との関係が意識されていた改正前の議論であるが，しかし，考え方の上では参考になるものがある）。

〔**A**〕 **主観的共同関係説**   ドイツ普通法上の連帯二分論（共同連帯・単純連帯）の意義を採り入れ，連帯債務には「共同連帯」（通常の連帯債務）と「単純連帯」（不真正連帯債務）とが存し，両者は，<u>債務者間に主観的共同関係があるか否かで区別</u>されるべきものとする（^{ただし，いずれの連帯}_{債務も複数債務とする}）。そして，「共同連帯」においては，債務者間に<u>主観的な共同関係</u>があるゆえに，① 各自が全部給付義務を負い，② 一人について生じた事由が絶対的効力を及ぼし，③ 内部的にも負担部分によって出捐を分担するのだ（求償権の発生），とする（^{我妻 402-}_{403頁・ 410頁}）。

> **【連帯二分論】**   19世紀前半のドイツ普通法は，連帯債務を，「共同連帯」(Korrealität) と「単純連帯」(Solidarität) の2種に区別した。前者は，契約などによって発生するもので，団体的関係が強く，それゆえに絶対的効力事由が広範に認められる。後者は，共同不法行為などによって発生するもので，団体的関係は弱く，それゆえに債務者の一人に生じた事由が相対的効力しか有しないとされる。学説は，この区別を，債務の個数から説明した。すなわち，共同連帯で絶対的効力が生ずるのは，単一の債務であるからであり（単一債務説），単純連帯で相対的効力しか生じないのは，債務が複数存在するからであるとし，これが定説となった（連帯二分論）。
>
>   しかし，19世紀中葉以後，共同連帯でも複数債務が存在し，ただ，債務者間に緊密な関係があるにすぎないとする説（複数債務説）が登場するに及んで，このような連帯二分論は衰退した（^{椿寿夫「連帯債務論序説」『民法研究 I 』}_{3頁以下，椿寿夫『注民(11)』49頁以下}）。
>
>   現行ドイツ民法は，原則的にこの考えを受け継ぐが，連帯債務を，相対的効力の多い「単純連帯」型へ統一した。しかし，学説は，共同不法行為のように，数人が同一の給付義務を負うが債務に共同関係が存在しない場合は，民法上の連帯債務ではないとし，これを「不真正連帯債務」(unechte Gesamtschuld od. Solidarität) として構成したのである。ここに，新たな連帯二分論が生じた（^{なお，次掲【連帯二}_{分論の系譜】参照}）。
>
>   主観的共同関係説は，多分にこの連帯二分論の流れを汲むものである。

> **【連帯二分論の系譜】**   上記で，ドイツにおける連帯二分論を概略したが，系譜をたどれば，ローマ法の連帯債務制度を単一の制度 —— 全部給付義務と給付の一倍額性があれば「連帯」が生ずるとする —— として継受したことに

始まる。ここでは，当然に，不法行為の場合も連帯債務に包摂されていた。しかし，「連帯」を生じさせる実体としての団体的関係が着目されるにいたり，その強弱によって，相対的効力が基本である「単純連帯」と絶対的効力が基本である「共同連帯」とに峻別された。この考え方は，ドイツ民法制定後の「不真正連帯債務」（unechte Gesamtschuld od. Solidarität）概念の肯定につながる（詳細は，椿・前掲「連帯債務論序説」3頁以下参照）。

　フランスでも，ローマ連帯債務制度を単一の制度（絶対的効力事由の広い共同連帯型）として継受し，当事者の意思（ただし，明示的な連帯約束が必要）によるほか，連帯債務発生の原因が規定された。共同不法行為もその発生原因の一つとされたが，しかし，連帯債務となると民法の明文規定（1202条以下。連帯の不推定・絶対的効力など）の適用を受けるため，判例・学説は，共同不法行為者の義務を，民法の連帯債務とは異なった「全部義務」（obligatio in solidum）であると構成した。このようにして，連帯債務単一論は打破され，「全部義務」論が展開する（詳細は，淡路剛久『連帯債務の研究』71-83頁・167-193頁参照）。

〔B〕　**相互保証説**）　それに対して，連帯債務の実質を，基本的に，「相互保証」の関係として理解する説がある。ただ，主張者により，この考えで連帯債務のどこまでを説明するかの違いがある。――

⒜　**山中説**）　各債務者は，互いに，自己の負担部分については主債務者としての地位に立ち，他の者の負担部分については保証人としての地位に立つという相互保証（保証の複雑形態）の関係にあるが，全債務が主たる債務であるという形式によって修正されたかぎりにおいて，保証の複雑形態と異なるという（山中康雄「連帯債務の本質」『私法学の諸問題(1)』（石田文次郎還暦）371頁以下）。

　この説は，〔A〕説が前掲②の絶対的効力につき有効に説明できないとし，したがって，必然的に②に重心を置いて連帯債務を説明しようとする。しかし，③求償権については，〔A〕説を踏襲する。

⒝　**於保説**）　〔A〕説の連帯二分論観念を受け継ぎ，単純連帯（または不真正連帯債務）については損害賠償に関する異主体間の請求権競合（ないし法条競合）の法定担保関係と捉えるが，共同連帯（または普通連帯）については，山中説を採り入れ，共同担保関係または相互保証関係であるとする（於保224頁）。そして，全部給付義務が担保義務であり，負担部分が固有義務である

ため，他人の負担部分につき③の求償権が発生するのだという（於保237頁以下。同旨，奥田363頁）。

　これらの説は，主観的共同関係説の理解と必ずしも対立するものではない。すなわち，〔A〕説が連帯債務には主観的共同関係があるといっても，その内容がいかなるものかは明らかにしておらず，そこで，〔B〕説は，このような主観的共同関係というのは相互担保・相互保証の関係であると説明したのである（特に，於保223-224頁参照）。

　このように，〔B〕説は，特に②の絶対的効力（および③の求償権）について有効に説明していよう。しかし，①の全部給付義務については問題を残そう。すなわち，〔B〕説は，相互「保証」といっても，保証法理（付従性・補充性）を否定するわけだから，その実質は，相互的な「担保」以上の意味はないといわなければならない。そこで，連帯債務の全部給付義務を「担保」（相互担保）で説明するなら，循環論に陥ることになろう。かくして，〔B〕説は，連帯債務を統一的に説明していないのである（椿『注民(11)』114頁参照）。他方，〔A〕説では，連帯債務の統一的説明は可能ではあるが，不真正連帯債務（単純連帯）では主観的共同関係がないゆえに求償権もないとの前提をとるから，共同不法行為などの法定連帯で求償関係を認めることが困難となろう（椿『注民(11)』115頁参照）。

2 連帯債務の効力

(1) 対外的効力 —— 請求の独立性

　債務の「連帯」においては，債権者は，① 連帯債務者の一人に対して全部または一部の履行を請求することもできるし，② 全ての連帯債務者に対して，同時に，全部を請求し，または一部ずつを請求することもできるし，③ 各連帯債務者に対して，順次に，全部または一部ずつを請求することもできる（432条）。「連帯」における「請求」の独立性である。

　このような請求を裁判外でできる（＝催告）のはもちろんであるが，この請求方法が特に意味をもつのは，「裁判上の請求」の場合である。すなわち，上

記の各場合に，一部の連帯債務者に対する確定判決を得た後でも，債権者は，その判決の既判力を受けずに，さらに複数の訴えを提起できるからである。

(2)　連帯債務者の一人について生じた事由

(a) 原則＝相対的効力　　連帯債務者の一人について生じた事由は，次の(b)に掲げる事由（絶対的効力事由）のほかは，他の連帯債務者に対してその効力を生じない（相対的効力）$\left(\substack{441条\\本文}\right)$。特に留意すべきは，次の諸点である。

i　「別段の意思表示」　　債権者及び他の連帯債務者の一人が別段の意思を表示したときは，当該他の連帯債務者に対する効力は，その意思に従う$\left(\substack{441条た\\だし書}\right)$。当事者の合意によって，絶対的効力を及ぼすことができるという趣旨である。

ii　請　求　　改正によって絶対的効力事由から外された事由である。したがって，各連帯債務者に対してなされた履行請求は，他の連帯債務者に影響を与えないから，債権の効力は強化されたことになる。債権者が重ねて訴訟を提起できることは上述した$\left(\substack{前掲(1)\\参照}\right)$。

iii　無効・取消し　　連帯債務者の一人について法律行為の無効又は取消しの原因があっても，他の連帯債務者の債務は，その効力を妨げられない$\left(\substack{437\\条}\right)$。

(b) 絶対的効力事由　　　絶対的効力が生じる事由は，以下の場合である。

i　弁済およびそれと同視すべき事由　　「弁済」は，債権の消滅をきたす債権本来の目的であるから，民法には規定がないが，絶対的効力を及ぼすことは当然である。したがって，弁済と同視されるべき「供託」，「代物弁済」も絶対的効力を生じる。また，その効果（例えば，弁済提供の効果としての債権者遅滞）も絶対的効力を及ぼすと考えてよい$\left(\substack{通\\説}\right)$。

ii　更　改　　連帯債務者の一人と債権者との間に「更改」があったときは，債権は，全ての連帯債務者の利益のために消滅する$\left(\substack{438\\条}\right)$。例えば，〔図〕$\left(\substack{174\\頁}\right)$で，Bが金銭債務の代わりに自己の不動産を取得させるとする債務を負担することを，Aと契約した場合である。これによって，BのみならずC・

Ｄの全連帯債務も消滅する。

　　ただし，更改の効力を相対的なものとする特約は有効と解されるから$\binom{441}{条}$，上記の更改契約を Ａ・Ｂ 間でのみ効力を有するとすることは可能である。その場合は，Ｂ は不動産を引き渡す債務を負い，Ｃ・Ｄ は各 900 万円の債務を負担することになる。

　　iii　相　殺　　(α)　連帯債務者の一人が債権者に対して債権を有する場合において，その連帯債務者が「相殺」を援用したときは，債権は，全ての連帯債務者の利益のために消滅する$\binom{439条}{1項}$。

　　(β)　ただし，前項の債権を有する連帯債務者が相殺を援用しない間は，その連帯債務者の負担部分の限度において，他の連帯債務者は，債権者に対して債務の履行を拒むことができる$\binom{439条}{2項}$。この点は，本条の立法趣旨からして，他の連帯債務者に他人の債権を処分する権限を与える必要はないから，Ｃ・Ｄ は，Ｂ の負担部分に相当する額だけ弁済を拒絶する抗弁権が与えられたものと解すべきだとする通説$\left(\begin{smallmatrix}我妻413頁，&奥田356頁，\\鈴木469頁，&前田330頁\end{smallmatrix}\right)$を踏襲したものである。したがって，連帯債務額も Ｂ の反対債権額も減じられることはない。

　　iv　混　同　　連帯債務者の一人と債権者との間に「混同」があったときは，その連帯債務者は，弁済をしたものとみなす$\binom{440}{条}$。例えば，〔図〕$\binom{174}{頁}$で，Ｂ が，Ａ から債権を譲り受けたり，Ａ の地位を相続した場合などに生じる。この場合，Ｂ は弁済したものとみなされるから，Ｃ・Ｄ に対して，3分の 1（300 万円）ずつ求償できる。

(3)　内部関係（求償関係）

　(a) 連帯債務者間　　連帯債務者の一人が弁済その他自己の財産をもって「共
　　　の求償権　　　同の免責」を得たときは，その連帯債務者は，その免責を得た額が自己の負担部分を超えるかどうかにかかわらず，他の連帯債務者に対し，免責を得るために支出した額（その額が共同の免責を得た額を超える場合にあっては，その免責を得た額）のうち各自の負担部分に応じた額の求償権を有する$\binom{442条}{1項}$。すなわち，——

　　　i　「共同の免責」　　「共同の免責」とは，連帯債務者の一人が，弁済そ

の他により，債務を消滅又は減少させたことである。この場合，免責を得た額が，自己の負担部分を超えていても超えていなくてもよい。

　　ii　求償の範囲　　**(α)　出捐額のうち各負担部分に応じた額**　　免責を得るために支出した額（その額が共同の免責を得た額を超える場合にあっては，その免責を得た額）のうち各自の負担部分に応じた額である。

　　　(β)　免責日以後の法定利息等　　求償は，弁済その他免責があった日以後の法定利息，避けることができなかった費用（訴えを提起された訴訟費用，強制執行費用などの必要費），その他の損害の賠償を包含する（442条2項）。

> **【求償権の根拠】**　　求償権の根拠についても，立場によって理解が異なる（**①(2)**〔学説の対立〕(175頁)参照）。既述したので簡単に述べると（学説の詳細は，椿『注民(11)』113-115頁参照），──
> 　　**〔A〕　主観的共同関係説**　　連帯債務者間に，出捐を分担するという主観的な関係があるからだとする（我妻430頁）。
> 　　**〔B〕　相互保証説**　　負担部分は当該債務者に固有の義務であるから，それを出捐したことにより，求償権が発生するとする（於保237-238頁，奥田363頁）。

　(b)　通知を怠った連帯　　**i　弁済の場合**　　他の連帯債務者があることを知り
　　　　債務者の求償制限　　ながら，連帯債務者の一人が共同の免責を得ることを<u>他の連帯債務者に通知しないで「弁済」</u>をし，その他自己の財産をもって共同の免責を得た場合において，他の連帯債務者は，<u>債権者に対抗することができる事由</u>を有していたときは，<u>その負担部分について</u>，その事由をもってその<u>免責を得た連帯債務者に対抗</u>することができる（443条1項前段）。

　　ii　相殺の場合　　この場合において，「相殺」をもってその免責を得た連帯債務者に対抗したときは，その連帯債務者は，債権者に対し，相殺によって消滅すべきであった債務の履行を請求することができる（443条1項後段）。

　　iii　他の連帯債務者が善意で弁済した場合　　弁済をし，その他自己の財産をもって共同の免責を得た連帯債務者が，他の連帯債務者があることを知りながらその免責を得たことを他の連帯債務者に通知することを怠ったため，<u>他の連帯債務者が善意で弁済その他自己の財産をもって免責を得るための行為</u>をしたときは，当該他の連帯債務者は，その免責を得るための行為を有効であったものとみなすことができる（443条2項）。

(c) 償還無資力者の負担部分の分担　**i　有資力者の負担部分による分割負担**　連帯債務者の中に償還をする資力のない者があるときは，その償還をすることができない部分は，<u>求償者及び他の資力のある者の間で，各自の負担部分に応じて分割して負担する</u>$\binom{444条}{1項}$。

　ii　有資力者が負担部分を有しない場合　前項に規定する場合において，<u>求償者及び他の資力のある者がいずれも負担部分を有しない者である</u>ときは，その償還をすることができない部分は，<u>求償者及び他の資力のある者の間で，等しい割合で分割して負担する</u>$\binom{444条}{2項}$。

　iii　求償者に過失がある場合　上記 i・ii の規定にかかわらず，償還を受けることができないことについて求償者に過失があるときは，他の連帯債務者に対して分担を請求することができない$\binom{444条}{3項}$。

(d) 連帯債務者の一人との免除・時効完成と求償権　連帯債務者の一人に対して債務の「免除」がされ，又は連帯債務者の一人のために「時効が完成」した場合においても，他の連帯債務者は，その一人の連帯債務者に対し，442条1項$\binom{前掲(a)}{参照}$の求償権を行使することができる$\binom{445}{条}$。

(e) 求償権者の代位権　弁済した連帯債務者は，債権者に当然代位する$\binom{499}{条}$。それゆえ，弁済により求償権を取得した連帯債務者は，債権者の有していた債権・担保権を代位取得する。

第 5 節　保証債務

1　保証債務の意義

(1)　保証債務とは何か

(a) 「保証」人となる　〔図〕主たる債
**　　ことの意味**　　　務者 B が負担
する債務の履行につき，それを「保証」
した保証人 C は，B がその債務を履行
しないときに，その履行をする責任を
負う（446条
1項）。

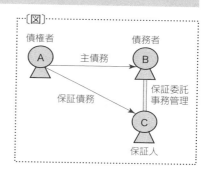

〔図〕

債権者　　　　　　　　　債務者

Ⓐ ──主債務──→ Ⓑ

　　　　　　　　　　　　保証委託
保証債務　　　　　　　事務管理

Ⓒ

保証人

　保証人の「履行責任」とは，主たる
債務者の債務を「履行」することであ
るが，その「責任」（Haftung）とは，<u>保証人が一般財産（責任財産）をもって
「責任」を負う</u>ことを意味する。したがって，保証人が履行しない場合には，
債権者は，保証人の一般財産に対して強制執行をかけ，そこから弁済を受け
ることになる。このように，保証人の「責任」は，人的な「無限責任」であ
ることに注意しなければならない。
　「保証」関係は，通常，B・C 間の保証委託契約によって生じるが，委託を
受けない場合でも成立が可能である。A・B 間を主たる債権（債務）関係，A・
C 間を保証関係，B・C 間を保証委託関係（委託によらない場合は事務管理関係）
という。

(b) 保証債務の性質　　保証人が負担する保証債務は，主たる債務との関係で，
　　　　　　　　　　　次のような性質をもっている。
　i　別個独立性　　保証につき「債務」構成がとられた結果，保証債務

は，主たる債務と別個・独立の債務となった。

ii　同一内容性　　保証債務は，主たる債務と同一内容の給付を目的としている。債務自体は，別個独立ではあるけれども，給付内容は同一である。保証が，主たる債務を「担保」するゆえんである。

> **【特定物の売主の保証】**　保証債務は，主たる債務と同一内容でなければならないから，論理的には，代替給付が可能である場合にのみ妥当する観念である。しかし，特定物の売主（の引渡債務）を保証したなど，保証人が不代替的給付を保証した場合に，履行不能であれば損害賠償債務に転換するのであるから（保証人はこのことを前提に保証したとも解される），同一内容性の概念が否定されるわけではない（通説）。
>
> なお，特定物の売主を保証した場合において，保証人が何らかの事情で目的物の所有権を取得したときは，保証人は主たる債務の内容を実現することは可能となる（大決大13・1・30民集3巻53頁）。

iii　付従性　　保証債務は，主たる債務を担保するものであるから，それに付従する。したがって，──

(α)　成立に関する付従性　　主たる債務が成立しなければ，保証債務も成立しない。主たる債務が無効・取消しとなった場合には，保証債務はその運命に従う。ただし，いったん成立した契約が，無効・取消しあるいは解除となった場合に，そこから発生する損害賠償義務または原状回復義務が保証債務の責任内容となるかどうかは，別問題である（**3**頁 2)(c) (190)参照）。なお，発生・消滅をくり返す不特定債務を担保する「根保証」も有効である（**6**頁 3) (207)参照）。

(β)　内容に関する付従性　　主たる債務の内容が変更すれば，保証債務の内容も，それに応じて変更する。

(γ)　消滅に関する付従性　　主たる債務が消滅すれば，保証債務も消滅する。契約が解除・取消しなどによって消滅した場合の問題は，前掲(α)参照。

iv　随伴性　　債権（主たる債務）が譲渡されれば，保証債務も，それに伴って移転する。

v　補充性　　保証債務は，主たる債務の履行がない場合にのみ，補充

的に履行すればよい$\binom{446条}{1項}$。そこから，債権者が保証人に弁済を求めてきた場合には，保証人に，催告の抗弁権$\binom{452}{条}$・検索の抗弁権$\binom{453}{条}$が与えられている。ただし，連帯保証には補充性はなく$\binom{454}{条}$，他方，商行為による保証では連帯保証が原則となる$\binom{商511}{条2項}$。

(2)　「保証」の現代的展開

(a)「保証」の問題点　「保証」は，主たる債務が履行されない場合に，保証人が自己の全財産をもって「責任」を負う制度であるから，主たる債務が過大な場合や保証人の履行が不能となるような場合には，保証人（特に個人保証）にとっては酷な制度と化す。そのため，一方では，個人保証をできるだけ制限しなければならないし，他方で，個人保証に代わる制度が必要となってくる。

　第1は，個人保証の制限である。これは，2017年改正で，①「個人根保証契約」の規定$\binom{465条の}{2以下}$，及び，②「事業保証契約の特則」が置かれて$\binom{465条}{の6以下}$，立法的な手当がされた。後に扱う$\binom{\boxed{6}3)\cdot(4)}{(207頁以下)}$。

　第2は，個人保証に代わる「機関保証」，及び保証的機能を営む「信用・保証保険」である。次の(b)・(c)がそれである。

(b)　機関保証　保証人がいなくて「信用」供与（＝金銭の借入れ）を受けることができない者$\binom{例，中小企業者，中}{小漁業者，農業者}$のために，公的機関ないし協同的機関が「保証人」（保証機関・保証協会）となり，保証機関は，保証料を受け取って，被保証人に対し，「信用」保証を与えるものである。中小企業信用保証，中小漁業融資保証，農業信用保証などがあり，機関保証と呼ばれている。債務者にとっては，ある意味では，不履行保険的な意味をもつことでもあろう。

　機関保証は，中小企業等の経済活動を支える面で大きな役割を果たしており，保証の現代的形態ともいえよう。

(c)　信用保険・保証保険　保証制度ではなく，保険制度であるが，保証（担保）的機能を営むものである。「信用保険」は，信用（与信）を与えた「債権者」が債務者のデフォルトによって被った損害を，保険により，保険機

関から填補されるもので，債権者と保険機関との間で締結される損害填補契約である。前記(a)の信用保証にリンクした信用保証保険制度のほか，民間では，個人ローン信用保険，割賦販売代金保険，住宅資金貸付保険などがある。

「保証保険」は，物品納入契約・工事請負契約・金銭消費貸借契約などの「債務者」が，あり得べき債務不履行による損害賠償義務を，保険により，保険会社から填補してもらう損害保険契約であり，債務者と保険会社との間で締結される（例，住宅ローン保証保険，履行保証保険，入札保証保険）。債務者は，このような保険契約の締結を，債権者に履行の担保として提供するもので，実質的に，債務者に対する信用供与であり，保証に近い（奥田379頁参照）。

このように，保証と保険とは，法律構成はまったく異なるが，その機能面では区別がつきにくい場合がある。

(d) 損害担保契約　「保証」とは直接関係しないが，保証契約と類似するものに，損害担保契約がある。これは，BがAに対して将来与えるかも知れない損害につき，Cがそれを填補（＝担保）しようとするC・A間の契約である。主たる債務の存在を前提としないから（したがって，付従性もない），保証債務ではない。入学・入社に際して，大学や企業から要求される保証人は，これである。身元保証・身元引受けなどもこの範疇に入る。

2　保証債務の成立

(1)　保証契約

(a) 債権者・保証人間の契約　保証債務は，保証人と債権者との間の「保証」の合意（保証契約）によって成立する。債務者の委託があるかどうかは，関係がない。

(b)「書面」による契約　保証契約は，「書面」によってしなければ，その効力を生じない（446条2項）。元々保証契約は不要式の諾成契約であるが，保証人の責任が無限に拡大するおそれがあることから，その「保証意思」が明確である場合に限って，契約の拘束力を認めようとするもので

ある$\left(\substack{2004年\\ 改正}\right)$。この場合，「保証意思」が明白になればいいので，保証書の差入方式等でもよいと考えられる$\left(\substack{阿部耕一「保証制度の見直しにかか\\ る実務上の留意点」金法1735号26頁}\right)$。

　保証契約が，インターネットを利用した電子商取引等において，その内容を記録した電磁的記録によってされたときは，その契約は，書面によってされたものとみなして，上記446条2項の規定を適用する$\left(\substack{446条\\ 3項}\right)$。

　(c) 保証債務の独立性　保証契約は，債権者Aと保証人Cとの契約であるから，主たる債務者Bと保証人Cとの関係は，保証関係に影響を与えない。Cは，通常は，Bの委託を受けて保証するであろうが（保証委託），委託の有無は保証関係とは無関係であるし$\left(\substack{ただ，求償権の範囲を\\ 決定するにすぎない}\right)$$\left(\substack{(459条)\\ 以下}\right)$，その委託が無効であっても，当然には保証契約の効力に影響はない。したがって，CがBに騙されて保証した場合に，Aがその事実を知らないときには保証契約は影響を受けないし$\left(\substack{96条\\ 2項}\right)$，また，Cが，他に保証人・連帯保証人が存在すると勘違いして保証した場合にも，Cの主観的な動機錯誤の問題であって$\left(\substack{最判昭32・12・19民\\ 集11巻13号2299頁}\right)$，保証契約の内容に関する問題ではない。

(2)　保証契約の成立要件

　(a) 保証契約の当事者　保証契約の当事者は，債権者と保証人であって，主たる債務者は，これに関与しない。主たる債務者の意思に反しても保証人となることができる$\left(\substack{462条\\ 2項}\right)$。

　(b) 保証人の資格　債務者が保証人を立てなければならない義務を負う場合には，債権者が保証人を指名した場合を除き$\left(\substack{450条\\ 3項}\right)$，保証人は，次の要件を満たさなければならない$\left(\substack{450条\\ 1項}\right)$。

　　i　行為能力者であること

　　ii　弁済の資力を有すること

　保証人がiiの要件を欠くに至ったときは，債権者は，i，iiの要件を具備する者に代えることを請求することができる$\left(\substack{450条\\ 2項}\right)$。債務者が，上記i，iiの要件を具備する保証人を立てることができないときは，他の担保を供して，これに代えることができる$\left(\substack{451\\ 条}\right)$。

(c) 付従性　　**i　主たる債務の存在**　　保証債務は，主たる債務を保証する
ものであるから，主たる債務が存在しなければならない。した
がって，主たる債務が存在しない（例，その成立
原因が無効）ときは，保証契約も成立しな
い。

　しかし，主たる債務がなく，相手方に損害を与えないとする趣旨の保証契
約は，損害担保契約（前掲**Ⅰ**2)(d)
(186頁)）として有効とされる場合があり，これが認め
られるかどうかは，当事者意思の解釈に委ねられる。そして，民法は，唯一，
この範疇に入る場合の推定規定を置いた。

　すなわち，「行為能力の制限」によって取り消すことができる債務（例，被保
佐人がし
た借
金）を保証した者が，保証契約の当時，<u>その取消原因を知っていたときは</u>，
「主たる債務の不履行の場合又はその債務の取消しの場合」につき，<u>同一の目</u>
<u>的を有する独立の債務を負担した</u>ものと推定するとした（449
条）。行為能力の
制限（取消原因）を知りつつ保証をした者は，取消しのいかんを問わず<u>債務負</u>
<u>担（損害担保）の意思あり</u>とされたものである。したがって，債務者が取り消
した場合には，保証人は，遡及的に，主たる債務と同一の債務を負担するこ
とになる。なお，「不履行」とはやや不明な感があるが（我妻459頁
など参照），債務者が
不履行となった際にも，取消原因を抗弁とすることができないとする趣旨で
あろう。

　　ii　将来債務・停止条件付債務の保証　　将来発生する債務や停止条件
付債務を保証することができることはいうまでもないが，ではこの場合，保
証債務は，〔A〕将来的にまたは停止条件付で発生するのか（付従説），それと
も，〔B〕保証時に現実に成立するのか（独立説）。

　従来，通説・判例は，〔A〕（付従説）の立場に立ち，質権・抵当権では，被
担保債権が生じる以前に目的物の担保価値を把握し，その順位を保留する必
要があるが，保証においては，被担保債権が生じる以前に保証債務だけが生
じるとすることは実際的必要がないのみならず，保証債務はその態様におい
て主たる債務のそれに従うとすることがかえってその性質を明瞭ならしめる
のだ，としてきた（我妻
461頁）。

　確かに，保証債務の場合，債権が生じる以前にそれだけを独立して認める

必要はないかもしれない。しかし，担保の付従性とは論理的性格であって，担保の成立において時間的関係に拘泥する必要はないことは物的担保の場合と同じである（於保261頁注5）。さらに，保証債務の現在的成立を否定するならば，根保証は否定されざるを得ないし，また，保証人の詐害行為に対する債権者の取消権を認める場合において，将来の保証債務を被保全債権とするよりも，端的に現在の債権をもってする方が適切である（奥田388頁注1）。したがって，〔B〕（独立説）が妥当である。

3　保証債務の内容

(1)　保証債務の「目的又は態様」

(a)「目的又は態様」の決定準則　ここに，保証債務の「目的」というのは，保証債務が金銭債務か不代替物かなど，債務の対象の給付内容を指し，また，「態様」というのは，それが条件・期限付か利息付かなど，給付の形態をいう。これらについては，原則として，保証債務の付従性と保証契約によって定まる。すなわち，①「付従性」からは，主たる債務が同一性を失わずにその目的・範囲などに変更を生じるときは，保証債務もそれに応じて変更することが導かれ，②「保証契約」からは，保証債務が，主たる債務の内容より重いものでない限りは，自由にその内容を定めることができること，が導かれる。

(b)「目的又は態様」の制限　民法は，保証人保護の視点から，「保証債務と主たる債務との同一性」を保つべく，次の規制を加えている。

i　主たる債務の限度に縮減　保証人の負担が，債務の目的又は態様において，主たる債務より重いときは，これを主たる債務の限度に減縮する（448条1項）。

ii　保証契約締結後の加重　主たる債務の目的又は態様が保証契約の締結後に加重されたときであっても，保証人の負担は加重されない（448条2項）。

(2)　保証債務の範囲

(a) 保証する「範囲」　**i　原　則**　保証債務のカバーする範囲は，主たる債務に関する利息，違約金，損害賠償その他その債務に従たるすべてのものを包含する$\binom{447条}{1項}$。したがって，当事者が，それらにつき特に約定していない場合には，この規定による。

ii　違約金・損害金の約定　ただし，保証人は，その保証債務についてのみ，違約金または損害賠償の額を約定することができる$\binom{447条}{2項}$。保証債務について保証人を立てたり（副保証），担保物権を設定すること（物上保証）は，この規定に反しないから可能である。

(b) 損害賠償義務　主たる債務者の負担すべき損害賠償義務については，前記のように，保証人は責任を負わなければならない$\binom{447}{条1}$項$\Big)$。契約解除後の損害賠償についても，同様である$\binom{大判明38・7・10民録11輯1150}{頁，大判明39・10・22民録12輯}$ $\substack{1333頁，大判明43・4・\\15民録16輯325頁など}$ $\Big)$。

(c) 解除・無効・取消しによる原状回復義務　問題なのは，契約の解除または無効・取消しによって発生する「原状回復義務」が，保証債務の範囲に入るのか否かである。例えば，売買契約の解除・無効・取消しにおいて，売主または買主がすでに受領した物を返還すべきときに，それぞれの保証人はその返還義務につき責任を負うべきか否か。

判例は，(α)「解除」による原状回復義務は，当初，「不当利得」によって発生するものだから（直接効果説を前提），債務との「同一性」はないとして，これを否定した$\binom{詳細は，}{後述する}$。他方，(β)「無効」によって生じる不当利得返還義務（原状回復義務）は，契約の無効により保証債務も無効となるとして，「付従性」からこれを否定する$\binom{大判昭15・2・24新聞4544号7頁（偽造文書による貸借関係の無）}{効），最判昭41・4・26民集20巻4号849頁（農協の員外貸付の無効）}$。

しかし，「同一性」の理論や，「付従性」からこの問題を導くことは不当である。要は，「保証」債務が，人的担保制度として，いかなる範囲までカバーすべきか，という観点からのみ考えなければならない。その際，当然のことながら，保証人に対して不当な負担を課すべきでないとする思想と，債権者の立場から債務者の責任をすべて保証せよとする思想が対立し，その調和点

に解釈の帰結が存しよう。そこで，「解除」の場合と「無効・取消し」の場合とに分けて考えると，——

　　i　**解除による原状回復義務**　　判例は，従来，「解除」につき，① 遡及効のある場合と② 遡及効のない場合（解約告知）とを分け，①では，原状回復義務は，解除によって契約が遡及的に消滅する結果生じる不当利得返還義務にほかならず（直接効果説），本来的債務とは別個独立の債務であるから，保証人が履行すべき主たる債務と同一性はないとして，保証人の責任を否定し（大判大6・10・27民録23輯1867頁），ただ，「特約」のある場合にのみ責任の及ぶことを認めたが（大判昭6・3・25新聞3261号8頁），②では，原契約関係は消滅しないから，賃借人の目的物返還義務（原状回復義務）は，解約時までの賃借人の不履行債務であり，その責任を保証人が負うのだとしていた（大判昭13・1・31民集17巻27頁，最判昭30・10・28民集9巻11号1748頁）。主たる債務と保証債務の「同一性」理論である。

　この見解については，学説（後掲〔B〕我妻説）からの批判があり，おそらくその影響から，最高裁は，上記①につき，「特定物の売主の保証人」は原状回復義務の責任を負うべきであるとして，判例変更した（最大判昭40・6・30民集19巻4号1143頁）。しかし，この判例変更をめぐっては，原状回復義務につき，「特定物の売主の保証」に限って認めたのか，それとも，従来の学説（我妻説）が主張していたように，全面的に承認したのか，については争いがある。——

　〔A〕　「特定物の売主（ないし給付者）の保証」限定説　　前掲最大判昭40・6・30は，特定物の売主の保証においては，保証人がみずから履行責任を負うということよりも，「むしろ，売主の債務不履行に基因して売主が買主に対し負担することあるべき債務につき責に任ずる趣旨」であるから，債務者の原状回復義務につき保証人は責任を負担するのだ，としている。ただ，後掲〔B〕説のように原状回復義務をすべての保証に認めることは，保証人の賠償責任が無限定に拡大する危険があるとし，したがって，「特定物の売主（ないし給付者）」に限定してそれを認めたものと解するのである（栗山忍「解説」法曹時報17巻8号105頁以下，西村信雄「判批」民商54巻228頁，林ほか399頁〔高木〕，奥田394頁）。

　さらに，判例は，「工事代金の前払を受ける請負契約」の「合意解約」において，保証人の関知しない合意解約において「前払代金を返還すること」（原

状回復）は保証人に過大な責任を負担させるから認められないが，ただ，このような「工事代金の前払を受ける請負人のための保証」は，請負契約が<u>債務不履行で解除</u>された場合には，「請負人の負担することあるべき前払金返還債務についても，少なくとも請負契約上前払すべきものと定められた金額の限度においては，保証する趣旨」であるから（前掲最大判昭40・6・30を引用），「合意解約」の場合においても，「合意解除が〔，〕請負人の債務不履行に基づくものであり，かつ，<u>上記約定の債務が実質的にみて解除権の行使による解除によって負担すべき請負人の前払金返還債務より重いものではない</u>と認められるときは」，請負人の保証人は，特段の事情の存しないかぎり，上記約定債務についてその責に任ずべきものとした（最判昭47・3・23民集26巻2号274頁）。前掲最大判昭40・6・30を踏襲しているものである。

　〔**B　全面的承認説**〕　つとに，我妻博士は，前掲大判大6・10・27を批判し，「契約の当事者のために保証をする場合においては，その契約から生ずる第一次的な債務（割注省略）だけを保証する趣旨であることはむしろ例外であり，普通には，その契約当事者として負担する一切の債務を保証し，その契約の不履行によっては相手方に損失を被らせない，という趣旨であると解すべきである。そうだとすると，解除の場合における原状回復義務と損害賠償義務の性質論に拘泥することなく，保証人は原則としてこれ等の債務をも保証するといわねばならない」（我妻468頁参照。同旨，於保264頁）としていた。この態度を支持して，淡路教授は，判例が契約解除後の損害賠償につき保証人の責任を認めている以上（前掲(b)所掲），原状回復義務についてもこれを認めなければ一貫しないとし（両者は共に契約がなかった以前の状態に戻すための法技術であるから），したがって，すべての保証に妥当すべきだとする（淡路剛久「判批」法協83巻2号326頁以下（ただし，淡路388頁では，修正している。）。同旨，石田穣「判批」百選Ⅱ（第2版）69頁）。

　この問題は，結局，債権の保全か保証人の保護かに帰着せざるを得ない。私は，債務の「保証」は，人的担保制度といっても，「債務」自体の不履行を保証するものであって，身元保証のように義務違反につき無限定に拡大すべき制度ではないと思う。そこで，「売主」や「請負人」の保証は，本来的な履行の保証はあり得ないから（代替的履行は不可能），そのことを前提に保証するのであれば，<u>これらの場合に限って，保証人には売主の原状回復義務の責</u>

任を負わせてもよいということになろう。〔A〕説が妥当であろう。〔B〕説では，一切の債務を保証するというのであるから，被保証人の非行による損害賠償なども含まれることになり，妥当ではない。

ii 無効・取消しによる原状回復義務（不当利得返還義務） 　無効・取消しによる原状回復義務も，理論構成の差異があるものの，実質的には，解除の場合と同様の問題と考えてよい。前に簡単に述べたように，判例は，農業協同組合の員外貸付が法律上無効である以上は，付従性から，その保証もまた無効であるとする（前掲最判昭41・4・26。なお，この判例に問題が多いことは，星野英一「判批」法協84巻4号570頁参照）。その結果，非組合員（債務者）の負担すべき不当利得返還義務（原状回復義務）については，保証人は責任を負わない，ということになろう。しかし，借金の保証をした者は，その返還債務につき保証責任を負うべきは当然であるから，この場合に，その消費貸借契約が無効であったとしても，その原状回復義務については，当然に保証人の責任と解すべきではなかろうか（星野・前掲「判批」576頁以下）。

(d) 一部保証 　主たる債務者Ｂが，1000万円の債務を負っているときに，保証人Ｃが，その一部500万円を保証するという場合である。この場合の保証を，2つの趣旨で捉えることができる。第1は，500万円までの弁済を担保するものと解し，Ｂの500万円の弁済があれば，Ｃは保証責任を免れるとする。第2は，Ｃの出捐する限度額を500万円だと解するもので，Ｂが600万円を弁済した場合は，Ｃの負担額は400万円となる。そのいずれであるかは，当事者意思の解釈に委ねられようが，通常は，第2の場合であろう（奥田392頁）。

4　保証債務の効力

(1)　対外的効力（保証人の抗弁権）

(a) 補充性に基づく抗弁権 　保証契約は，主たる債務を補充するものであるから，主たる債務者に弁済資力があれば，保証の責任を負わないというべきである。この観点から2つの抗弁権が認められる。

　　i　催告の抗弁権　　債権者が保証人に債務の履行を請求したときは，保証人は，<u>まず主たる債務者に催告せよ</u>と請求することができる$\left(\begin{smallmatrix}452条\\本文\end{smallmatrix}\right)$。これを「催告の抗弁権」という。

　　(α)　催告の抗弁権の行使要件　　債権者が，すでに債務者に催告していたり，債務者と保証人に同時に履行を請求するときは，この抗弁権を行使できない。

　　(β)　催告の抗弁権の効果　　抗弁権が行使されれば，債権者は，まず債務者に催告しなければならない。しかし，催告は裁判外でもよく，その結果を証明する必要もない。この抗弁権の効果が甚だ弱く，検索の抗弁権以外にこれを認める実益がない$\left(\begin{smallmatrix}我\ 妻\\478頁\end{smallmatrix}\right)$といわれるゆえんである。

　この抗弁権が行使されたにもかかわらず，債権者が催告を怠り，そのために，その後主たる債務者から全部の弁済を受けることができなくなったときは，保証人は，債権者が直ちに催告をすれば弁済を得たであろう限度において，その義務を免れる$\left(\begin{smallmatrix}455\\条\end{smallmatrix}\right)$。

　　(γ)　催告の抗弁権を有しない場合　　次の場合には，保証人は，催告の抗弁権を有しない。

　　　(ア)　主たる債務者が破産手続開始の決定を受けたとき$\left(\begin{smallmatrix}452条た\\だし書\end{smallmatrix}\right)$

　　　(イ)　主たる債務者の行方が知れないとき$\left(\begin{smallmatrix}452条た\\だし書\end{smallmatrix}\right)$

　　　(ウ)　連帯保証の場合$\left(\begin{smallmatrix}454\\条\end{smallmatrix}\right)$

　　　(エ)　催告の抗弁権の放棄$\left(\begin{smallmatrix}判例・\\通説\end{smallmatrix}\right)$

　　ii　検索の抗弁権　　債権者が主たる債務者に催告をした後であっても，保証人は，なお，<u>主たる債務者に弁済の資力があり，かつそれに対する執行が容易であることを「証明」</u>したときは，債権者は，まず主たる債務者の財産に執行しなければならない$\left(\begin{smallmatrix}453\\条\end{smallmatrix}\right)$。これを，「検索の抗弁権」という。

　　(α)　検索の抗弁権の行使要件　　保証人は，次の2点を証明しなければならない$\left(\begin{smallmatrix}453\\条\end{smallmatrix}\right)$。

　　　(ア)　主たる債務者に弁済の資力があること　　必ずしも債務全額を完済できる資力であることを要せず，債務額に対して，取引上相当と認められる程度の額を弁済する資力であればよい$\left(\begin{smallmatrix}判例・\\通説\end{smallmatrix}\right)$。

　　⑷　**主たる債務者の財産が執行容易であること**　　容易か否かは，法律上の手続的判断ではなく，現実に弁済を受けられるか否かから判断すべきである$\binom{通}{説}$。したがって，一般に，債務者の住所にある動産・有価証券は執行が容易であるが，不動産や指名債権，遠隔の地にある動産などは，執行が容易でないとされる。なお，債権者が当該債権につき主たる債務者の財産上に抵当権を有するときは，保証人は，それをまず実行せよとの抗弁権を有するとされるが$\binom{於保273頁,}{奥田400頁}$，債権者はその実行義務を負うわけではないから，その実行が容易でないときは，直ちに保証人に請求できる$\binom{我\ 妻}{480頁}$。

　　⒝　**検索の抗弁権の効果**　　債権者は，まず，主たる債務者の財産につき執行しなければ，保証人に対して履行請求ができない。ただし，債権者は一度執行すればよく，後に債務者の資力が回復しても，保証人は，再度この抗弁権を提出することはできない。

　　この抗弁権が行使されたにもかかわらず，債権者が執行を怠ったために，債務者から全部の弁済を得られなかったときは，保証人は，債権者が直ちに執行すれば弁済を得たであろう限度において，その義務を免れる$\binom{455}{条}$。

　　⒞　**検索の抗弁権を有しない場合**　　連帯保証の場合には，検索の抗弁権はない$\binom{454}{条}$。また，保証人が抗弁権を放棄することは自由である。

(b) 付従性に基づく抗弁権
　　（主たる債務者の有する抗弁権の行使）　　保証債務は，主たる債務に付従するものであるから，主たる債務者が有する抗弁をもって，債権者に対抗できる$\binom{457条}{2項}$。

　　i　主たる債務者の抗弁権　　同時履行の抗弁権$\binom{533}{条}$，期限猶予の抗弁権など，一般に，主たる債務に付着する抗弁権は，保証人が援用できる。

　　ii　時効利益の援用・放棄　　時効利益の援用・放棄は，相対的効力を有するのみであるから$\binom{【I】}{頁参照}339$，各当事者は，独立して，その援用・放棄ができる。したがって，主たる債務が時効で消滅した場合において，──

　　⒜　主たる債務者が時効を援用しなくても，保証人は，独自にその援用ができる$\binom{大判大4・7・13}{民録21輯1387頁}$。この場合は，「保証なき債務」が残存するが，債務者は，さらに援用することもできる。

　　⒝　主たる債務者が時効を放棄しても，保証人は時効を援用できる

$\left(\substack{大判大5\cdot12\cdot25\\民録22輯2494頁}\right)$。この場合には，「保証のない債務」となる。

　　　(γ)　主たる債務者が時効を援用した後に，保証人が，主たる債務の時効利益を放棄して弁済した場合には，保証人の求償権を認めるべきでないことは，いうまでもない。その理論構成であるが，保証人の弁済は有効とし，ただ主たる債務者には求償できないとする説$\left(\substack{我妻\\482頁}\right)$と，保証債務は付従性により消滅し，その弁済は非債弁済となるが，債権者に対しては返還請求できず，また，主たる債務者にも求償できないとする説$\left(\substack{奥田\\396頁}\right)$がある。理論的な差異にすぎず，前者は，保証債務の基礎となる関係では，なお主たる債務が存在するというのであるが，主たる債務の消滅は保証債務の消滅を来すというのが理論的に正論である以上，後者が妥当である。

　　iii　相殺権・取消権・解除権　　主たる債務者が債権者に対して相殺権，取消権又は解除権を有する場合において，主たる債務者がこれらの権利を行使しないときは，保証人は，「これらの権利の行使によって主たる債務者がその債務を免れるべき限度において」，債権者に対して債務の履行を拒むことができる$\left(\substack{457条\\3項}\right)$。

　　主たる債務者が相殺権・取消権・解除権を有する場合において，これらの権利を行使するかどうかは，ひとえに債務者の意思の問題である。そこで，主たる債務者が行使しない間に，保証人の行使を認めることは妥当ではない。そのため，保証人の権利行使を否定するとともに，「権利を行使したなら債務者が免れたであろう債務」の限度において，保証人に履行拒絶の抗弁権を与えたのである$\left(\substack{2017年改正で\\論争に決着}\right)$。もとより，保証人が履行を拒絶していても，主たる債務者はこれらの権利を行使することができる。

---

(2)　主たる債務者・保証人に生じた事由

(a)　主たる債務者に生じた事由の効力　　「主たる債務者に生じた事由」は，原則として，保証人に効力を及ぼす（付従性に基づく絶対的効力）。個別に検討すると，——

　　i　主たる債務の限定承認　　主たる債務が限定承認された場合であるが，限定承認は，相続債務を縮減するわけではなく，ただその引当てとなる

責任を限定するにすぎない。したがって，保証人の責任には影響を与えないから，保証人は無限責任を負う。

　　ii　主たる債務者の破産　　保証人の責任には影響を及ぼさない。

　　iii　主たる債務の時効完成猶予・更新　　主たる債務者に対する履行の請求や主たる債務者の承認などによる時効の完成猶予及び更新は，保証人に対しても効力を生ずる$\binom{457条}{1項}$。絶対的効力である。なお，「承認」が弁済期限延期の方法によって行われ，それが債権者と主たる債務者との合意でされた場合には，保証債務の消滅時効の起算点は，新たな弁済期まで延期される$\binom{通説・}{判例}$。

　　iv　債権（主たる債務の）譲渡　　保証の付着する債権が譲渡された場合，それが主たる債務者に対する対抗要件（通知・承諾）を備えるならば，その譲渡は保証人に対しても効力を生じる。主たる債務者に対して対抗できることは，保証人にも対抗できるからである$\binom{我妻}{486頁}$。

(b) 保証人に生じた事由　　上記に反し，保証人に生じた事由は，原則として，主たる債務者に影響を与えない。したがって，保証人が債務の承認をしても，主たる債務の時効の進行を阻止することはできない（保証人の承認は，自己の保証債務の承認とも解される）。その後主たる債務の時効が完成すれば，保証人は時効の援用ができる。

(3)　内部関係（求償関係）

(a) 保証人の求償権の基礎　　保証人は，債権者に対しては自己の債務（保証債務）を弁済するものであるが，その実質は，他人債務の弁済である。しかし，この弁済の基礎は，保証人と債務者の関係から一様ではない。① 保証人が，主たる債務者の保証委託を受けて弁済したのであれば，その弁済は，「委任契約に基づく委任事務処理」ということになる。これに対して，② 主たる債務者の委託を受けずに弁済（保証）した場合には，その弁済は「事務管理」ということになる。

　　民法は，保証人の求償権を，委託を受けた場合と，そうでない場合とに分けて規定しているが$\binom{459条}{以下}$，おおむね，上記の「委任契約」または「事務管

理関係」に基礎を置いた求償構成をとっている。

(b)「委託を受けた保証人」 保証人は，主たる債務者の委託を受けて保証人
  の求償権 となった場合において，弁済その他の債務消滅
行為（出捐行為）をしたときは，主たる債務者に対して，その支出した額の
求償権を取得する$\binom{459条}{1項}$。——

  i 債務消滅行為（出捐行為） 主たる債務者に代わって，「弁済その
<u>他自己の財産をもって債務を消滅</u>させる行為」（債務消滅行為）をしたことで
ある。「出捐行為」ともいう。

  ii 「弁済期後」の債務消滅行為 「弁済期」が定められている場合，
その期限は債務者の利益ために存在するものであるから$\binom{136条1}{項参照}$，保証人は，
原則として，弁済期前に債務消滅行為をすることはできない。債務者の利益
を害するからである。求償権が，基本的に「事後求償権」であるのは，この
ような理由に基づく。

  iii 求償権の範囲 債務を消滅させるために「支出した財産の額」で
あり，その財産の額が債務消滅行為によって消滅した主たる債務の額を超え
るときは，その消滅額である$\binom{459条}{1項}$。なお，この求償権は，債務消滅行為が
あった日以後の法定利息及び避けることができなかった費用その他の損害の
賠償を包含する$\binom{同条2項\rightarrow}{442条2項}$。

  iv 求償権の制限 保証関係において，当事者が一定のルールに従わ
なかった場合には，その求償権の行使は，次のような制限を受ける。

  (α)「弁済期前」の債務消滅行為 (ア) 期限前弁済の意味 委託
を受けた保証人が「主たる債務の弁済期前に債務消滅行為をしたときは」，そ
の保証人は，主たる債務者に対し，「主たる債務者が<u>その当時利益を受けた限</u>
度」において求償権を有する$\binom{459条の2}{第1項前段}$。上記 **ii** で述べたように，弁済期前の
弁済は，主たる債務者の期限利益を失わせるからである。したがって，その
求償権の範囲は，主たる債務者が「弁済当時利益を受けた限度」でしか，求
償できないことになる。したがって，利息，損害賠償などは含まれない。

  (イ)「相殺」事由の存在 それゆえ，保証人が弁済期前に債務消滅
行為をした場合において，主たる債務者が債務消滅行為の日以前に「相殺」

の原因を有していたことを主張するときは，保証人は，債権者に対し，その相殺によって消滅すべきであった債務の履行を請求することができる(同項後段)。

(ウ) **求償の範囲** 弁済期前の債務消滅行為による求償は，① 主たる債務の弁済期以後の法定利息，及び，② その弁済期以後に債務消滅行為をしたとしても避けることができなかった費用，③ その他の損害，の賠償を包含する(同条2項)。

(エ) **求償権行使の時期** この場合の求償権は，主たる債務の弁済期以後でなければ，行使できない(同条3項)。

(β) **債務消滅行為の「通知」の懈怠** (ア) **保証人の「事前通知」懈怠による求償制限** 委託を受けた保証人は，債務消滅行為をする場合には，主たる債務者に「あらかじめ通知」することが必要である。そこで，その通知をしないで債務消滅行為をしたときは，主たる債務者は，「債権者に対抗することができた事由」をもってその保証人に対抗することができる(463条1項前段)。本来，弁済義務を負っているのは債務者であるからその弁済の機会を奪うことは妥当ではないし，また，抗弁事由があるときにも，それを無視する結果となるからである。

この場合において，主たる債務者が「相殺」をもって保証人に対抗したときは，その保証人は，債権者に対し，弁済した分の中から，相殺によって消滅すべきであった債務部分の履行を請求することができる(同項後段)。

(イ) **主たる債務者の「通知」懈怠** 主たる債務者が，委託を受けた保証人に対して，債務消滅行為をしたことを「通知」することを怠ったため，その保証人が「善意で」債務消滅行為をしたときは，その保証人は，自分のした債務消滅行為を有効であったものとみなすことができる(463条2項)。

(ウ) **「双方の通知」懈怠** 保証人が債務消滅行為をした後に主たる債務者が債務消滅行為をした場合においては，① 保証人が「主たる債務者の意思に反して保証」をしたとき(委託を受けない保証ではない。462条2項参照。後掲(c)参照。)はもちろん，② 保証人が債務の消滅行為をしたことを主たる債務者に通知(事後の通知)することを怠ったため，主たる債務者が善意で債務の消滅行為をしたときにも，主

たる債務者は，自己の債務消滅行為を有効であったものとみなすことができる$\left(\begin{smallmatrix}463条\\3項\end{smallmatrix}\right)$。

v　事前求償権　前述したように$\left(\begin{smallmatrix}(b)\\ii\end{smallmatrix}\right)$，「求償権」は，「事後求償権」であることが原則である。しかし，保証債務は，一定の場合には無限に拡大するおそれがあるから，それを防止するため，次の(α)に掲げる場合に限って，「あらかじめ，求償権を行使」することができる$\left(\begin{smallmatrix}460条\\柱書\end{smallmatrix}\right)$。これを，「事前求償権」という。事前求償権は，事後求償権を担保する機能を有しているのは事実だが$\left(\begin{smallmatrix}奥田407\\頁参照\end{smallmatrix}\right)$，これを認める実質的根拠は，保証人の債務が拡大することを防止するためである。

　(α)　**事前求償権の取得要件**　事前求償権の行使は，次の場合に認められる。

　(ア)　第1は，主たる債務者が破産手続開始の決定を受け，かつ，債権者がその破産財団の配当に加入しないとき$\left(\begin{smallmatrix}460条\\1号\end{smallmatrix}\right)$。保証人は，取得した事前求償権（債権）によって，財団の配当に加入することができることになる。

　(イ)　第2は，債務が弁済期にあるとき$\left(\begin{smallmatrix}460条2\\号本文\end{smallmatrix}\right)$。弁済期到来後も債権者が請求しない場合には，なお放置すれば，債務者が無資力となる場合があり得る。このような場合の予防策である$\left(\begin{smallmatrix}奥田\\404頁\end{smallmatrix}\right)$。なお，この弁済期というのは，当初の保証契約で定められた弁済期である。それゆえ，保証契約の後に債権者が債務者に対して期限を許与しても，これをもって保証人に対抗することはできない$\left(\begin{smallmatrix}460条2号\\ただし書\end{smallmatrix}\right)$。

　(ウ)　第3は，保証人が，過失なくして，債権者に弁済すべき旨の裁判の言渡しを受けたとき$\left(\begin{smallmatrix}460条\\3号\end{smallmatrix}\right)$。

　(β)　**主たる債務者の保護**　事前求償権を行使された主たる債務者は，求償に応じた上で，債権者が全部の弁済を受けない間は，保証人に対して担保を提供させ，または，保証人に対して自分を免責させるよう請求することができる$\left(\begin{smallmatrix}461条\\1項\end{smallmatrix}\right)$。

　他方，主たる債務者は，保証人に支払うべき金額を供託し，担保を提供し，または，保証人に免責を得させて，その事前求償による償還義務を免れることができる$\left(\begin{smallmatrix}461条\\2項\end{smallmatrix}\right)$。

【物上保証人に事前求償権はあるか】　物上保証人は，① 他人の債務につき不利益を甘受する立場にあること，② 債務の弁済により代位権を取得すること，③ 債務を弁済するか，担保権が実行された場合には，事後求償権を取得すること（351条），などの点で保証人と変わらない地位にあり，信用供与という本来の目的と整合性を保つためにも，物上保証人に事前求償権を認めるべきだとの主張がある（山下孝之「物上保証人および第三取得者の地位」『金融担保法講座 I』157頁，新美育文「保証法理の物上保証人等への適用可能性(4)」金法1267号19頁以下。なお，物上保証の物上債務説（鈴木禄弥「『債務な』き責任」について」法学47巻3号）もこの考え方に結合する）。

　　しかし，事前求償権というのは，委託を受けた保証人が，それによって負担する債務の無限的拡大を防ぐために，一定の場合に限定して，その債務相当額をあらかじめ請求できるとする債権である（だから，求償権が認められるすべての場合に認められるわけではない。なお，学説がそれを委任の費用前払請求権と構成するのは便法にすぎない）。

　　だが，物上保証人は，債務を負うわけではなく，担保権の実行があってはじめて責任を負担するにすぎない（上記の説は，この点を回避するために，物上保証につき「物上債務」なる概念を導入しようとするが，物上保証人が負担するのは「債務」と峻別された「責任」であって，「責任」と「債務」と合体化させた「物上債務」などは，理論としてもおかしいのである）。また，物上保証は，無限責任である保証とは異なり，限定責任であるから，そもそも，事前求償権の発生する根拠が存しないといわなければならない（最判平2・12・18民集44巻9号1686頁）（【III】121頁）。

(c)「委託を受けない保証人」の求償権　　「委託を受けない保証」とは，原則として，「委託は受けないが，主たる債務者の意思に反しない」保証をいう。保証人と主たる債務者間に契約関係はないから，その法的性質は，「事務管理」である。したがって，その求償権も，事務管理の費用償還請求権的性質を有している。

　　i　求償権の取得　　委託を受けない保証人であっても，自己の財産をもって，主たる債務者に代わってその債務を消滅させた場合には，その支出した財産の額につき求償権を取得することは，委託を受けた保証人の場合と同じである。ただし，以下の制限を受ける。

　　ii　求償権の制限　　**(α)「弁済期前」の債務消滅行為**　　委託を受けない保証人が「主たる債務の弁済期前に債務消滅行為をしたときは」，その保

証人は，主たる債務者に対し，「主たる債務者が<u>その当時利益を受けた限度</u>」において求償権を有する$\left(\substack{462条1項→459\\条の2第1項前段}\right)$。したがって，利息，損害賠償などは含まれない。これは，本人の意思に反しない事務管理の費用償還請求権の範囲と同一である$\left(\substack{702条1\\項参照}\right)$。

　この場合において，主たる債務者が<u>債務消滅行為の日以前に「相殺」の原因を有していたこと</u>を主張するときは，保証人は，債権者に対し，その<u>相殺によって消滅すべきであった債務の履行</u>を請求することができる$\left(\substack{459条の2\\第1項後段}\right)$。

　(β)　**「主たる債務者の意思に反した保証」**　委託を受けない保証人が，「主たる債務者の意思に反して保証」した場合は，「主たる債務者が現に利益を受けている限度においてのみ求償権を有する」$\left(\substack{462条2\\項前段}\right)$。

　この場合において，主たる債務者が，求償の日以前に「相殺」の原因を有していたことを主張するときは，保証人は，債権者に対し，その相殺によって消滅すべきであった債務の履行を請求することができる$\left(\substack{462条2\\項後段}\right)$。これは，本人の意思に反する事務管理の費用償還請求権の範囲と同一であり$\left(\substack{702条3\\項参照}\right)$，その性質は不当利得と解される$\left(\substack{藤原正則『不当\\利得法』293頁}\right)$。

　(γ)　**求償権行使の時期**　この場合の求償権は，主たる債務の弁済期以後でなければ，行使できない$\left(\substack{462条3項→459\\条の2第3項}\right)$。事前求償を禁止する趣旨である。

(d) 数人の主たる債務者がある場合の求償権　全部の債務者を保証する場合と，その中の一人を保証する場合がある。

　ⅰ　債務者全員を保証　この場合，主たる債務が分割債務であれば，保証人の取得する求償権も，各債務者の分割債務となる。同様に，不可分債務ないし連帯債務であれば，求償権も，不可分債務ないし連帯債務となる$\left(\substack{通\\説}\right)$。

　ⅱ　債務者の一人を保証　主たる債務が分割債務であれば，保証した債務者に対し，負担額の求償権を取得する。また，不可分債務ないし連帯債務であれば，保証人は，保証した債務者に対して全額の求償ができることは当然だが，さらに，他の債務者に対しても，その負担部分のみについて求償権を有する$\left(\substack{464\\条}\right)$。債務者間の求償関係を簡易に決済したものである。

5　債権者の情報提供義務

(1)　主たる債務の「履行状況」に関する情報提供義務

(a)「履行状況」の情報　債権者は，委託を受けた保証人から，「主たる債務の元本及び主たる債務に関する利息，違約金，損害賠償その他その債務に従たる全てのもの」についての，「不履行の有無」並びに「これらの残額及びそのうち弁済期が到来しているものの額」に関する情報につき，請求があったときは，遅滞なく，これを提供しなければならない（458条の2。2017年新設）。

(b)　保証人保護と自己決定理論　保証債務は主たる債務者が履行しないときは無限拡大するおそれがある。そこで，保証人保護の必要性が出てくる。様々な保護理論があり得るが，本規定は，保証人が主たる債務者を保証するに際し，損害拡大があり得ることを十分認識させ（そのための十分な情報の提供），その上で「保証の意思」を決定させようとする「自己決定理論」(Informed Consent Doctrine)に基づくものである。「情報提供」は，「自己決定」のための欠くべからざる重要な要素となる。

(2)　主たる債務者の「期限の利益喪失」に関する情報提供義務

(a)「期限の利益喪失」の情報　主たる債務者が期限の利益を有する場合において，その利益を喪失したときは，債権者は，保証人に対し，その利益の喪失を知った時から2箇月以内に，主たる債務者が期限の利益を喪失した旨を通知しなければならない（458条の3第1項）。

(b)　情報不提供の不利益　債権者が前項の期間内にその通知をしなかったときは，債権者は，保証人に対し，主たる債務者が「期限の利益を喪失した時からその通知を現にするまで」に生じた「遅延損害金」（期限の利益を喪失しなかったとしても生ずべきものを除く）を，保証債務の履行として請求することができない（458条の3第2項）。

(c) 法人保証には不適用　上記(a)・(b)の規定は，保証人が法人である場合には，適用しない$\left(\begin{smallmatrix}458条の\\3第3項\end{smallmatrix}\right)$。機関保証などの法人は，個人の場合と異なり，情報収集能力に長けていて，その必要がないと考えられるからである。

6　保証債務の特殊形態

(1)　連帯保証

(a)「連帯保証」とは何か　**i　履行上の「連帯」**　「連帯保証」とは，主たる債務を保証する「保証人」に主たる債務者と同一の履行義務を負わせるものである。両者の履行関係は，連帯債務者間の関係と同じになり，主たる債務者と保証人との間に，履行上の主・従の区別はない。これを「連帯」ということは既述した（各自の「全部給付義務」と「給付一倍額性」が基本的性格である）$\left(\begin{smallmatrix}第4節 \blacksquare b)\\(174頁)\end{smallmatrix}参照\right)$。

　このことから，履行関係については，原則として連帯債務に関する規定が準用される。したがって，「連帯債務」で絶対的効力をもつ事由は連帯保証でも同じであるが$\left(\begin{smallmatrix}458\\条\end{smallmatrix}\right)$，反面，「保証債務」の特質である補充性（催告の抗弁権・検索の抗弁権）は否定される$\left(\begin{smallmatrix}454\\条\end{smallmatrix}\right)$。

　ii　保証債務としての「付従性」　連帯保証は，連帯債務と効力が同じであるものの，その本質は保証債務であるから，付従性は失わず，保証債務の付従性から導かれる諸特徴がそのまま当てはまる。

　iii　「共同連帯保証」との関係　連帯保証人が数人ある場合を「共同連帯保証」という。共同連帯保証は，保証人間に「分別の利益」がない（意思表示による「連帯」であるから，427条の「別段の意思表示」があるときに該当する）$\left(\begin{smallmatrix}456条→427条。詳細は，\\後掲(2)(b)ii (206頁)\end{smallmatrix}\right)$点で，「保証連帯」（数人の保証人間に連帯の特約があるもの）に類似するが，「保証連帯」は，債務者との間に「連帯」がない点で，「共同連帯保証」と異なる。

(b) 連帯保証の成立　**i　保証人・債権者間の契約**　連帯保証は，保証人と債権者との連帯保証契約によって成立する。主たる債務または保証債務が商行為によって生じたときは，主たる債務者および保証人が各別の行為によって債務を負担したときであっても，その債務は，連帯保証となる$\left(\substack{商511\\条2項}\right)$。

ii　成立の付従性　主たる債務が効力を生じないときは，連帯保証債務も成立しない。成立上の付従性である。したがって，この関係では，437条が適用される余地はない。保証債務の付従性と連帯債務の連帯性とが錯綜する。

(c) 連帯保証の効力　**i　対外的効力**　上記のとおり，「連帯」ゆえに補充性はないから，催告の抗弁権$\left(\substack{452\\条}\right)$・検索の抗弁権$\left(\substack{453\\条}\right)$はない。その他，債権者に対する連帯保証債務の内容は，その付従性と保証契約によって定まる。

ii　主たる債務者又は連帯保証人について生じた事由　原則として，連帯債務に関する規定が準用されるが，しかし，連帯保証は，債務者間に主従の別がない連帯債務とは異なり，「付従性」を本質としているから，それによって制限を受けるというべきである$\left(\substack{我妻\\499頁}\right)$。したがって，——

(α)　**主たる債務者に生じた事由**　主たる債務者について生じた事由は，その付従性から，すべて連帯保証人に影響を及ぼす$\left(\substack{通\\説}\right)$。

(β)　**連帯保証人に生じた事由**　連帯保証人について生じた事由は，原則として主たる債務者に影響を及ぼさず，「相対的効力」が原則であるが$\left(\substack{458条→\\441条}\right)$，ただ，①「更改」$\left(\substack{438\\条}\right)$，②「相殺」$\left(\substack{439条\\1項}\right)$，及び③「混同」$\left(\substack{440\\条}\right)$は，絶対的効力事由とされ，効力を及ぼす$\left(\substack{458条.\\441条参照}\right)$。

iii　内部関係（求償関係）　連帯保証人の主たる債務者に対する求償権については，普通保証と異なるところはない。

(2)　共同保証

(a)「共同保証」とは何か　「共同保証」とは，同一の主たる債務について，数人が保証債務を負担するものである。そして，そ

の数人の保証内容から，次の３つの形態があり得る（基本的なことのみを述べる）。

i 普通保証である場合 通常の保証である。

ii 連帯保証である場合 「連帯」により保証の効力を強化したもの（前記**(1)**参照）。

iii 保証連帯である場合 保証人間に連帯性があるだけで，債権者との関係は，普通の保証である。

共同保証は，債権者と共同保証人間の契約で成立するのはいうまでもないが，１個の契約によるのみならず，一部の者が追加的に別個の契約で保証人となる場合もある。

(b) 共同保証人の「分別の利益」 共同保証人と債権者に対する関係では，共同保証人は，原則として「分別の利益」を有する。

i 「分別の利益」とは 数人の保証人がある場合には，<u>それらの保証人が各別の行為により債務を負担したときであっても</u>（すなわち，共同で保証した場合でも各別に保証した場合でも），別段の意思表示がないときは，<u>それぞれ等しい割合で義務を負う</u>（456条→427条）。これを「分別の利益」（beneficium divisionis）という。ローマ法に由来する保証人保護の制度である（フランス法・スイス法では承継されたが，ドイツ法には承継されなかった。わが国では，規定はあるものの，保証制度の趣旨に沿わないとして，批判が強い）。したがって，共同保証人は，債権者に対して，各自，主たる債務につき<u>平等の割合をもって分割した額についてのみ</u>，保証債務を負担する。

ii 例外 ──「分別の利益」を有しない場合 上記のことからわかるように，各共同保証人の保証債務は，原則として分割債務となる。したがって，保証債務が分割債務となり得ない次の各場合には，保証人に「分別の利益」はないから，各保証人は，「全部給付義務」を負わなければならない（465条1項参照）。

(α) 「主たる債務が不可分」であるとき（465条1項） 主たる債務が不可分のときは，各保証人は分割弁済ができないからである。

(β) 保証連帯の場合（各保証人が全額を弁済すべき場合）（465条1項） 「各保証人が全額を弁済すべき旨の特約」（全部給付義務）がある場合には，分別

の利益を放棄していると考えられるからである。

　　(r)　連帯保証の場合　　「連帯保証」は，保証人と主たる債務者が「連帯」して履行義務を負担するものである。その「連帯」は，性質上可分給付であるものを「当事者の意思表示」によって「連帯給付」としているものであるから$\binom{436条}{参照}$，456 条が準用する 427 条においては，「別段の意思表示」に該当することになる。したがって，連帯保証人には「分別の利益」はない。

(c)　共同保証人間の求償関係　　共同保証人の一人が弁済して主たる債務を消滅させた場合には，主たる債務者に対して求償権を取得するが，その求償範囲などは，委託があるかないかで異なることは，単独保証の場合と同様である。

　ここで注意すべきは，弁済した保証人が，さらに他の共同保証人に対しても求償できることである$\binom{465}{条}$。この場合の求償範囲については，弁済した保証人が分別の利益を有するか否かによって異なる。すなわち，──

　　i　分別の利益を有しない場合$\binom{465条}{1項}$　　保証人が分別の利益を有しない場合，すなわち，前掲**(b) ii** の，(α)主たる債務の不可分$\binom{465条}{1項}$，(β)保証連帯$\binom{465条}{1項}$，(r)連帯保証$\binom{通}{説}$，の各場合には，442 条から 444 条が準用される結果，<u>連帯債務者間の求償関係</u>と同じになる。ただ，連帯債務では，求償権の成立に関し，必ずしも負担部分以上の弁済を必要としないが$\binom{442条1項。第4}{節\mathbf{2}3(a) i (180}$$\binom{頁}{参照}$，共同保証では，負担部分については主たる債務者に対する求償で満足し，それを超えた部分を共同で負担すべきだから，他の保証人に求償できるのは，その超過部分についてであると解されている$\binom{我 妻}{506頁}$。

　　ii　分別の利益を有する場合$\binom{465条}{2項}$　　この場合は，委託を受けない保証人の求償権規定$\binom{462}{条}$が準用される。分別の利益がある場合は，保証人は分割債務部分を負担するに止まり，他の者の負担部分を弁済したことは，一種の事務管理と考えられるからである。

(3)　個人根保証契約

(a)　個人根保証契約の意義　　「将来発生する不特定債務」を保証する根保証においては，保証人の債務は無限に拡大するお

それがある。この危険性は従来から指摘され，2004年の改正では，債権者が貸金業者である場合に限って，個人である保証人の責任につき，一定の制限が加えられた。旧465条の2以下の「貸金等根保証契約」に関する規定の新設である。しかし，この危険性は，金銭消費貸借の場合だけでなく，一般の事業保証でもいえることである。そこで，2017年に，個人が「根保証」契約を締結する場合の一般制度として改正された。

　なお，新法では，「一定の範囲に属する不特定の債務を主たる債務とする保証契約であって保証人が法人でないもの」を「個人根保証契約」といい（$\binom{465条}{の2第1項}$），その中で，その主たる債務の範囲に「金銭の貸渡し又は手形の割引を受けることによって負担する債務（貸金等債務）」が含まれるものを「個人貸金等根保証契約」という（$\binom{465条の}{3第1項}$）。

(b) 個人根保証契約に対する規制　**i 被担保債権の限定**　保証する主たる債務は，「一定の範囲に属する不特定の債務」に制限される（$\binom{465条}{の2第1項}$）。これは，根抵当権（$\binom{398条の}{2第2項}$）と同じく，包括根保証を認めない趣旨である。主たる債務に既発生債務が含まれていても，他に不特定債務（将来債務）が含まれていれば，この場合に当たる。

　　ii 極度額の定め　極度額の定めがなければ，根保証契約は無効となる（$\binom{465条の}{2第2項}$）。保証人は，① 主たる債務の元本，② 主たる債務に関する利息，違約金，損害賠償その他主たる債務に従たるすべてのもの，③ 保証債務について約定された違約金または損害賠償の額，の全部につき，「極度額を限度として」履行責任を負う（$\binom{465条の}{2第1項}$）。

　　iii 「書面」による契約　個人根保証契約は，「書面」でしなければ，その効力を生じない（$\binom{465条の2第3}{項→446条2項}$）。個人根保証契約が，電磁的記録によってされたときは，書面によってされたものとみなす（$\binom{同3}{項}$）。

(c) 個人貸金等根保証契約における「元本確定期日」　個人貸金等根保証契約にあっては，主たる債務の「元本確定期日」は，保証債務の範囲に関わる重要な問題である。以下の制限がある。

　　i 元本確定期日の定めがある場合　主たる債務の元本確定期日は，根保証契約の締結日から5年以内でなければならない。5年経過後の日を元

本確定期日とした場合は，その定めは効力を生じない $\binom{465条の}{3第1項}$。保証人保護のための保証期間の制限である。

> 【元本確定期日前の被保証債権の譲渡と保証債務】　元本確定期日前に被保証債権が譲渡され，その譲受人から保証人対して，保証債務の履行を請求することができるか。最判平 24・12・14 $\binom{民集66巻12}{号3559頁}$ は，「根保証契約を締結した当事者は，通常，主たる債務の範囲に含まれる個別の債務が発生すれば保証人がこれをその都度保証し，当該債務の弁済期が到来すれば，当該根保証契約に定める元本確定期日前であっても，保証人に対してその保証債務の履行を求めることができるものとして契約を締結し，被保証債権が譲渡された場合には保証債権もこれに随伴して移転することを前提としているものと解するのが合理的である」として，保証契約者の一般意思を措定し，「被保証債権を譲り受けた者は，その譲渡が当該根保証契約に定める元本確定期日前にされた場合であっても，当該根保証契約の当事者間において被保証債権の譲受人の請求を妨げるような別段の合意がない限り，保証人に対し，保証債務の履行を求めることができる」とした。
>
> 「元本確定」とは，根抵当権においては有限責任における債権（責任）の額を確定する意味を持つが，根保証にあっては，実質的に「保証期間」を制限する意味しかない。保証人は，いずれ無限責任を負わなければならないからである（根抵当と根保証を同日に論じることはできず，両者は，単に「将来発生することが不確実な債権の担保」という以外に，共通項はない）。根保証人は，発生した債権については，「極度額」の範囲内であれば，履行責任を負わなければならないのである。なお，本件では随伴性も問題となっているが，「元本確定」は根抵当権のような意味はないから，当然に認められる $\binom{この点につき，大澤慎太郎「本}{件評釈」千葉大学法学論集28巻}$ $\binom{4号126頁以下が，}{詳しく論じている}$。判例の理論的根拠に説得性は乏しいが，結論は妥当である。

　　ii　元本確定期日の定めがない場合　元本確定期日の定めがない場合（前項の元本確定期日の定めが効力を生じない場合を含む）には，その元本確定期日は，その根保証契約締結日から３年を経過する日とする $\binom{465条の}{3第2項}$。

　　iii　元本確定期日の変更　変更後の元本確定期日は，変更をした日から５年以内でなければならず，それを超える日の変更は無効である $\binom{465条の3}{第3項本}$ $_{文}$。ただし，元本確定期日の前２か月以内に変更する場合においては，変更

後の元本確定期日が変更前の元本確定期日から5年以内の日となるときは，この限りでない$\left(\substack{\text{同項た}\\\text{だし書}}\right)$。

(d)「元本確定事由」　**i　個人根保証契約における「元本確定事由」**　個人根保証契約においては，以下に掲げる事由が生じたときは，主たる債務の元本は，確定する$\left(\substack{\text{465条の4}\\\text{第1項柱書}}\right)$。

(α)　保証人の財産の強制執行又は担保権の実行の申立て　債権者が，保証人の財産について，金銭の支払を目的とする債権についての強制執行又は担保権の実行を申し立てたときである$\left(\substack{\text{同項}\\\text{1号}}\right)$。この場合は，その手続の開始があったときに限られる$\left(\substack{\text{同項た}\\\text{だし書}}\right)$。

(β)　保証人の破産手続開始の決定　保証人が，破産手続開始の決定を受けたときである$\left(\substack{\text{同第}\\\text{2号}}\right)$。

(γ)　主たる債務者又は保証人の死亡$\left(\substack{\text{同　項}\\\text{第3号}}\right)$

ii　個人貸金等根保証契約における「元本確定事由」　この場合は，上記 **i**（α）～（γ）のいずれかに加え，次に掲げる事由が生じた場合にも，主たる債務の元本は確定する$\left(\substack{\text{465条の}\\\text{4第2項}}\right)$。

(α)　主たる債務者の財産の強制執行又は担保権の実行の申立て　債権者が，主たる債務者の財産につき，金銭の支払を目的とする債権についての強制執行又は担保権の実行を申し立てたときであるが$\left(\substack{\text{同第2}\\\text{項1号}}\right)$，この場合は，その手続の開始があったときに限られる$\left(\substack{\text{同第2項柱}\\\text{書ただし書}}\right)$。

(β)　主たる債務者の破産手続開始の決定　主たる債務者が，破産手続開始の決定を受けたときである$\left(\substack{\text{同項}\\\text{2号}}\right)$。

(e) 法人保証人の 求償権の特則　保証人が法人Cであり，Cの主たる債務者Bに対する「求償権」を個人Dが保証する場合にも，債権者Aと保証人Cとの間の根保証契約が不明確かつ包括的である場合には，求償権の保証人Dにとっては，上記同様，責任が無限に拡大するおそれがある（また，上記の規制は，このような形で脱法され得る）。そこで，──

i　極度額の定めがない場合　債権者A・保証人（法人）C間の根保証契約において極度額の定めがないときは，保証人Cの主たる債務者Bに対する「求償権」を主たる債務とするC（求償権債権者）・D（求償権保証）間

の保証契約は，効力を生じない $\binom{465条の}{5第1項}$。

　　ii　元本確定期日の定めがない等の場合　　その主たる債務の範囲に貸金等債務が含まれる場合において，元本確定期日の定めがないとき，又は元本確定期日の定め若しくはその変更が 465 条の 3 第 1 項若しくは第 3 項の規定を適用するとすればその効力を生じないものであるときは，その根保証契約の保証人 C の主たる債務者 B に対する求償権を主たる債務とする D の保証契約又は根保証契約（求償権の保証契約・根保証契約）は，その効力を生じない $\binom{465条の}{5第2項}$。

　　iii　適用除外　　上記 **i・ii** は，求償権を主たる債務とする保証契約又は主たる債務の範囲に求償権が含まれる根保証契約において，保証人が法人である場合には，適用されない $\binom{465条の}{5第3項}$。

（4）　事業保証契約

(a)「事業保証契約」の特則　　「事業保証契約」とは，「<u>事業のために負担した貸金等債務を主たる債務とする保証契約（又は</u>主たる債務の範囲に事業のために負担する貸金等債務が含まれる根保証契約)」をいう $\binom{465条の}{6第1項}$。この場合に，個人が保証人となるときは，上記した危険性があるため，以下のような規制が加えられる $\binom{2017年改}{正で新設}$。

(b)　公正証書による「保証意思」の確認　　その保証契約の締結に先立ち，<u>締結日前 1 か月以内に作成された「公正証書」により，保証人になろうとする者〔法人を除く〕が「保証債務を履行する意思」を表示</u>していなければ，その保証契約の効力を生じない $\binom{465条の}{6第1項}$。公正証書の作成は，次に掲げる方式に従わなければならない $\binom{同2項。なお，465}{条の7も参照}$。

　　i　履行意思の表明　　保証人になろうとする者 C が，次のイ・ロの区分に応じ，それぞれ当該事項を公証人に口授すること $\binom{同項}{1号}$。

　　イ　保証契約　　主たる債務についての，債権者及び債務者，元本，利息，違約金，損害賠償，その他その債務に従たる全てのものの定めの有無及びその内容，並びに主たる債務者がその債務を履行しないときには，その債務の全額について履行する意思を有していること。

ロ　根保証契約　上記保証契約が「根保証」であり，根保証によって
生じた債務の全額につき履行する意思を有していること。

ii　筆記したものの閲覧と承認・押印　公証人が，C の口述を筆記し，
これを C に読み聞かせ又は閲覧させること。その上で，C が，筆記の正確な
ことを承認して署名・押印した後，公証人が署名・押印すること $\left(\begin{smallmatrix}\text{同項2号・3}\\\text{号・4号。な}\end{smallmatrix}\right)$。
お，保証人になろうとする者が「口がきけない者」又は「耳
が聞こえない者」である場合には，特則がある。465条の7

(c) 保証人の求償権を担保する
保証契約と公正証書　上記の公正証書の作成及びその方式は，保証
人 C の主たる債務者 B に対する求償権につ
き，個人 D が保証人となる場合の C・D 間の保証契約又は根保証契約につい
て，準用される $\left(\begin{smallmatrix}465条\\の8\end{smallmatrix}\right)$。

(d) 公正証書作成
の適用除外　上記の公正証書作成手続は，保証人になろうとする者 C
又は D が，次に掲げる者である場合には，適用しない
$\left(\begin{smallmatrix}465条の\\9柱書\end{smallmatrix}\right)$。

i　主たる債務者が法人である場合の理事，取締役，執行役又はこれら
に準ずる者

ii　主たる債務者が法人である場合の次に掲げる者

イ　主たる債務者の総株主の議決権の過半数を有する者

ロ　主たる債務者の総株主の議決権の過半数を他の株式会社が有する
場合における当該他の株式会社の総株主の議決権の過半数を有する
者

ハ　主たる債務者の総株主の議決権の過半数を他の株式会社及び当該
他の株式会社の総株主の議決権の過半数を有する者が有する場合に
おける当該他の株式会社の総株主の議決権の過半数を有する者

ニ　株式会社以外の法人が主たる債務者である場合におけるイ，ロ又
はハに掲げる者に準ずる者

iii　主たる債務者〔法人であるものを除く〕と共同して事業を行う者又
は主たる債務者が行う事業に現に従事している主たる債務者の配偶者

(e) 契約締結時の
情報提供義務　主たる債務者は，事業のために負担する債務を主たる債
務とする保証（又は主たる債務の範囲に事業のために負担

する債務が含まれる根保証）の委託をするときは，委託を受ける者に対し，次に掲げる事項に関する情報を提供しなければならない（465条の10第1項）。

- i　財産及び収支の状況
- ii　主たる債務以外に負担している債務の有無並びにその額及び履行状況
- iii　主たる債務の担保として他に提供し，又は提供しようとするものがあるときは，その旨及びその内容

　主たる債務者が上記各号に掲げる事項に関して<u>情報を提供せず，又は事実と異なる情報を提供</u>したために委託を受けた者がその事項について<u>誤認をし</u>，それによって保証契約の申込み又はその承諾の意思表示をした場合において，主たる債務者がその事項に関して情報を提供せず又は事実と異なる情報を提供したことを<u>債権者が知り又は知ることができたとき</u>は，保証人は，保証契約を取り消すことができる（465条の10第2項）。

(5)　身元保証 ── 身元保証法

(a)「身元保証」とは何か　「身元保証」とは，被用者が使用者に損害を与えるかも知れない場合に，その「損害の補填（賠償）」を保証するものを総称している（世上一般には，「被用者が入社（又は学生が入学）するに際して，被保証人に関する一切を引き受け，使用者（又は学校）に迷惑をかけない」などの文言で行われよう）。

　しかし，学説は，さらに限定を加え，被用者の「責めに帰すべき事由」に基づいて発生した損害を保証しようとするものを「身元保証」と呼び，被用者の帰責事由を問わずに使用者が被った損害を保証しようとするものを「身元引受け」（＝損害担保契約）と呼ぼうとしている（西村信雄『身元保証の研究』参照）。

(b)　身元保証法の概要　ここでは，「身元保証法」（身元保証ニ関スル法律（昭8））の要点を述べよう。

　i　適用範囲　引受け，保証その他名称のいかんを問わず，期間を定めないで，被用者の行為により使用者の受けた損害を賠償することを約する場合は，本法の適用を受ける（法1条）。

ii 身元保証期間 期間を定めない場合は 3 年だが $\binom{法1条。商工業見}{習者の保証は5年}$，保証の約定は，5 年を超えることができない $\binom{法2}{条}$。

iii 使用者の通知義務及び保証人の解約告知権 使用者は，次の場合には，遅滞なく身元保証人に通知すべきである $\binom{法3}{条}$。──

(α) 被用者に業務上不適任または不誠実な事跡があって，そのために身元保証人の責任を惹起するおそれがあることを知ったとき

(β) 被用者の任務または任地を変更し，そのために身元保証人の責任を加重しまたはその監督を困難にするとき。身元保証人は，上記の通知を受けたとき又は上記の事実を知ったときは，保証契約を，将来に向けて解約することができる $\binom{法4}{条}$。

iv 保証責任の限度 裁判所は，身元保証人の責任限度を決定するに際しては，使用者の監督上の過失の有無，保証人の保証に至った事情や保証の際に用いた注意の程度，被用者の任務または身上の変化その他一切の事情を斟酌する $\binom{法5}{条}$。

v 強行規定 本法の規定に反する特約で，身元保証人に不利益なものは，すべて無効とする $\binom{法6}{条}$。

vi 非相続性 保証契約は，保証人と身元本人との相互の信用を基礎として成立するものだから，当事者その人と終始すべき専属的性質を有し，その地位が相続されるものではない $\binom{大判昭18・9・10}{民集22巻948頁}$。

第8章　債権譲渡と債務の引受け

第1節　債権譲渡

1 指名債権の譲渡

(1)　債権の譲渡性《原則》

**(a) 債権の譲渡性
の意義**　「債権」が債権者と債務者とを結びつける法鎖（ほうさ）であると認識された時代には，その主体（債権者・債務者）の変更は，債権の同一性を失うことになるので，認められる余地がなかった。しかし，債権は，目的物の給付「請求」を内容とすることから，その目的物に財貨的な価値がある以上，その給付に対する請求権（債権）もまた一つの「財産権」としての意義をもつことになり，取引の対象となり得る。このようにして，債権の「譲渡性原則」が確立することになる。近代民法は，この原則を承認し，債権の「譲渡性」を債権法の根幹に置いている（我妻榮『近代法における債権の優越的地位』参照）。

**(b)「債権譲渡性」
の原則**　〔図①〕債権は，譲り渡すことができる（466条1項本文）。すなわち，債権者Aは，債務者Bに対する債権を，第三者C（譲受人）に譲渡することができる（債権の譲渡性）。

債権の譲渡は，債権の性質がこれを許さないときは認められないことは当然であるが（同項ただし書），当事者が「債権の譲渡を禁止し，又は制限

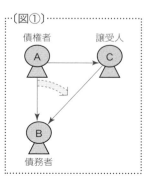

〔図①〕
債権者　　　　譲受人
A　　→　　C
↓　　　↙
B
債務者

する旨の意思表示」（「譲渡制限特約」）をしたときであっても，その効力を妨げられない（466条2項。なお，「禁止」以外に「制限」を加えたのは遺言などの「単独行為」を含める趣旨だとされるが，具体的にどれほどの実益があるかは疑問だとする意見もある。潮見・概要149頁）。これが債権譲渡の大原則である。それに対する例外については，後掲する（(2)）。

(c) 将来債権の譲渡　債権の譲渡は，その意思表示の時に債権が現に発生していることを要せず，「将来債権」（将来発生するであろう債権）も譲渡することができる（466条の6第1項）。466条の6第2項の「債権が譲渡された場合において，その意思表示〔＝債権譲渡行為〕の時に債権が現に発生していないとき」というのは，「将来債権が譲渡されたとき」の意味であって，同じく「譲受人は，〔債権が発生した時に〕発生した債権を当然に取得する」というのは，譲受人は，「債権が具体的に発生した時に」当然取得することである。したがって，「債権（将来債権）」は既に譲渡され，譲受人に帰属しているのであるから，その「債権の発生」は，譲受人（新債権者）の下で発生することを意味する（潮見・プラクティス459頁）。

(d) 「債権譲渡」行為の法律的性質　債権譲渡は，譲渡人Ａと譲受人Ｃとの合意によって，「債権の移転（債権の帰属の変更）」── すなわち「処分」効果 ── を直接の目的とする法律行為であって，当該債権の移転義務を生じさせることを目的とする「契約」（債権契約）ではない（論理的にも区別されなければならない）。このことから，債権譲渡「行為」は，「準物権行為」（この関係について，詳細は【I】164頁参照）ないし「処分行為」と呼ばれる（通説）。もとより，これは，諾成・不要式の契約である。

　そこで，問題となるのが，原因行為である債権譲渡契約（債権契約）との関係である。通常，債権譲渡は，債権の「売買」または「贈与・遺贈」の対象として，あるいは「担保」を目的として（＝債権の譲渡担保）行われよう。しかし，これらの原因行為は，債権の譲渡「義務」を発生させるだけで，債権譲渡の「処分」効果（債権の帰属の変更）を発生させるものではない。それゆえ，この関係は，債権契約と物権行為との関係と同視して妨げない（我妻526頁）。

　ただし，──

　　i　物権行為の場合とは異なって，上記の2つの契約（債権譲渡契約と債

権譲渡行為）は，実際上は，同一の行為によって行われるのが普通である。

　　ii　上記２つの契約の関係（有因・無因などの問題）は，理論から演繹されるべきものではなく，取引社会の一般観念に依存する事柄である。取引社会では，それらが有因と解されていることはいうまでもない。

(e) 債権譲渡の効果
── 同一性の維持　債権譲渡の効果は，債権が同一性を失わないで移転することが原則である。したがって，一切の抗弁権や従たる権利（利息債権・担保物権・保証債務など）も当然に移転する（随伴性）。ただし，これは基本原則であるから，若干の例外があることは，後に述べるとおりである。

(2)　債権の譲渡性に対する制限(1) ── 性質上の非譲渡性

　債権はその譲渡性が基本原則ではあるが，性質上譲渡が不可能な場合は，当然の例外となる。そして，「債権の性質が譲渡を許さない」$\left(\substack{466条1項\\ただし書}\right)$とは，理論的には，債権者が変われば債権の同一性を維持できないか，または債権の目的を達成することができないことを指している$\left(\substack{於　保\\300頁}\right)$。しかし，現在では，同一性が失われても，債務者が債権者の変更を承諾するならば，譲渡性を認めるべきだとの考えも強い$\left(\substack{於保301\\頁参照}\right)$。性質上の譲渡禁止に該当するのは，次のような債権である。──

　　i　債権者の変更によって給付内容が全く変更する債権　特定の人を教育・扶養したり，肖像を描かせたりする債権など。三者間で合意があっても更改とみるべきだとの説$\left(\substack{我妻\\522頁}\right)$，債務者の承諾があれば債権譲渡が生じるとする説$\left(\substack{於　保\\301頁}\right)$がある。

　　ii　債権者の変更によって権利の行使に著しい差異を生じる債権　明文によるものでは，使用借権$\left(\substack{594条\\2項}\right)$・賃借権$\left(\substack{612条\\1項}\right)$・雇主の債権$\left(\substack{625条\\1項}\right)$など。その他，委任契約上の債権・組合契約上の債権などがある。

　　iii　特定の債権者との間で決済されるべき特殊の事由がある債権　交互計算$\left(\substack{商529\\条}\right)$に組み入れられた債権$\left(\substack{大判昭11・3・11民\\集15巻320頁。通説}\right)$。これに対しては，取立ての安全の観点から，交互計算契約自体が包括的な譲渡禁止の特約$\left(\substack{466\\条2\\項}\right)$を含んでおり，それに基づいて譲渡性が否定されていると考えるべきだ

との反対説もある $\left(\substack{林ほか487頁\\注(7)〔高木〕}\right)$。

(3)　債権の譲渡性に対する制限(2)—— 譲渡制限特約

(a) 第三者の「悪意又は重過失」　当事者が「債権の譲渡を禁止し，又は制限する旨の意思表示」（譲渡制限特約）をしたときであっても，債権譲渡は，その効力を妨げられないことが，原則である $\left(\substack{466条\\2項}\right)$。しかし，譲受人などの「第三者」$\left(\substack{債権質権者\\等を含む}\right)$が，譲渡制限特約がされたことを知り（＝悪意），又は重大な過失によって知らなかった（＝重過失）ときは，「債務者」に，次の2つの効果が発生する $\left(\substack{466条\\3項}\right)$。

i　「履行拒絶」　第1は，債務者は，その債務の「履行を拒む」ことができることである $\left(\substack{466条\\3項}\right)$。正当な理由による「履行拒絶」であるから，損害賠償の責任などは発生しない。ただし，債権譲渡の無効を導くものでないから，債務は残存する。

ii　「債務消滅事由の対抗」　第2は，債務者は，譲渡人に対する弁済その他の債務消滅事由をもってその第三者に「対抗」することができることである $\left(\substack{466条\\3項}\right)$。抗弁事由による「対抗」であり，自己の債務消滅行為が有効なものとみなされる。債務者と譲渡人との債権関係は消滅する。

以上が，譲渡制限特約付債権譲渡における「第三者が悪意又は重過失」の効果に関する一般原則である。

(b) 債務者が履行しない場合の特則　ただし，上記の，債務者が「第三者の悪意又は重過失を理由として」第三者への履行をしない場合において，その「第三者」が相当の期間を定めて「譲渡人」への履行を「催告」し，その期間内に債務者の履行がないときは，債務者は，もはや466条3項による対抗（履行拒絶と債務消滅事由の対抗 $\left(\substack{上記(a)\\所掲}\right)$）はできない $\left(\substack{466条4\\項。こ}\right.$ れは，債務者が，第三者への履行を拒絶する一方で，債権者への履行もしないという，デッドロック状態を解消するための特別規定だとされる。潮見・概要149頁以下参照$\left.\right)$。したがって，債務者は，履行をしなければならない。

ただし，この場合，債務者は，抗弁事由（債務消滅事由）をもって対抗できるが $\left(\substack{468条\\1項}\right)$，その抗弁事由は，対抗要件具備時ではなく，催告を受けたときから「相当の期間を経過した時」までに生じた事由である（抗弁事由発生期間

の拡張）$\binom{468条}{2項}$。

(c) **第三者からの転得者**　悪意又は重過失の第三者Cからさらに譲り受けた善意又は有過失の第三者（転得者）Dに対しては，債務者Bは，履行を拒絶できない$\binom{大判昭13・5・14}{民集17巻932頁}$。Cは自らの悪意ゆえに権利取得（債権の譲受け）が否定されるにすぎず，Dは，Cの地位を受け継ぐわけではなく，466条3項の下で独立して善意・悪意が評価されるからである。したがって，善意の第三者Cからの転得者Dが悪意の場合には，「悪意」の第三者として，Bは当然に履行を拒絶することができると解さなければならない$\binom{この問題は，「このような論理構造の条文」を相対的に考えるか絶対的に考}{えるかの問題である。『民法総則』（Ⅰ）96頁以下・196頁以下）で詳論した}$。

(d) **債務者が承諾した場合**　譲渡制限は債務者の利益を保護するためのものであるから，譲渡制限特約付債権の譲渡を，債務者Bが承諾した場合には，譲受人Cがたとえ悪意であっても，その譲渡は有効である。その債権譲渡の効力は，譲渡の時に遡って有効となる$\binom{最判昭}{52・3・17}$民集31巻2号308頁)。ただし，116条〔無権代理行為の追認の遡及効と第三者の保護〕の法意に照らし，第三者の権利を害することはできない$\binom{最判平9・6・5民}{集51巻5号2053頁}$。したがって，その譲渡の時から承諾の前までにすでに第三者D（差押債権者や債権譲受人）が生じていた場合には，CはDに優先できない$\binom{問題点は，秦光昭「譲渡後}{に譲渡禁止特約が解除され}$た場合の第三者対抗要件の効力発生時期」金法1368号23頁以下，佐久間毅『平9年度重判』69頁以下参照)。

(e) **債務者の供託**　債務者は，譲渡制限特約がされた金銭給付を目的とする債権が譲渡されたときは，その<u>債権の全額に相当する金銭を供託</u>することができる$\binom{466条の}{2第1項}$。

　i　**供託の通知義務**　供託をした債務者は，遅滞なく，譲渡人及び譲受人に供託の通知をしなければならない$\binom{同第}{2項}$。

　ii　**還付請求者**　供託金は，譲受人に限り，還付を請求することができる$\binom{同3}{項}$。

(f) **譲渡人の破産手続開始の決定**　譲渡人が破産手続開始の決定を受けたときは，債権の譲受人（債権全額を譲り受けた者であって，その債権譲渡が対抗要件を具備したものに限る）は，<u>悪意又は重過失であっても</u>，債務者にその債権の全額に相当する金銭を供託させることができる$\binom{466条}{の3}$。

　この場合，債務者は，債権者に対して生じた事由をもって当然に譲受人に対抗できるが（468条1項），その抗弁事由は，「対抗要件具備時」までではなく，「供託の請求を受けた時」までに生じた事由である（譲受人が悪意又は重過失であるゆえに，「対抗要件具備時」から「供託請求時」に延長されたものである）（468条2項）。

(g) 譲渡制限特約付債権の差押え　　AのBに対する譲渡制限特約付債権に対する強制執行をした差押債権者Dに対しては，債務者（第三債務者）Bは，差押債権者Dの悪意又は重過失を理由として，履行を拒絶し又は譲渡人Aに対する債務消滅事由をもって対抗することができない（466条の4第1項，466条3項の不適用）。差押債権者に対する履行拒絶や対抗を認めると，債務者Aの一般財産の中に差押禁止財産を作ることになるが，これは私人が自由になしうることではないからである（我妻524頁，最判昭45・4・10民集24巻4号240頁（転付命令））。

　ただし，債権が譲渡され，その譲受人その他の第三者Cが譲渡制限特約がされたことを知り，又は重大な過失によって知らなかった場合において，その〔Cの〕債権者Dが強制執行をしたときは，債務者（第三債務者）Bは，① その債務の履行を拒むことができ，かつ，② 譲渡人Aに対する弁済その他の債務消滅事由をもって差押債権者Dに対抗することができる（466条の4第2項）。

(h) 預貯金債権の譲渡制限特約の特則　　「預貯金債権」（預金債権又は貯金債権）の譲渡制限特約は，466条2項〔債権の譲渡性〕の規定にかかわらず，「悪意又は重過失」（譲渡制限特約の存在を知り又は重大な過失によって知らなかった）の譲受人等の第三者に「対抗」することができる（466条の5第1項）。預貯金債権に譲渡制限特約が付いていることは，社会一般の「公知」事実であろう。そこで，466条2項（譲渡制限特約があっても譲渡は有効）の適用を排除し，「悪意又は重過失」の第三者に対しては，債務者は，特約をもって「対抗」できるとされた。

　ここでいう「対抗」は，譲渡制限特約を有効とみなすことであるから，その反射効として，その債権譲渡は無効となる。「第三者の悪意又は重過失」の場合の一般原則である「履行拒絶及び債務消滅事由の抗弁」（466条3項。前掲(a)参照）とは異なり，より強化された効果である。

　ⅰ　「悪意又は重過失」の立証責任　　一般に，預貯金債権の譲受人は，譲渡制限特約の存在を知らないことはあり得ないであろう。したがって，「悪意又は重過失」の不存在の立証責任は，第三者が負わなければならない。

　ⅱ　差押債権者の不適用　　ただし，上記の預貯金債権の特則規定 $\left(\begin{smallmatrix}466\\条\\の5第\\1項\end{smallmatrix}\right)$ は，譲渡制限特約付の預貯金債権に対する強制執行をした差押債権者に対しては，適用しない $\left(\begin{smallmatrix}466条の\\5第2項\end{smallmatrix}\right)$。

（ⅰ）将来債権の譲渡制限特約との関係　　将来債権が譲渡された場合に，譲受人が発生した債権を当然取得することは $\left(\begin{smallmatrix}466条の6第\\1項・2項\end{smallmatrix}\right)$，既に述べたが $\left(\begin{smallmatrix}前掲(1)(c)\\(216頁)\end{smallmatrix}\right)$，この場合において，<u>債権譲渡の対抗要件（譲渡人の通知又は譲受人の承諾）</u> $\left(\begin{smallmatrix}467\\条\end{smallmatrix}\right)$ <u>具備時までに，譲渡制限特約がされたときは，譲受人等の第三者がそのことを知っていたもの（＝悪意）</u>とみなして，債務者は，① <u>その債務の履行を拒む</u>ことができ，かつ，② 譲渡人に対する弁済その他の<u>債務消滅事由をもってその「第三者」に対抗することができる</u> $\left(\begin{smallmatrix}466条の6第3項→466\\条3項〔一般原則〕\end{smallmatrix}\right)$。

　なお，この場合において，譲渡制限特約付債権が預貯金債権であるときは，466条3項〔履行の拒絶と債務消滅事由の対抗〕は準用されず，債務者は，その譲渡制限特約をもって「悪意又は重過失」の第三者に「対抗」できる $\left(\begin{smallmatrix}466\\条\end{smallmatrix}\right.$ の6第3項かっこ書→466条の5第1項〔特則〕。詳細は，上記**(h)**参照$\left.\right)$。預貯金債権の原則 $\left(\begin{smallmatrix}466条の\\5第1項\end{smallmatrix}\right)$ どおりということである。

（4）　譲渡性に対する制限(3)── 法律による譲渡禁止

　扶養請求権 $\left(\begin{smallmatrix}881\\条\end{smallmatrix}\right)$・恩給請求権 $\left(\begin{smallmatrix}恩給11\\条1項\end{smallmatrix}\right)$ などは，明文によって処分が禁止されている。差押えも許されない。生計維持のために差押えが禁止される債権（給料・退職金等の一定範囲で差押えが禁止される債権）$\left(\begin{smallmatrix}民　執\\152条\end{smallmatrix}\right)$ については議論があるが，債権者の意思に基づかずに処分できないというだけで譲渡が禁止されるわけではないとするのが通説 $\left(\begin{smallmatrix}我妻525頁，奥\\田434頁など\end{smallmatrix}\right)$ だが，債権者の生活保障から制限されるものだから譲渡禁止債権だとする反対説 $\left(\begin{smallmatrix}前　田\\401頁\end{smallmatrix}\right)$ もある。

2　債務者に対する「対抗」

(1)　債権譲渡の対抗要件の構造

(a) 一般原則
──「通知・承諾」　債権譲渡は，譲渡人Ａと譲受人Ｃとの合意（契約）のみで行われ，債務者Ｂはこれに関与しない。しかし，Ａ・Ｃ間の合意のみで債権が譲渡されるとすると，債務者Ｂは，債権者が特定できないから二重払いの危険があるし，また，Ａに対して抗弁を有している場合もあろう。

　そこで，<u>債権者Ａが債務者Ｂに債権譲渡の事実を知らせること</u>（→これによって<u>債務者Ｂは債権譲渡の事実を「認識」する</u>）を基本に置き，<u>債権を譲り受けようとする第三者Ｃは，債務者Ｂに問い合わせれば債権の帰属等が明確になる</u>（→これによって債権譲渡の事実が第三者Ｃへ「表示」される），という方法をもって「債務者その他の第三者」に対する「対抗要件」とした。すなわち，債権譲渡の対抗要件である「通知又は承諾」$\binom{467条}{1項}$は，《債務者の債権譲渡の「認識」→債務者の第三者に対する「表示」》を基本構造としているのである$\binom{\text{このことから，債権譲渡の対抗要件は，俗に，債務者を情}}{\text{報のインフォメーションセンターとしているといわれる}}$。

(b)「債務者以外の第三者」
に対する対抗要件　しかし，この方法だと，債権者Ａが，第三者Ｃに債権を譲渡した後に，同一債権を別の第三者Ｄに二重に譲渡し，債務者Ｂと結託して譲渡の日時を遡らせるようなことを防止できない。そこで，対抗要件である「通知・承諾」は，「債務者以外の第三者」に対しては，「確定日付のある証書」によらなければならないとされた$\binom{467条}{2項}$。

　以上の(a)・(b)の2つの方法は，法文では同じく「対抗」と称しているが，しかしその内容・意義は同じではない。本来の「対抗」というのは，対抗要件によって権利の帰属関係を決定しようとするものであって，その基礎には，〈対抗要件を備えることができたのに，それを備えなかった以上は不利益を受けてもしかたがない〉とする思想がある。これによれば，「対抗」関係が問

題となるのは，後者(b)すなわち「債務者以外の第三者」との関係である。前者(a)すなわち「債務者」に対する関係では，債務者はいずれ債務を履行しなければならないが，ただ債権者が特定できないために誰に履行をしてよいかわからないだけである。したがって，467条1項の「対抗」とは権利主張要件とでも呼ぶべきものである（池田真朗『債権譲渡の研究』114頁（権利行使要件とする））。このように，1項と2項の「対抗」の意味の相違に注意しなければならない。

【2つの債権譲渡法理 —— フランス法系とドイツ法系】　債権の譲渡は，譲渡人Ａと譲受人Ｃの合意でのみ成立することは，フランス法・ドイツ法共に同じである。この方式を前提とすると，必然的に，債務者Ｂおよび第三者Ｄの保護が必要となってこよう。

　この場合，フランス法では，対抗要件主義を採用し，債務者・第三者に対する対抗要件として，債務者への執行官「送達」か，債務者の「公正証書による承諾」を必要としている。

　これに対して，ドイツ法では，Ａ・Ｃの合意で行われる債権譲渡は，債務者・第三者に対しても効力を及ぼすが，ただ，債権譲渡の事実を知らない善意の債務者・第三者については個別的に保護する方策を講じている。

　わが民法が，フランス法に倣って対抗要件主義を採用していることはいうまでもない（467条の系譜については，池田・前掲書10頁以下）。

---

(2) 「通知・承諾」の意義

(a)「通知」とは　「通知」は，債権者Ａが，債務者Ｂに対する当該債権を譲受人Ｃに譲渡したという事実を，債務者Ｂに知らせることである。その法律的性質は，観念の通知であるが（【Ｉ】160頁参照），意思表示に関する規定を類推適用してよい（通説）。したがって，通知は到達によって効力を生じる（97条1項）。

ⅰ　通知をする者　譲渡人Ａである（467条1項参照）。譲受人Ｃが譲渡人Ａに代位して（423条）通知することも許されない。通知は，譲渡人の権利ではなく，義務であるから，代位権の対象とはなり得ないのである（大判昭5・10・10民集9巻948頁）。したがって，Ａが通知義務を怠るときは，訴求によることになる。ただし，

譲受人Ｃが A から「委任」を受けて通知した場合には，その通知は有効である（最判昭46・3・25）。

ⅱ 通知の相手方 債務者 B であるが，B が破産したときはその破産管財人である（最判昭49・11・21 民集28巻8号1654頁）。連帯債務や保証債務などの場合の通知の効力は，それぞれの法律関係による。

ⅲ 通知の内容 特定の債権が特定の人に譲渡されたという事実を通知するのであるから，債権の特定（同一性を示す程度）と譲受人の氏名の特定を必要とする。

ⅳ 通知の時期 譲渡と同時でなくてもよい。譲渡後に通知する場合にはそれだけ効力発生時期が遅れるだけである。反対に，譲渡前に予め通知をしても対抗要件とはならない。譲渡の事実が未発生の段階での通知は意味をもたないからである。ただし，発生の確実な将来債権の譲渡は，予めの通知時が効力発生時期となると解して妨げない。

(b)「承諾」とは 「承諾」は，債務者が，<u>債権譲渡の事実について認識した</u>こと（譲渡の事実を了承する旨）を表明することである。債権譲渡に対する同意という意味を含むものではない。したがって，その法律的性質は観念の通知であるが，意思表示の規定が類推適用されることなど，「通知」と同じに考えてよい。代理人・使者による承諾も可能である。

ⅰ 承諾の相手方 承諾の相手方は，譲渡人 A・譲受人Ｃのいずれでもよい（承諾を意思表示と解するならCとなる）。

ⅱ 承諾の時期 承諾は，譲渡より遅れても差し支えないことは通知と同じであるが，「予めの承諾」については若干見方を異にしよう。債権者の一方的な通知と異なり，承諾は債務者自身がその事実を認識するものである。したがって，譲渡債権（将来債権でもよい）と譲受人とが特定している限り，「予めの承諾」はその時点で対抗要件となり得ると解されているが（最判昭28・5・29民集7巻5号608頁，林ほか449頁注(29)〔高木〕）。譲受人が特定していなくても対抗要件となり得るとする説（我妻533頁）もある。

(c) 通知・承諾がない場合 債権譲渡の通知・承諾がない場合には，譲渡人・譲受人は債権譲渡をもって債務者に対抗できず（467条1項），債務者が，

譲受人の債権行使を拒否できる。したがって，債務者が債権譲渡の事実を知っていても（悪意），譲受人からの請求を拒否できることはもとより$\left(\substack{前掲\\最判\\昭49・\\11・21}\right)$，譲渡人に対してした弁済も有効とみなされる。もちろん，債務者は，債権譲渡の事実を認めて，譲受人に弁済することは可能である。また，譲渡人からの請求に対し，債務者は，債権譲渡の事実を主張して履行を拒否することもできよう。この主張自体が，承諾に該当すると解されるからである。

(3) 債務者の「抗弁」

(a)「対抗要件具備時」までに生じた事由　債務者は，対抗要件具備時までに「譲渡人に対して生じた事由」をもって譲受人に対抗することができる$\left(\substack{468条\\1項}\right)$。

　i 「通知又は承諾」時　債権者から通知があった時，又は自ら承諾した時である。

　ii 抗弁事由　弁済などの債務消滅事由や，債権者・債務者間の契約の無効・取消しなどの事由である。

(b) 譲渡制限特約付債権の特則　譲渡制限特約付債権が譲渡された場合において，譲受人が「悪意又は重過失」であるときに，譲受人は，履行をしない債務者に対して債権者への履行を「催告」することができるが，この場合に，債務者は，債権譲渡の対抗要件具備時ではなく，催告を受けた後「相当の期間を経過した時」までに生じた「抗弁」をもって対抗できる$\left(\substack{468条2項。\\466条4項参照}\right)$。譲受人が「悪意又は重過失」であるゆえの，抗弁事由発生期間の延長である$\left(\substack{\boxed{1}3(b)\\218頁}\right)$。

(c) 抗弁の放棄の特約　他方，債権者・債務者間で，「債権譲渡において，債務者に抗弁事由があっても異議を述べない」旨の特約があった場合には，有効と解される。したがって，削除された旧468条1項「異議を留めない承諾」の効果につき，その一斑は再現されることになる。ただし，その放棄の内容が，90条（公序良俗違反）や消費者契約法10条により無効とされることがあることは，いうまでもない。

⑷　債務者の「相殺権」

(a)「債権譲渡と相殺」
　　の問題

債権者Aが債務者Bに対する債権を第三者Cに譲
渡した旨の通知（対抗要件具備行為）があった際に，
Bが A に反対債権を有する場合には，Bは，反対債権を自働債権として，C
の譲り受けた債権（受働債権）を相殺できるか。反対債権は，468条1項にい
う「〔債権譲渡の〕対抗要件具備時までに譲渡人に対して生じた事由」である
から，債務者Bは，相殺ができる可能性がある。しかし，「相殺」は弁済期の
到来（相殺適状）を要件とするから，各債権の弁済期と対抗要件具備時点との
前後関係が問題となる。

　この問題については，従来，主として「差押えと相殺」に関して争われ，
債権が差し押えられたときに，自働債権の弁済期が先に到来する場合に限っ
て債務者の相殺を認めようとする「制限説」と，「債権が差押後に取得された
ものでないかぎり，自働債権および受働債権の弁済期の前後を問わず，相殺
適状に達しさえすれば」，差押後において，債務者はこれを自働債権として相
殺をすることができるとする「無制限説」（最大判昭45・6・24
民集24巻6号587頁）とが対立していた
ところ（詳細は，第9章第2
節[4]（310頁）参照），改正469条は，無制限説を採用した。ここでいう「自
働債権および受働債権の弁済期の前後を問わず，相殺適状に達しさえすれば」
というのは，期限喪失約款に基づき，債権者に信用悪化の事情（＝差押え）が
生じた場合には，債権者が期限の利益を喪失し，債務者は期限の利益を放棄
して「相殺適状」を生じさせることができる，ということを意味する。この
理論が，「債権譲渡」の場面にも応用されてきたのである（ただし，その応用にも問
題はなくはなかったが。
奥田443頁
など参照）。

　しかし，2017年改正法は，新しい視点からこの問題に対処した。まず，債
権譲渡禁止特約を第三者に一切対抗できないことが原則（466条
2項）とされたこ
とから，それに対抗して，債務者の「相殺の抗弁」（の期待）を広く認める必
要があったのである（部会資料「37」
50～53頁参照）。前述した468条は，この視点から規定さ
れたものである（(3)225
頁）。このように，「債権譲渡と相殺」の問題は，「差押え
と相殺」の問題から離れ，新たに規制されたものということができる。

(b) 対抗要件具備時「前」に取得した債権　債務者は，対抗要件（通知又は承諾）具備時より前に取得した譲渡人に対する債権により，相殺をもって譲受人に対抗することができる（469条1項）。これは，一般の「抗弁」（＝対抗）理論から，当然のことである。

(c) 対抗要件具備時「後」に取得した債権　債務者が対抗要件具備時より後に取得した譲渡人に対する債権であっても，その債権が次に掲げるものであるときは，その債権による相殺をもって譲受人に対抗することができる（ただし，この場合，その債権が「他人から取得した債権」であるときは，この限りでない）（469条2項柱書）。

i　対抗要件具備時より「前の原因」に基づいて生じた債権（469条2項1号）　債権の「発生原因」が，対抗要件具備時より前に存在し，それに基づいて発生した債権を，対抗要件具備時後に取得した場合である。契約のほか，事務管理，不当利得，不法行為などの発生原因が，対抗要件具備時より前に成立していればよい。

ii　「譲受人の取得した債権の発生原因である契約」に基づいて生じた債権（469条2項2号）　この規定は，対抗要件具備後に生じた原因に基づいて発生した反対債権であっても，その原因が，「譲受人の取得する反対債権を発生させる契約」と同一である場合には，相殺が許されるということである。抽象的でわかりづらいが，これは，対抗要件具備「時に債権の発生原因が存在しない場合であっても，譲渡された債権と関連して一体的に決済されることが予定された取引であり，取得した反対債権がその取引から生ずるものであった場合」を指している（部会資料「37」50頁・52頁参照）。債権の「発生原因」が対抗要件具備時には存在しないものであるから，「発生原因」が具体的に生じるのは，事後的であることになる。そこで，譲渡債権が「将来債権」に限られるという説明（部会資料「74A」15頁，潮見・プラクティス503頁など）は，このことを言っているのである。

　例えば，Ａが，将来建物を建築してＢに売却する契約を締結し，Ｂから建物が完成した時点で支払われるであろう代金債権をＣに譲渡し，その旨をＢに通知したが，後に引き渡された建物に不具合が生じたために，Ｂは，Ａに対する損害賠償債権を自働債権として，ＣのＢに対する代金請求権と相殺を

するという場合である（部会資料「74A」14頁以下）。

　なお，以上の規定〔469条1項・2項〕の，466条4項および466条の3の適用に当たっては，「対抗要件具備時」を，それぞれ，「相当の期間を経過した時」，「譲受人から供託の請求を受けた時」と読み替えられる（469条3項）。

3　債務者以外の第三者に対する「対抗」

(1)　第三者に対する「対抗」の意義

(a) 二重譲渡としての第三者に対する「対抗」　譲受人Cの，債務者Bに対する「対抗」と，債務者以外の第三者Dに対する「対抗」とは，その意義を異にすることはすでに述べた（前掲**2** (1) (b)（222頁）参照）。後者の「対抗」は，物権変動での対抗（177条・178条）と同じく，優劣を決定するいわゆる「対抗問題」（二重譲渡。〔図②〕

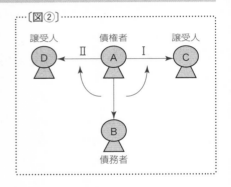

〔図②〕

譲受人 D　　債権者 A　　譲受人 C

債務者 B

参照）を生じさせる。この対抗要件として，民法は，「通知・承諾」に「確定日付」（確定日付のある証書）を要求した（467条2項）。それは，物権変動の場合とは異なり，債権譲渡の対抗要件（通知・承諾）が唯一無二のものではないため，劣後する譲受人が債務者・債権者と結託して，債権譲渡の日付を遡らせることもあり得るからである。「通知・承諾」自体に「確定日付」を付することによって，優劣の基準としようとしたのである。

　【確定日付の方法】　確定日付とは，当事者が後日変更することが不可能な公的に確定した日付である。そして，「確定日付のある証書」をもってする通知・承諾は，通知・承諾「行為」について確定日付があることであって，通知・承諾のあったこと（到達）が確定日付で証明されることではない（大連判大3・12・22民録20輯1146頁・通説）。これは，通知・承諾の後に証明された場合でもよい。通常は，公

正証書や内容証明郵便が利用されよう（民法施行法5条が確定日付あ）りとされる場合を列挙する）。

(b)「第三者」の範囲　この点も，物権変動における対抗の基本的枠組みである，譲渡「債権そのものについて両立しえない法律的地位を取得した者」（我妻543頁）ないし「帰属関係を争う者」（林ほか467頁〔高木〕）という判断基準があてはまる。典型的には，二重譲渡の譲受人，譲渡債権を差し押さえて転付命令（民執159条）を得た債権者である。これに対し，債務者Bの一般債権者や，譲渡債権の保証人は第三者に当たらないから，譲受人Cは，確定日付ある証書によらなくても，債権が自分に帰属していることを主張できる。

(c) 優劣決定の基準　「確定日付のある証書」が要求される結果，債権の二重譲渡をめぐる問題は，次のように取り扱われる。

　i　確定日付のある証書による債権譲渡と，確定日付のない通知・承諾による債権譲渡では，常に前者が優先する。先に確定日付のない通知が届いてそれに弁済したときは債権は消滅し，その後に別の確定日付のある通知が届いたとしても，それが何の意味もないことはいうまでもない。

　なお，債権の二重譲渡において，債務者が，後から対抗要件（確定日付証書通知）を具備した譲受人に弁済した場合にも，その譲受人を真の債権者であると信じ，かつ，その信ずることにつき過失がないときは，478条により，その弁済は有効とされる（最判昭61・4・11民集40巻3号558頁（本件では過失ありとされた））。

　ii　差押命令の第三債務者Bへの送達（民執145条3項）は，確定日付ある証書による通知と同様に扱われる。なお，債権質（および債権譲渡担保）設定の通知・承諾（364条）も，債権譲渡のそれと同一に扱われる（【Ⅲ】348頁・362頁参照）。

　iii　二重の譲渡についての通知・承諾が共に確定日付によらないときは，譲受人C・Dは互いに優先を主張できない（対抗要件主義から）。しかし，それは，C・D間の「対抗」の問題にすぎず，債務者Bとの関係には影響を与えない。したがって，C・Dは，共に，Bに対する対抗要件（権利主張要件）（467条1項）を備えているのだから，C・Dの一方または双方から弁済請求があったときは，債権者不確知を理由に拒むことはできない（ただし，これを理由に供託はできるというべきである）。そして，Bは，C・Dのいずれに弁済しても有効

である（通説）。後は，C・D間の分配請求関係（債権額に応じた按分比例）に委ねればよい（後掲(2)(b)iii（235頁）参照）。

　しかし，C・D間の権利実体関係が按分比例だからといって，Bは，勝手に，C・Dに按分弁済はできないというべきである（この問題は，確定日付ある通知が同時に到達した場合の問題と同じなので，詳細は(2)で述べよう）。

　　iv　双方が共に確定日付のある証書による通知・承諾の場合は議論がある。詳細は，次の(2)で述べる。

(2)　債権の二重譲渡

(a) 優劣関係の基準 ——
「確定日付ある証書」の問題点　　　　前記したように，債権譲渡の対抗要件である「確定日付のある証書」による通知・承諾は，物権変動と違って幾重にも行われ得る。そこで，A→C（第I譲渡），A→D（第II譲渡）と債権が二重に譲渡され，共に確定日付証書による通知（ないし承諾）がされた場合，その優劣は何を基準として決定すべきであろうか。次の2つの考え方がある。

　〔A〕　**確定日付説（日付先後説）**　　2つの債権譲渡が共に「確定日付証書による通知・承諾」を備えているときは，その日付の先後によるとする（我妻544頁，於保321頁，水本233頁。旧判例）。この説は，日付が後から作為を施され得ない点で対抗要件として優れているが，I譲渡通知とII譲渡通知が確定日付とは逆の順で到達した場合（II譲渡・I譲渡の順で到達した場合）には，到達順序が覆されてI譲渡が優先することになり，法的安定性が害されよう。また，Bが先のII譲渡通知を受けた時点でDに支払った場合には，それが有効とみなされるから（大判昭7・12・6民集11巻2414頁（確定日付のない通知の譲受人に支払った後に，確定日付による通知を得た譲受人が出現した場合）参照），その後に到達したI譲渡の優先的「確定日付」は何ら優先的意味をもたない（到達が事実上の基準となっているのである）。

　〔B〕　**到達時基準説**　　これに対し，判例（最判昭49・3・7民集28巻2号174頁）・通説は，債権譲渡の対抗要件としての「通知・承諾」（467条1項）は《債務者の「認識」→第三者への「表示」》を基本構造とするものであるから，債務者が何ら「認識」することができない「確定日付」を基準とすることは妥当ではないとして，到達

時を基準とすべきことを主張する。そして,「確定日付」$\binom{\text{同条}}{\text{2項}}$を要求したの
は,AがBと共謀して譲渡通知の日付を遡らせる等の作為を可及的に防止し
ようとするところにあるので,同条1項の対抗要件主義に何ら変更を加える
ものではないと解する。

〔A〕説・〔B〕説それぞれ一長一短はあるが,対抗要件の構造からは〔B〕
説の理解が正当であるし,さきに挙げたような事例は実際頻繁に生じるから,
到達時基準説が妥当というべきであろう$\binom{\text{これに対する批判}}{\text{は,水本233頁以下}}$。

> 【対抗要件の構造（債権譲渡と差押えの競合）】　467条の構造を理論的に明確
> にしたのは,前掲最判昭49・3・7である。〔図③〕Aは,Bに対する債権をC
> に譲渡し,その通知として,B宛の債
> 権譲渡書に公証人から当日付の印章
> の押捺を受けて同日午後3時頃Bに
> 持参・交付した。他方,Dは同債権の
> 仮差押命令を同日得て,その命令は
> 同日午後4時5分頃Bに送達され
> た。C（原告）のD（被告）に対する執
> 行排除請求（第三者異議の訴え）。
> 　判決は,「債権譲渡についての対抗
> 要件制度は,当該債権の債務者の債権譲渡の有無についての認識を通じ,上記
> 債務者によってそれが第三者に表示されうるものであることを根幹として成
> 立しているものというべきである。そして,同条2項が,上記通知又は承諾が
> 第三者に対する対抗要件たり得るためには,確定日付ある証書をもってする
> ことを必要としている趣旨は,債務者が第三者に対し債権譲渡のないことを
> 表示したため,第三者がこれに信頼してその債権を譲り受けたのちに譲渡人
> たる旧債権者が,債権を他に二重に譲渡し債務者と通謀して譲渡の通知又は
> その承諾のあった日時を遡らしめる等作為して,上記第三者の権利を害する
> に至ることを可及的に防止することにあるものと解すべきであるから,前示
> のような同条1項所定の債権譲渡についての対抗要件制度の構造になんらの
> 変更を加えるものではないのである。
> 　上記のような民法467条の対抗要件制度の構造に鑑みれば,債権が二重に

〔図③〕

譲渡された場合，譲受人相互の間の優劣は，通知又は承諾に付された確定日付
の先後によって定めるべきでなく，確定日付のある通知が債務者に到達した
日時又は確定日付のある債務者の承諾の日時の先後によって決すべきであり，
また，確定日付は通知又は承諾そのものにつき必要である」とし，債権の譲受
人と仮差押命令の執行をした者との優劣を決する場合でも同様であるとして
Ｃの請求を認めた。

(b) 同時到達の法律関係　　到達時基準説をとった場合に問題となるのが，2
つの「確定日付証書による通知」が債務者Ｂに同
時に到達した場合である。

　　i　譲受人間の優劣関係は？　　基本的なことではあるが，双方互いに
対第三者対抗要件を具備しているのだから，法律的には，その間に優劣関係
はあり得ない。それを前提として，二重譲渡の処理を考える必要がある。2
つの方法があろう（池田真朗『債権譲渡の研究』138頁）。

　　〔**Ａ**　**優劣関係なしとする考え方**〕　互いに相手方に対して自己が優先的
地位にあることを主張できない関係であるから，各譲渡に優劣関係はないと
する（最判昭55・1・11民集34巻1号42頁（債権譲渡と差押えの同時到達），最判平5・3・30民集47巻4号3334頁。通説）。この見解によれば，各譲受
人は対等の立場に置かれ，債務者に対してはいずれも債権者として弁済請求
ができ，債務者は，他に譲受人がいることを理由にその請求を拒むことがで
きないことになるから，新たな法的処理が必要となる（後述ii・iii参照）。

　　〔**Ｂ**　**優劣を決しようとする考え方**〕　これに対し，他に何らかの基準で
優劣を決しようとする説がある。この説では，優劣関係が決定されるから，
後述ii・iiiのような問題を生じない。――

　　ⓐ　**安達説**　　467条2項が機能し得ない場合には，原則に返って同条
1項の単純な通知の先後によって決し，それでもだめなら，一般原則に返っ
て事実上の譲渡時の先後によるべきだとする（安達三季生「指名債権譲渡の二重譲渡と優劣の基準」民法の判例〔第3版〕137頁）。

　　ⓑ　**石田（穣）説**　　最初に対抗要件を備えるべく努力した者が保護さ
れる（競争原理）とする発想から，確定日付通知の発信時の先後で決し，それ
も同時なら，実際の譲渡時の先後で決するとする（石田穣「指名債権の二重譲渡・差押と各譲受人・差押債権者の法的地位」NBL203号40頁）。

しかし，到達とは別の基準によることは，債務者の了知することができない事由によって優劣を決しようとすることであって，《債務者の「認識」》を機軸とする債権譲渡の対抗要件の基本構造と相容れない（池田・前掲書138頁，伊藤進・昭55年度重判87頁）。そもそも，債権譲渡の法定対抗要件である確定日付通知がもはや「対抗要件」としては機能しないのだから，それ以上に「対抗」の基準を探すこと自体不当であろう。〔A〕説が正当である。

ii　各譲受人と債務者との関係　　各譲受人間に優劣関係がないとすれば，各譲受人は債権者として対等の立場に置かれることになるから，各譲受人からの弁済請求に対して，債務者はそれを拒否することはできない（ただし，「債権者不確知」（被供託者はC又はD）として「弁済供託」をすることは認められる）。問題は，各譲受人は，それぞれ全額弁済請求できるのか，それとも譲受人の人数に応じて請求（分割請求）できるにすぎないのか（債務者の弁済についても，同じことがいえよう）。

〔**A**〕**全額請求説**）　前掲最判昭55・1・11の理論を押し進めれば，各譲受人はいずれも全額弁済請求できる反面，債務者はその1人に弁済すれば債務が消滅することになる（債権の一倍額性）。ただ，次の2つの立場があり得る。

ⓐ　**連帯債権説（「多数当事者債権関係」説）**　各譲受人間の債権を，連帯債権（浅沼武「判批」金法276号19頁，山田二郎「判批」金法924号14頁）ないし不真正連帯債権（横山長「判批」金法733号14頁，石田喜久夫「判批」民商83巻3号431頁，本田純一「判批」金判605号57頁）—— すなわち，多数当事者の債権関係 —— とみる（両者の相違は「主観的共同関係」の存否）。債権の一倍額性と分配請求権（後掲）を引き出すための論法である。

ⓑ　**「多数当事者債権関係」否定説**）　しかし，複数の債権者が生じ，その各自の全額請求と債権の一倍額性があるからといって，連帯債権等に直結することは短絡的すぎまいか。この場合，複数の債権者が債権を共有しているわけでは決してなく，各譲受人は互いに対抗できない結果として，それぞれ弁済請求できるということにすぎないからである（他方，債務者が一人に弁済すれば債務が消滅することは当然である）。結局において，譲受人相互間に，多数当事者の債権関係という構成を認める余地はない（伊藤進・前掲「判批」88頁，池田・前掲書147頁）。

したがって，各譲受人はそれぞれ全額要求でき，それに対して，債務者は，その中の1人に対して弁済すれば債務を免れ，後は，譲受人間の処理($\overset{後掲}{\text{iii}}$）に委ねればよいと考える。

〔B〕　**分割債権説**　複数の債権者が存在する場合は分割債権が原則なのだから，一人の単独受領を認めるには積極的理由がなければならないとして（椿寿夫『民法研究［I〕102頁以下参照』），一人の全額請求を否定し，頭数による分割債権（→したがって，各譲受人の分割請求）と考える（椿『財産法判例研究』176頁以下，奥田457頁）。後掲iiiで説明する，早い者勝ち説の不当性や分配請求権の危険性から，実体法的視点から残されたものは「分割債権」概念だとする（椿・前掲『財産法判例研究』182頁）。

　私は，〔A〕ⓑ説に与すること上で述べたとおりであるが，〔A〕ⓑ説は，問題の処理をさらに譲受人間の分配に委ねるから，〔B〕説の主張にも一理あろう。しかし，「多数当事者の債権関係」が発生するのではないという基本的な問題性はもとより，何の非もない債務者に面倒な分割弁済を課すことは妥当ではあるまい。また，譲受人によって請求額が異なる場合などでは，結局，次のiiiと同様の分配処理が必要となるから，〔B〕説のメリットが大きいというわけではない。

　問題は，前掲最判平5・3・30との関係である。この判例は，前掲最判昭55・1・11を明確に踏襲し，その上で，各譲受人が供託金還付請求権を分割取得するのだとしているので，「供託」された場合の還付請求に特有の問題と考えるのが正当であろう。その意味では，分配ないし清算的意義をもつものであるから，この「分割」処理は妥当である（次掲iii参照）。しかし，この観念を，対債務者の関係に持ち込むことは，実体法的な分割債権として，債務者に分割弁済を課すことになるので失当である。したがって，〔B〕説のいう実体関係としての債権の分割帰属を認めたものでは決してないといわなければならない（池田「到達の先後が不明である債権譲渡通知・債権差押通知の競合と供託後の処理」判タ822号4頁以下）。

【供託金還付請求権の分割取得】　前掲最判平5・3・30。債権譲渡の確定日付通知と差押通知の先後関係が明らかでないため，債務者が債権者不確知として供託し，その還付請求権を譲受人と差押債権者とが争ったもの。――判決は，「差押債権者と債権譲受人との間では，互いに相手方に対して自己

が優先的地位にある債権者であると主張することが許されない関係に立つ」
とした上で，本件のような「供託した場合において，被差押債権額と譲受債権
額との合計額が上記供託金額を超過するときは，差押債権者と債権譲受人は，
公平の原則に照らし，被差押債権額と譲受債権額に応じて供託金額を案分し
た額の供託金還付請求権をそれぞれ分割取得するものと解するのが相当であ
る」，とした。

　iii　譲受人相互間 —— 分配請求の問題　　債務者が債権譲受人の一人
に全額弁済した場合に，他の譲受人は，その譲受人に対して分配請求ができ
るか否か。学説の分かれるところである。

　〔**A**〕　**分配請求否定説（早い者勝ち説・独り占め説）**　　各譲受人は，全額請
求できる法律上の原因があるから，不当利得は成立せず，法的な清算義務も
ないことを前提に，優先劣後の関係を生じない譲受人相互間では，早く弁済
を受けた者が勝ち，各譲受人相互間では何らの請求関係も残らないとする
（水本235頁（より勤勉な者が酬いられる結果となるのはやむをえないとする），伊藤進「指名債権の二重譲渡」法教139号81頁（その結果，弁済を受けることのできなかった譲受人の不利益に対する処理は，譲渡人との関係で行うべきだとするが，これは別問題であろう），池田前掲書150頁・179-180頁（ただ，政策的に公平の理念から分配を認めようとするなら，不当利得を犠牲的に採用するしかないとする））。分
配請求権が実体法上の根拠を欠くことも理由となっている。

　〔**B**〕　**分配請求肯定説**　　これに対して，分配請求権を認めようとするの
が多数説である（なお，さきの分割債権説では，実体的に「分割」関係が生じるから，分配の問題は起きないが，思潮的には，この説の範疇に入ろう）。ただ，そ
の根拠は，説によって異なる。——

　ⓐ　**「求償権」根拠説**　　前掲の連帯債権説では，求償権が発生するから，
それを根拠に請求できるものとする（本田・前掲「判批」54頁など）。しかし，前述したよう
に，連帯債権概念の妥当性が検討されなければならないのであって，求償権
という効果を導くために債権の性質を決定する方法は，方法論として承認で
きない。

　ⓑ　**清算義務説**　　債権を終局的に独占できる地位にないことから，必
然的に平等の割合による清算義務を負うとする（横山・前掲「判批」14頁）。また，判例（前掲最判平5・3・30）も，「公平の原則に照らして」分割清算を認めるのだから，この説に
位置づけられよう（池田・前掲「判タ論文」12頁は，分配問題は本判例の射程外とするが，同じく債権者間の清算であるから，同質の問題としてよいと思われる）。

　各譲受人相互間に優劣関係がないということは，各譲受人がその債権を独

り占めできないということでもある。つまるところ，全譲受人は対等の立場にあるから，結局において，「債権者平等の原則」によるのを妥当とする（それ以外に処理基準がない）。したがって，これを根拠に分配請求（清算請求）を認めるべきである。このように考える限り，不当利得も実体的に成立すると解してよい。〔B〕ⓑ説の考え方が妥当であって，〔A〕説の結論は賛成できない。そして，その分配方法は，頭割りでなく，債権額に応じた按分比例（判例）が妥当である。

４　「登記」による「対抗」── 対抗要件の特則

(1) 動産・債権譲渡特例法の意義

　民法上の債権譲渡の対抗要件は「通知又は承諾」であるが，リース・クレジット企業などの多数の債務者に対する大量の集合債権・将来債権の譲渡（譲渡担保）について，これを要求することは現実的ではない。そこで，1998（平成 10）年に，法人につき債権譲渡の「登記」制度が導入され，譲渡「登記」をもって民法 467 条の「確定日付のある証書による通知」とみなすとする「債権譲渡特例法」（「債権譲渡の対抗要件に関する民法の特例等に関する法律」）が制定された。

　その後，バブル崩壊による逼迫した金融情勢の中で金融方法の多様化が叫ばれ，動産とりわけ集合動産の担保化の要請から，2004（平成 16）年に，動産及び債権の譲渡の統一的登記（＝対抗要件）制度が整備された。「動産・債権譲渡特例法」（「動産及び債権の譲渡の対抗要件に関する民法の特例法等に関する法律」）である（現時点の最終改正は，2019（令和元）年法16号）。

(2) 登記手続き

(a) 登記の対象　　**i 「債権」の「譲渡」**　「債権」については，金銭の支払を目的とした譲渡性を有するものに限る（法4条1項本文）。その「譲渡」については，特に制限はないから，通常の「譲渡」（債権の売買）のほか，「担保のための譲渡（譲渡担保）」も含まれる。

　　ii 譲渡人が法人　「法人」がする譲渡とは，譲渡人が法人であること

であり（$\binom{法4条1}{項参照}$），譲受人は法人でなくてもよい。

　　iii　**債権の種類**　　「債権」は，既発債権であるか将来債権であるかを問わない。

　(b) 債権の特定　　本法による「債権の特定」に必要な登記事項は，① 債権の個数，② 債務者が特定しているときは，債務者及び債権発生時における債権者の氏名・住所，③ 債務者が特定していないときは，債権の発生原因及び債権発生時における債権者の氏名・住所，④ 貸付債権，売掛債権その他の債権の種別，⑤ 債権の発生年月日，⑥ 債権発生時及び譲渡時における債権額（既発債のみを譲渡する場合に限る），である（$\binom{法8条2項4号→動産・}{債権譲渡登記規則9条1}{項}$）。

　(c) 登記の存続期間　　登記の存続期間は，原則として，(α)債務者のすべてが特定している場合は 50 年，(β)それ以外の場合は 10 年，を超えることができない（$\binom{特別の事由がある場合はこ}{の限りでない。法8条3項}$）。ただし，次の「転譲渡」の場合は例外である。——

　①　譲渡登記（旧登記）がされた債権について，譲受人Ｃがさらに第三者Ｄに譲渡をし，旧登記の存続期間満了前に登記（新登記）をした場合において，新登記の存続期間満了日が旧登記の存続期間満了日の後に到来するときは，旧登記の存続期間は，新登記の存続期間が満了する日まで延長されたものとみなされる（$\binom{法8条}{4項}$）。これは転質に関する 348 条と同じ趣旨であり，転譲渡は旧譲渡の存続期間内で存続すべきことを意味している（$\binom{【Ⅲ】\ 324}{頁参照}$）。

　②　譲渡登記がされた債権について，譲受人Ｃがさらに第三者Ｄに譲渡をし，その登記の存続期間満了前に 467 条の通知または承諾がされた場合には，当該債権譲渡登記の存続期間は，無期限とみなされる（$\binom{法8条}{5項}$）。これも，上記①と同様の趣旨である。

　(d) 登記事項　　「債権譲渡登記ファイル」に登記される事項は，① 譲渡人の商号等，② 譲受人の氏名等，③ 登記番号，④ 債権譲渡登記の登記原因およびその日付，⑤ 譲渡債権（既発債権のみを譲渡する場合に限る）の総額，⑥ 譲渡債権を特定するために必要な法務省令で定める事項（$\binom{上記}{(b)参}{照}$），⑦ 債権譲渡登記の存続期間，である（$\binom{法8条}{2項}$）。

　なお，以上の登記事項につき，すべてが記録されている書面を「登記事項証明書」といい（法11条2項），④および(b)①～⑥を除いた書面を「登記事項概要証明書」という（法11条1項）。

**(e) 登記所と登記
　情報の開示**　　(α)　**「指定法務局等」の担当**　　「債権譲渡登記ファイル」への登記（法8条），延長登記（法9条），抹消登記（法10条），および「登記事項概要証明書」・「登記事項証明書」の交付（法11条）は，「指定法務局等」（法務大臣指定の法務局・地方法務局・その支局・出張所等）がつかさどる（法5条）。また，譲渡登記・抹消登記をした登記官は，次掲の「本店等所在地法務局等」に対し，その旨の通知をしなければならない（法12条2項）。

　　(β)　**「本店等所在地法務局等」の担当**　　「債権譲渡登記事項概要ファイル」の調製・備付け（法12条1項），および同概要ファイルに記録されている事項を証明した「概要記録事項証明書」の交付（法13条1項）は，「本店等所在地法務局等」が行う（法5条2項）。また，「指定法務局等」から上記(d)①～③所掲の通知を受けた登記官は，遅滞なく，通知を受けた登記事項の概要を，譲渡人の上記「登記事項概要ファイル」に記録しなければならない（法12条3項）。

　　(γ)　**開示の対象者**　　登記事項の概要を記載した「登記事項概要証明書」および「概要記録事項証明書」は，誰でもその交付を請求できるが（法11条1項, 同13条1項），すべての登記事項を記載した「登記事項証明書」については，債権の譲渡人・譲受人，債権の差押債権者その他の利害関係人，または譲渡人の使用人，のみがその交付を請求できる（法11条2項）。

(3)　「登記」（対抗要件）の効力

**(a) 「第三者」対抗要件
　＝「登記」**　　上記の「譲渡の登記」がされたときは，債務者（第三債務者）B以外の「第三者」Cについては，467条の「確定日付のある証書による通知」があったものとみなし（法4条1項前段），「登記の日付」をもって「確定日付」とする（同項後段）。

**(b) 「第三債務者」対抗要件
　＝「登記事項証明書」による通知**　　譲渡人Aもしくは譲受人Cが，当該債権の債務者（第三債務者）Bに，「登記事項証明書」（法11条2項）を交付して「通知」し，または債務者（第三債務者）B

が「承諾」をしたときは，債務者（第三債務者）B に対しても対抗力を有する（法4条2項）。

　債権譲渡登記がされた場合においては，466 条の 6 第 3 項〔将来債権につき対抗要件具備時までに譲渡制限がされた場合の債務者の履行拒絶及び対抗〕，468 条 1 項〔対抗要件具備時までに生じた事由の債務者の抗弁〕並びに 469 条 1 項及び 2 項〔対抗要件具備時より前に取得した債権による債務者の相殺権〕の規定は，その対抗要件の「通知」としては，「登記事項証明書を交付して通知」した場合に限り，適用する（法4条3項。同2項参照）。

5 特殊目的の債権譲渡 ── 信託的譲渡

(1) 「信託的譲渡」とは何か

(a) 債権の売買と信託的譲渡　　債権の「譲渡」とは，債権の《帰属の変更》をいい，原因関係を捨象した抽象的概念である。現実には，債権の「売買」，または「担保」目的での譲渡，あるいは債権「取立て」のための譲渡などの形で生じる。

　そこで，「譲渡」=《帰属の変更》であるとすると，これが典型的に見られるのは，「債権の売買」しかない。例えば，弁済期が 2 年後の 100 万円の債権を，現金化の必要から 90 万円で売却する場合（割引売買）などである。

　他方，「担保」のための債権譲渡や，「取立て」のための債権譲渡は，それぞれの目的のために「譲渡」（帰属の変更）という「形式」を使っている。このような「特定の目的」のために財産自体を他人に託すことを，広義で「信託」という。担保目的や取立目的でする債権譲渡は，いうまでもなく，「信託的譲渡」である。

　信託的譲渡の法律的構造は，権利移転を受けた譲受人（受託者）は，対外的には権利者となるが，信託者に対する関係では「特定の目的」に拘束される，というものである。担保目的でする信託的譲渡は「債権譲渡担保」の問題としてすでに『担保物権』で詳論したので（【Ⅲ】359頁以下），ここでは取立目的の債権

譲渡のみを取りあげよう。

(b) 取立権の授与と信託的譲渡　通説・判例は，取立てのための債権譲渡には，「取立権のみの授与」の場合と，上記の「信託的譲渡」の場合とがあるとする。すなわち，前者では，債権の譲受人は自己の名で他人（譲渡人）の権利を行使する権限しかないが，後者では，譲受人は債権を信託的に譲り受けるものであるから，対外的には権利者となるが，ただ取立ての目的に拘束されるのだと解する。そして，その判別は当事者意思によるが，不明なときは前者と解すべきだとする（この類型化を打ち出したのは，大判大15・7・20民集5巻636頁）。

　しかし，この理解には疑問を感じざるを得ない。そもそも，取立てのために債権を譲渡して，しかもそれは，信託的譲渡ではなく取立権のみの授与だということが論理的にあり得るのかどうか。取立目的のために権利を譲渡（債権譲渡）することがまさに一つの信託的譲渡であって，それ以外に，「債権譲渡」（権利移転）という形式の下に取立権のみを授与することがあるというのは悖理である。しかるに，「取立権のみの授与」理論（前掲判例）は，実はこのようなことを言わんとしたのではなく，信託的譲渡の場合でも権利が移転しない場合があり得る（譲渡担保でのいわゆる担保的構成に同じ）ことを言おうとしたのであることに注意しなければならない。

> **【大判大 15・7・20 の意義】**　本判決が「取立権のみの授与」概念をなぜ表明したかというと（概念自体はドイツ法学説の承継であるが），その時代思潮を思えば容易に理解されよう。この時代は，譲渡担保について判例・学説の最も紛糾した時であり，特に大正 13 年には，大審院は，信託的譲渡をして権利が内外部共に譲受人に移転する（債権関係は残存しない）ものだとした（大連判大13・12・24民集3巻555頁）。
>
> 　これに対して，学説はこぞって激しく非難を加えた。その結果，判例は，学説の批判を受けて軟化していく（詳細は，近江『研究』119頁以下）。この判例もまたその流れに沿い，「取立権のみの授与」であり債権の帰属は変更しないことが当事者意思の原則形態であると表明したのである。

　要するに，「取立権のみの授与」とは，信託的譲渡の法的構成の一つの理論にすぎないのであって，両者は，対置される概念ではないのである。理解の

ために，これらの関係を示すと次のようになる。——

$$
債権譲渡
\begin{cases}
債権の売買（債権の帰属の変更）\\[4pt]
信託的債権譲渡
\begin{cases}
担保目的の債権譲渡（債権の譲渡担保）\\[4pt]
取立目的の債権譲渡
\end{cases}
\end{cases}
$$

(2)　取立のための債権譲渡の解釈論

(a) 基本的視点　以上のことを理解した上で，取立のための債権譲渡の法的構成を考えると，外形的な権利移転の側面を重視するか，それとも当事者間の取立目的による拘束の側面を重視するかである。信託的譲渡（権利の信託的移転）といっても，その内実は取立目的にすぎないのであるから，法的構成上も，基本的には権利は移転しないことを本質と考えるべきであろう（林ほか472頁〔高木〕）。譲渡担保の担保的構成と異別に考える必要はないのである。

(b) 譲渡人と債務者との関係　債務者Bの，債権者（譲渡人）Aに対する債務消滅行為（弁済・相殺など）は有効であり，また，Aのした債権の処分やBに対する債務免除も有効である。

(c) 譲受人と債務者との関係　Bが，譲渡通知を受けた際に取立目的を知らずに，譲受人Cと更改契約をし，新債務を弁済したような場合には，A→C（譲受人）間の譲渡を虚偽行為と考え，94条2項を類推して，善意・無過失の第三者B（債務者）には対抗できないと考えるべきである（林ほか473頁〔高木〕）。

(d) 譲渡人と第三者との関係　譲受人Cが第三者Dに債権を転譲渡した場合である。Dからすれば，A→C間の譲渡は虚偽行為と見られるから，同じく94条2項を類推してもよいであろう（林ほか473頁〔高木〕）。

第2節　債務引受・契約上の地位の移転

1　「債務引受」とは何か

《債務引受の2形態》── 免責的債務引受と併存的債務引受

〔図①〕・〔図②〕「債務の引受け」とは，債務者Bが債権者Aに対して負担する「債務」を，第三者（引受人）Cが「引き受ける」ことである。この場合に，「第三者Cが債務を引き受けた」以上，債務者Bは債務から解放され，債務者ではなくなるとする形態を，「免責的債務引受」という。これに対して，引受人Cが債務を引き受けるものの，債務者Bの債務は消滅せず，債務者Bと引受人Cとが共同して債務を負担する形態もあり得る。これを，「併存的債務引受」（重畳的債務引受）という。

この両者間には，理論的な問題が存在する。債務者の「債務」は

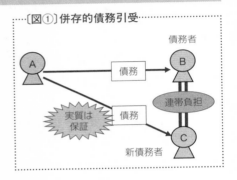

〔図①〕併存的債務引受

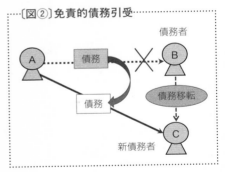

〔図②〕免責的債務引受

1個であるから，それを第三者が引き受けたとすれば，債務者には債務はないことになる。したがって，債務引受とは「免責的債務引受」を指すことになる。そして，債務者に債務が残存する「併存的債務引受」は，実質的には

第三者の「保証」であるから，両者間には法律的共通性はない，との考え方が通説であった（我妻 573頁）。

　これに対して，債権譲渡との近似性に着目して，債務引受を，債権者と引受人との間の契約であり，その際に必要とされる「債権者の承認」を「債務者に対する免責」と解して，承認があれば免責的債務引受となるが，承認がなければ併存的債務引受となるとする有力説があった（於保330頁以下。同旨，奥田472頁）。しかし，これでは，「債務は1個」であるとのドグマを説明できないため，於保博士は，「設定的債務引受」論を主張して解決しようとした。すなわち，「債務者は自己の負担する債務と同一内容の債務を新たに設定してこれを引受人に譲渡する」のだとし，併存的債務引受の場合も，同様の債務譲渡理論で説明した（於保338頁・ 340頁注16）。

　しかし，「債権者の承認がなければ併存的債務引受となる」とする原則論には賛成できるものの，「債務者は自己の負担する債務と同一内容の債務を新たに設定してこれを引受人に譲渡する」という論理の展開には，抵抗を禁じ得ないであろう。

　それゆえ，もはやここで性質論を論じても意味がなく，重要なことは，新設の「債務引受」制度（470条 以下）は，免責的債務引受が債務者の免責だけではなく既存の担保の消滅という過大な効果を伴うことから，「債務引受をした当事者の意思が，併存的債務引受か免責的債務引受か明らかでない場合には，併存的債務引受と解釈すべきである」ということに基点を置いて設計されたものであるということである（部会資料「38」 2頁参照）。その意味で，新制度の原則は，多分に「保証」的要素が強いものである。

2　併存的債務引受

(1)　併存的債務引受の契約

(a) 債権者・債務者・
　　引受人の合意

引受人が「債務者と連帯して債務を引き受ける」とする併存的債務引受を，債権者・債務者・引受人の

三者の契約によって行うことができるのは当然である。

(b) 債権者と引受人　併存的債務引受は、債権者と引受人となる者との契約によってすることができる $\left(\substack{470条\\2項}\right)$。この場合は、債務者は、不利益を受ける者ではないから、関与しない。

(c) 債務者と引受人　債務者と引受人となる者との契約によってもすることができるが、肝心の債権者が外れるわけであるから、債権者の「承認」がなければ、債権者には対抗できないことになる。それゆえ、この場合の併存的債務引受の効力は、債権者が引受人となる者に対して「承諾」をした時に、生ずる $\left(\substack{470条\\3項}\right)$。なお、この場合は、債権者は第三者に該当することになるから、「第三者のためにする契約」に関する規定に従う $\left(\substack{470条\\4項}\right)$。

(2) 併存的債務引受の効果 ── 「同一債務」の「連帯負担」

「併存的債務引受の引受人は、債務者と連帯して、債務者が債権者に対して負担する債務と同一の内容の債務を負担する」$\left(\substack{470条\\1項}\right)$。「連帯保証」と極めて酷似するが、「保証」は、保証人が独立した保証債務（ただし、主たる債務者には付従する）を負担するのに対し、「併存的債務引受」は、債務者の債務と「同一の債務」を負担するわけだから、債権者と引受人との間に発生する債権関係は、独立性をもっている。

(3) 引受人の抗弁等

(a) 引受人の抗弁の対抗　引受人は、併存的債務引受により負担した自己の債務について、その効力が生じた時に債務者が主張することができた抗弁をもって債権者に対抗することができる $\left(\substack{471条\\1項}\right)$。

(b) 債務者の取消権・解除権　債務者が債権者に対して取消権又は解除権を有するときは、引受人は、これらの権利の行使によって債務者がその債務を免れるべき限度において、債権者に対して債務の履行を拒むことができる $\left(\substack{471条\\2項}\right)$。保証債務における主たる債務者について生じた事由の457条3項と同じ趣旨である $\left(\substack{その意味については、第7章\\第5節\mathbf{4}\,1\,(b)iii（196頁）参照}\right)$。

3 免責的債務引受

(1) 免責的債務引受の契約

(a) 免責的債務引受 の意義 「免責的債務引受」とは，既述したように，<u>債務者が負担する「債務」を引受人が「引き受ける」ことである</u>

（法文では，債務者が負担する債務と「同一の内容の債務を負担し」となっているが，これは，併存的債務引受に平仄を合わせた説明に過ぎず，実体的には「債務を引き受ける」とする観念が正しい。そうしないと，消滅した債務の「抗弁」をなぜ新しい債務に対抗できるかの説明に窮することになる。後述）。「引受人が債務を引き受けた」以上，債務者は債務から解放されるとともに，債権関係は，債権者と引受人との間に存在することになる。

通常，抵当債務者が債務を引き受けてもらうことを条件に抵当不動産を第三者Cに売却する場合や，請負人が変更する場合などで見られよう。

なお，免責的債務引受の実質は，義務の肩代わり履行と責任財産の変更であるから，そこで保護されるべきは，債権者の利益である。したがって，引受契約の成立には，必然的に，債務者の意思的関与がなければならない。

(b) 債権者・債務者・ 引受人の合意 免責的債務引受についても，債権者・債務者・引受人の三者の契約によって行うことができるのは当然である。

(c) 債権者と引受人 債権者と引受人となる者との契約によってすることもできるが，この場合には，免責的債務引受は，<u>債権者が債務者に対してその契約をした旨を通知した時に</u>，その効力を生ずる（472条2項）。債務者の意思に反する場合はできないが（大判大14・12・15民集4巻710頁，我妻567頁），債務者の意思に反するかどうかは，引受契約時を標準とし，その挙証責任は，意思に反したことを主張する者にある（判例・通説）。

(d) 債務者と引受人 債務者と引受人となる者との契約でもできるが，この場合は，債権者が引受人となる者に対して「承諾」をしなければならない（472条3項）。免責的債務引受は，債務者の責任財産の変更であるから，債権者の利益を害する危険性があり，したがって，<u>債権者の「承</u>

諾」を条件とし，この承諾があれば，引受契約は遡及的に効力を生じる，と解される（通説，前掲大判大14・12・ $\binom{}{15}$ 同意を要するとする）。ドイツ民法415条（承認により効力を生じるとする）にならった解釈であるが，債務者免責効果を債権に対する一種の処分と解し，無権利者に対する処分行為の追認理論（同条185）をその根拠とするものである（於保337頁，我 妻568頁参照）。そこで，あらかじめの承認があればもちろん，引受契約後にされる事後的承認（＝追認）でも，有効である。また，明示的でも，黙示的でもかまわない。

(2)　免責的債務引受の効果 —— 債務者の「債務」の移転

　472条1項は，「免責的債務引受の引受人は債務者が債権者に対して負担する債務と同一の内容の債務を負担し，債務者は自己の債務を免れる」とし，引受人の債務が，「債務者の債務と同一の内容の債務」だという。しかし，前記したように（ $\binom{(1)}{(a)}$ ），債務者が負担していた「債務」を「引き受ける」（債務は，同一性を失わずに引受当時の状態で引受人に移転し，引受当時その債務に付着する一切の抗弁事由も引受人に移転する）とする旧来の考え方が正当である（次掲「引受人の抗弁」参照）。

(3)　引受人の抗弁等

(a) 引受人の抗弁の対抗　　472条の2第1項は，免責的債務引受において，「引受人は，免責的債務引受により負担した自己の債務について，その効力が生じた時に債務者が主張することができた抗弁をもって債権者に対抗することができる」とする。

　しかし，債務の引受人が「抗弁」をもって対抗できるというのは，当該「債務」に付着していた事由であるから対抗できるのであって，これが，「債務者の債務が一旦消滅し，引受人に新たに生じた新債務」（同一債務）」につき「対抗」できるというのは，論理的に辻褄が合わない。併存的債務引受の470条1項に平仄を合わせたから，このようなおかしな表現になったのである。

　したがって，法文の表現はともかく，債務者の「債務に付着した抗弁」をもって，引受人は債権者に対抗できる，と単純に解さなければならない。ち

なみに，従来の通説は，次のように解していた。すなわち，債務は，<u>同一性を失わずに，引受当時の状態で，引受人に移転する</u>。したがって，<u>引受当時，その債務に付着する一切の抗弁事由も，引受人に移転する</u>。債務の不成立，取消しの効果，債務の一部弁済，同時履行の抗弁権などであり，引受人は，これらの事由をもって債権者に対抗することができる$\left(\begin{smallmatrix}我妻570頁\\以下など\end{smallmatrix}\right)$。

(b) 債務者の取消権・解除権　債務者が債権者に対して取消権又は解除権を有するときは，引受人は，免責的債務引受がなければこれらの権利の行使によって債務者がその債務を免れることができた限度において，債権者に対して債務の履行を拒むことができる$\left(\begin{smallmatrix}472条の\\2第2項\end{smallmatrix}\right)$。この規定も，既述した，併存的債務引受の 471 条 2 項$\left(\begin{smallmatrix}上記\boxed{2}3(b)\\(244頁)\text{ 参照}\end{smallmatrix}\right)$と同じ趣旨である。

　なお，その前提には，取消権・解除権は，債務に付着するものではなく，債務を発生させる原因関係（契約）の当事者の地位に付着するものだから，移転しないとする理論がある$\left(\begin{smallmatrix}前掲大判大14・12・\\15（解除権につき）\end{smallmatrix}\right)$。

(c) 引受人の求償権　免責的債務引受の引受人は，債務者に対して求償権を取得しない$\left(\begin{smallmatrix}472条\\の3\end{smallmatrix}\right)$。これは，引受人の履行は自分の債務の履行だから，求償権は発生しないという発想である。

　求償権は，第三者（保証人等）弁済によって発生するものであるから，その前提行為の中で清算されることが多いであろう。例えば，抵当権（700 万円）が設定された不動産（価格 1000 万円）を 300 万円で売却する際に抵当債務 700 万円を引き受けてもらう場合である。第三者弁済だと 700 万円の求償権が発生するが，この場合は，売買代金 300 万円の中で，抽象的な求償関係が清算されていることになる。このことを理論的に考えると，引受人が弁済することにより取得する求償権は，引受債務額相当分と相殺される予めの特約があるのだと解することも可能である$\left(\begin{smallmatrix}近江「判批」リマー\\クス8号53頁以下参照\end{smallmatrix}\right)$。

(4)　担保の移転

(a) 債権者による担保の移転　債権者は，免責的債務引受により，債務者が免れる<u>債務の担保として設定された「担保権」を引受人が負担する債務</u>に移すことができる$\left(\begin{smallmatrix}472条の4\\第1項本文\end{smallmatrix}\right)$。「債務の担保として設定された」担保権

であるから，同一性を保ったまま移転することになる。

なお，引受人以外の者（物上保証人等）が設定した担保権である場合には，その者の「承諾」を得なければならない（同項ただし書）。

(b) 引受人に対する意思表示　上記(a)の担保権の移転は，「あらかじめ又は同時に」，引受人に対してする意思表示によってしなければならない（472条の4第2項）。

(c) 保証人（人的担保）に準用　上記(a)・(b)の「担保の移転」規定は，免責的債務引受により債務者が免れる債務の「保証人」に準用され，したがって，「保証人」の「承諾」を得なければならない（472条の4第3項→同1項）。ただし，――

　　i 保証人の書面による承諾　保証人の「承諾」は，「書面」でしなければ，その効力を生じない（472条の4第4項）。

　　ii 電磁的記録による承諾　上記 i の承諾が電磁的記録によってされたときは，その承諾は，書面によってされたものとみなす（472条の4第5項）。

4 　履行の引受け

(1) 「履行引受」とは何か

「履行引受」とは，引受人（第三者）と債務者間で，債務者が負担する債務につき，引受人がその債務の履行をすることを約する契約をいう。「債務」の引受けではない。単に「債務の履行を代わってする」だけであるから，債権者・引受人間に債権関係が発生するわけではなく，引受人は，債権者に対し，第三者として弁済することになる（474条）。

したがって，第三者弁済であるから，第三者のためにする契約という構成は必要でない（ただ，現実に行われる約定の文言上不明な場合も少なくない）。

(2) 履行引受の効果

履行引受は，いわば「弁済契約」であるから，引受人と債務者間には，履

行引受についての債権関係が発生する。すなわち，引受人が履行しない場合には，債務者は，履行すべき旨を訴求できるし，強制執行をすることもできる。また，引受人が履行しなかったために債務者が履行した場合は，債務者は，債務不履行による損害賠償を請求できる$\left(\substack{判例・\\通説}\right)$。

5　契約上の地位の移転

(1)　「契約上の地位の移転」の意義

(a)「契約上の地位の移転」とは何か　契約の当事者の一方が第三者との間で「契約上の地位」を譲渡する旨の合意をした場合において，その契約の相手方がその譲渡を「承諾」したときは，契約上の地位は，その第三者に移転する$\left(\substack{539条\\の2}\right)$。これを，「契約上の地位の移転」（または契約引受）という$\left(\substack{2017年\\新設}\right)$。

(b)「契約上の地位の移転」概念の必要性　〔図③〕例えば，AがBに不動産（価格1000万円）を売却し，Bが内金500万円を支払った際にAがその登記をBに移転し，その後，Aは，Bに対する残金500万円の代金債権をCに譲渡し，CがBに対して残代金の支払を要求したとしよう。Bが払おうとしない場合，Cは，売主ではないから，不動産売買契約を解除す

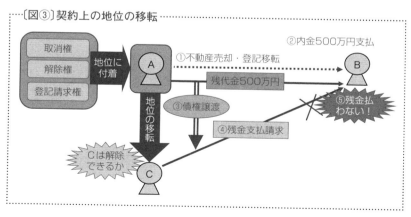

〔図③〕契約上の地位の移転

ることもできない。そこで，どうしても，「契約上の地位の移転」構成が必要となる。このような要請から，539 条の 2 が新設されたのである。

　このように，債権譲渡・債務引受は，個々の債権・債務を移転するものであるため，その譲受人は，それを生じさせている「契約」自体（原因行為）を解除したり取り消したりすることはできない。解除権は，相手方の債務不履行のために契約当事者に発生するものであり，取消権も，取消原因の存在ゆえに，契約当事者（取消権者）に発生するものだからである。そこで，解除権や取消権を含む債権・債務の移転の必要性が叫ばれ，契約上の地位の移転（契約引受）理論が発達した。系譜的にはドイツ契約引受理論を承けているが $\left(\begin{smallmatrix}\text{大窪誠「ドイツにおける契約引受論」法学 55 巻 3 号 141 頁以下，同「BGB}\\\text{における法定契約引受」盛岡短期大学法経論叢 13 号 29 頁以下参照}\end{smallmatrix}\right)$，他方，フランスでは これが「契約譲渡」という概念で発達してきた $\left(\begin{smallmatrix}\text{野澤正充『契約譲渡}\\\text{の研究』103 頁以下}\end{smallmatrix}\right)$。

(2)　「契約上の地位の移転」の要件

(a) 両当事者・譲受人による三者間契約　契約上の地位の移転が，原契約の両当事者（債権者 A 及び債務者 B）と地位の譲受人 C との三者間契約でされるのが有効なことは当然である。

(b) 譲渡人と譲受人による引受契約　問題は，譲渡人 A 又は B と譲受人 C の合意による契約上の地位の移転の場合である。およそ契約（債権関係の発生）とは，両当事者である A・B 間において，その人的信頼関係の下に締結されるものである。したがって，契約上の地位を譲渡することは，原則として，相手当事者 B 又は A の「承諾」を必要とし，それがない契約上の地位の譲渡は無効である $\left(\begin{smallmatrix}\text{最判昭 30・9・29 民}\\\text{集 9 巻 10 号 1472 頁}\end{smallmatrix}\right)$。539 条の 2 の「相手方の承諾」とは，このことを指している。また，承諾は，明示でも黙示でもよい。

(c) 賃貸借契約の賃貸人の地位の移転　この問題は，歴史的な問題でもあったが，2017 年改正で，賃貸不動産の譲渡に伴って「賃貸人たる地位」がその譲受人（新所有者）に移転すること（法定移転）$\left(\begin{smallmatrix}\text{605 条の}\\\text{2 第 1 項}\end{smallmatrix}\right)$，及び，譲渡人と譲受人との「合意」による「賃貸人たる地位の移転」の場合は賃借人の承諾を要しないこと，が規定された $\left(\begin{smallmatrix}\text{605 条}\\\text{の 3}\end{smallmatrix}\right)$。いずれも，「賃貸借」の項目

に譲る。

(3)　「契約上の地位の移転」の効果

(a) 一切の権利・義務の移転　「契約上の地位の移転」は，契約関係にある当事者（債権者又は債務者）が，その債権関係の地位自体を，第三者（引受人）に移転することである。

したがって，<u>引き受けた第三者は，債権関係から生じる一切の権利・義務を承継</u>する。当該債権関係が内包する債権・債務のほか，それから生じる将来的な債権・債務，契約当事者に発生するところの契約解除権や取消権も，当然に移転する。

(b) 譲渡人の債権関係からの離脱　反対に，契約上の地位の移転した譲渡人は，その債権関係から離脱する。「債務引受」（併存的債務引受）ではないから，譲渡人に債権関係上の義務は残らない。

第9章　債権の消滅

《債権の消滅原因》

債権が消滅する場合は，大別して，次の2つに分けることができる。

(a) 債権の消滅を目的とする原因行為　第1に，債権の消滅を直接目的とする原因行為による場合であるが，これは，債権の目的との関係で，さらに2つに分けることができよう。——

　i　目的の消滅　債権の目的は，債務者の給付（履行行為）であるから，この目的が達成されたときは，債権は消滅する。これが，本来的な債権消滅の原因であり，その典型が「弁済」である。代物弁済・相殺・供託はこの範疇に入る。なお，弁済法理から特殊的に，第三者による弁済，強制執行，担保権の実行，準占有者に対する弁済などの場合にも，債権は消滅する。

　ii　目的消滅以外の原因　更改・免除・混同がある。

(b) 別個の制度による消滅　第2に，民法上の他の制度から，債権が消滅を来す場合がある。消滅時効，債務者の責めに帰することができない事由による履行不能のほか，法律行為の運命 —— 取消し・解除・解除条件の成就 —— によっても，債権は消滅する。

　上記(b)の債権消滅原因は民法の各箇所で説明されるから，本章では，「債権の消滅」を直接目的とする上記(a)の各原因を，順次取り上げていく。

【「目的到達」論】　「目的到達」とは，広義では，履行行為（弁済・供託・相殺等）などにより債権が目的の到達によって消滅する場合一般をいうが（この点で，解除・解除条件の成就・履行不能などによる債権消滅と区別される），狭義では，債務者（またはそれに代わる第三者）の履行行為によることなく，偶発的な事件（または予定された実現行為と異なる方法）によって，債権が本来の目的に到達することを指す。例えば，① 急患が医師に往診を頼んだところ，医師が到着する前に自然治癒した場合や，座礁した船舶の引揚げを頼んだが，曳航船が到着する前に，高波で船舶が自然浮上した場合，② AがBにCの土地を遺

贈したが，Cは，その事情とは無関係に，Bにその土地を贈与したという場合（無償原因競合の場合）である。

　「目的到達」論とは，狭義の場合の法律的取扱いを問題とするものである（詳細は，磯村哲『注民(12)』15頁以下，半田吉信「目的到達法理の史的発展」千葉大学法経研究4-7号参照（ローマ法以来の史的研究））。上記の例では，その債務は，目的を達したゆえに，消滅するのか否か。消滅するとした場合，債務者の対価的債権（反対給付）も消滅するかどうか。さらに，履行の準備に費やした費用を，債務者は請求できるか否か，などが問題となる。

　この議論は，わが国では，ほとんど脚光を浴びることがなかった。目的到達から派生する反対給付の運命の問題は，履行不能の危険負担法理によって解決され得たからである（この立場は現在の通説でも変わらない）。なお，半田吉信教授は，目的到達に関する分析・検討により，その理論そのものよりも，債務本質論・債務消滅原因論・履行不能論・事情変更の原則等の法理に影響を与え，さらに，それから派生する反対給付の問題から，双務契約本質論・信頼責任論・危険負担・契約締結上の過失論等にアプローチする結果となったと評価する（半田・前掲論文参照）。

第1節　弁　　済

第1款　「弁済」制度

1　弁済制度の意義

(1)　「弁済」とは何か

「弁済」とは，債権の目的（＝債権の消滅）の達成であって，債務の内容である給付を実現させる債務者の行為である。すなわち，債務者が債権者に対して債務の「弁済」をしたときは，その債権は，消滅する（473条）。

「弁済」は，債権の本来的な目的の達成であるから，① 第1に，給付が債務の本旨に従ったものであること，② 第2に，給付がその債権の消滅に向けられていること，を要する。

この場合，理論的に二つの問題がある。一つは，「第三者弁済」である。債務者のみが債務を負担する者と厳格に解するときは，第三者弁済は弁済に当たらず，弁済と同一の効果を生じさせるものということになる。しかし，第三者としても，債務者の意思に反して弁済をすることはできないのだから（474条2項），有効な「弁済」として位置づけられよう（奥田488頁）。

もう一つは，「強制執行又は担保権実行」による満足である。これを「弁済」とみなすことは，抵抗が多い。そこで，弁済に準じて考え，弁済充当などの規定の適用を認めればよい，とするのが多数説である（奥田488頁）。

なお，「代物弁済」については，弁済の特殊的形態ともいえない要素が存するので，第3款で後述する。

(2) 弁済の法的性質

弁済の法的性質については，かつては大いに議論されたところであるが $\binom{奥田『注民⑫』}{44頁以下参照}$，現在では，これを，法律行為と解する説（債務の消滅に向けられた弁済意思を必要とする）はなく，たとえ給付行為が法律行為としてされた場合であっても，弁済の効果としての「債務の消滅」は，弁済者の効果意思によるのではなくて，債務の内容の実現によるものであるとして，学説は非法律行為説（事実行為説）をとる $\binom{我妻216頁，奥田491頁，}{林ほか204頁〔石田〕}$。

2 弁済の方法

《民法の解釈規定》 弁済の方法等につき，民法は，以下のような解釈規定（補充規定）を置いている。弁済の提供が債務の本旨に従ったものであるかどうかの判定に際して，その標準となるものである。

(1) 弁済の目的物

(a)「特定物」の引渡し 債権の目的が「特定物」の引渡しであるときは，弁済者は，① 第1に，「契約その他の債権の発生原因及び取引上の社会通念に照らしてその引渡しをすべき時の品質」の物を引き渡すべきであるが，② 第2に，「その品質を定めることができないとき」は，その「引渡しをすべき時の現状」でその物を引き渡さなければならない $\binom{483条。なお，第2章第1}{節\boxed{1}2(a)（29頁）参照}$。

(b)「他人の物」の引渡し 弁済者が，「他人の物」を引き渡した場合は，更に有効な弁済をしなければ，その物を取り戻すことができない $\binom{475}{条}$。本来，弁済は無効であるから弁済者は取戻しを請求できるはずであるが，更なる弁済を担保するための規定として置かれた。

なお，その場合，債権者が，弁済として受け取った物を，善意で，消費しまたは譲り渡したときは，その弁済は有効とされ $\binom{476条}{前段}$，債権は消滅する。しかし，このことは，「弁済は有効→したがって，債権は消滅」ということ（債

権者と弁済者間の問題）であって，真の所有者（第三者）の所有権が否定される
わけではないから，その第三者は，債権者に対して，その物の返還請求また
は不当利得返還請求が可能である。そこで，債権者は，第三者からこの賠償
請求を受けてそれに応じたときは，弁済者に対して求償することができる
$\binom{476条後段。債権が復}{活するわけではない}$。ただし，債権者が，その物につき即時取得をするときは
別であり，債権は目的を達して消滅する$\binom{判例・}{通説}$。

(2) 弁済の場所及び時間

(a) 当事者の合意等 　弁済の場所は，当事者間の明示または黙示の合意や
$\binom{484条1}{項参照}$，取引慣行で決められることが普通である。
それがない場合に，民法は，次のような補充的規定を置いている。

(b) 特定物の引渡し場所 　特定物の引渡しであるときは，「債権発生の時に
その物が存在した場所」である$\binom{484条}{1項}$。ただし，
その債務が履行不能によって損害賠償債務に転化したときは，次の(c)による。
商行為によって生じた債務については，商法に同様の規定がある$\binom{商516}{条}$。

(c) 特定物以外の弁済場所 　特定物以外の弁済であるときは，「債権者の現
在の住所」である。$\binom{484条}{1項}$。ただし，売買目的
物の引渡しと同時に代金を支払うべきときは，その引渡場所である$\binom{574}{条}$。

(d) 取引時間 　法令又は慣習により，取引時間の定めがあるときは，その取
引時間内に限り，弁済をし，又は弁済の請求をすることがで
きる$\binom{484条}{2項}$。

(3) 弁済の時期及び費用

(a) 弁済の時期 　弁済の時期を，通常，「履行期」ないし「弁済期」という。
履行期は，当事者の意思表示，給付の性質または法律の規
定によって決定されよう。それで決定することができないときは，一般の取
引慣行ないし信義則によることになる。履行期において弁済（履行）をする
のが普通だが，債務者は，債権者の利益を害さない限りは期限の利益を放棄
することができ$\binom{136条}{2項}$，また，一定の状況の下では，期限の利益を喪失する

ことがある$\binom{137}{条}$。履行期は，債権法上，債務不履行責任や受領遅滞責任を発生させる重要な基準となる。

(b) 弁済の費用 弁済のために支出した，運送費・関税・登記費用・債権譲渡の通知費などについては，別段の特約のないかぎり，債務者の負担となる$\binom{485条}{本文}$。ただ，債権者が住所を移転したことなどによって弁済の費用を増加させたときは，その増加分については，債権者が負担しなければならない$\binom{485条た}{だし書}$。なお，有償契約に関する契約費用は，当事者双方が等しい割合で負担する$\binom{558条・}{559条}$。

(4) 弁済の証拠

(a) 受取証書の交付 弁済の証拠は，二重弁済や後日の紛争の防止として，実際上，重要な役割を果たす。そこで，弁済者は，まず，弁済受領者に対して，その受取証書の交付を請求することができる$\binom{486}{条}$。この場合，弁済と受取証書の交付とは，同時履行の関係に立つと解される$\binom{通説・}{判例}$。

(b) 債権証書の返還 次に，債権に関する証書が作成されている場合において，弁済者が全部の弁済をしたときは，その証書の返還を請求することができる$\binom{487}{条}$。一部弁済の場合には，その返還を請求できないが，ただ，その債権証書に一部弁済の旨を記載すべきことを請求することはできる$\binom{我妻}{296頁}$。

債権者が証書を紛失したことを理由に，債務者が弁済を拒絶することは許されない。また，弁済と証書の返還とは同時履行の関係に立たない。債務者は，弁済によって受取証書の交付を請求でき，その目的を達することができるからである$\binom{奥田}{521頁}$。

なお，この請求権の性質は，不当利得返還請求権と解される。

3　弁済者と弁済受領者

(1)　弁済者

(a) 債務者　債務者が本来的な弁済者であることは，説明を要しない。履行補助者による弁済も，債務者の弁済とみなされる。なお，歴史的には，人的法鎖としての債務者のみが弁済することを認められたが，法鎖から解放されるに従い，債務者から弁済権限を与えられた者のほか，一定の第三者も弁済が認められるようになった。

(b) 弁済権限を有する者　債務者からまたは法律の規定により，弁済権限を与えられた者（法定または任意の代理人，財産管理人など）は，債務者の代理人・管理人として弁済ができるが，弁済は事実行為（履行行為）であるから法律的に独立した意味をもたず，これらの者による弁済は債務者の弁済とみなされる。

(c) 第三者 ──「第三者弁済」　債務の弁済は，「第三者」もすることができる$\binom{474条}{1項}$。代物弁済や更改なども，同様に解されている。ただし，次の一定の制約がある。

i　債務の性質による制約　債務の性質が第三者の弁済を許さない場合である$\binom{474条4}{項前段}$。例えば，絵画の完成や音楽演奏などの債務。

ii　当事者の意思表示による禁止又は制限　当事者が第三者の弁済を禁止又は制限する意思表示をしたときである$\binom{474条4}{項後段}$。

iii　弁済につき「正当な利益を有しない第三者」　弁済につき「正当な利益」を有しない第三者については，次の制限が加わる。なお，「弁済につき正当な利益がある者」とは，弁済することにより法律上の利益を取得できる者であるから，逆にいえば，弁済しなければ不利益が発生する者である。例えば，物上保証人，担保不動産の第三取得者，後順位抵当権者，地代弁済をする借地上の建物賃借人などがそれに当たる$\binom{我妻244頁。最判昭39・4・21民集18巻4号}{566頁（ただし，債務者たる清算会社に対}$する第三者弁済を否定），最判昭63・7・1判時1287号63頁（建物賃借人）$\big)$。したがって，「正当な利益を有しない者」とは「法

律上の利益」を取得しない者であり，例えば，債務者と親族関係（大判昭14・10・13民集18巻1165頁）・友人関係にあるにすぎない者などがそれに当たる。

　　　(α)　「債務者」の意思に反する弁済の禁止　　債務者の意思に反して弁済をすることができない（474条2項本文）。その意味は，それがされた場合は，その弁済が無効となることである。ただし，債務者の意思に反することを，債権者が知らなかったときは，この限りでない（同項ただし書）。

　　　(β)　「債権者」の意思に反する弁済の禁止　　債権者の意思に反して弁済をすることができない（474条3項本文）。ただし，その第三者が債務者の委託を受けて弁済をする場合において，そのことを債権者が知っていたときは，この限りでない（474条3項ただし書）。

　　iv　第三者からの「相殺」は
〔**図①**〕問題は第三者からの「相殺」である。学説も分かれる。――

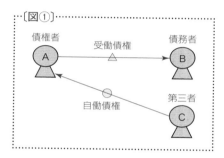

〔**図①**〕

　〔A〕　**否定説**　受働債権が他人に対する債権であるから，対立する両債権の当事者間の公平を図る相殺の趣旨に反するということになろう（我妻323頁参照（一般的には否定し，限定的に，後掲の〔C〕折衷説に立つ））。判例も，抵当不動産の第三取得者Cが，たまたま抵当権者Aに対して債権を有する場合に，その債権で，抵当権者が抵当債務者Bに対して有する債権と相殺することはできないとする（大判昭8・12・5，民集12巻2818頁）。

　〔B〕　**肯定説**　相殺は債務者たる債権者Aから取り立てた金銭をもって直ちにAに第三者弁済をするのと同じであるから，第三者Cからの相殺を禁止する理由はない，とする（林ほか306頁〔石田〕，奥田494頁）。

　〔C〕　**折衷説**　物上保証人・抵当不動産の第三取得者（債務引受をしない者に限る）のように，他人の債務につき責任を負担する者については，肯定すべきだとする（原則的には否定説に立つものである。我妻323頁，鈴木357頁・411頁，平井187頁）。

　相殺理論からいえば，相殺適状にないわけだから，Cが債権者Aの債務者Bに対する債権を受働債権として相殺することは許されないことになる。た

だ，〔B〕説・〔C〕説は，474条3項が存在せず，債権者の意に反する第三者弁済も有効とされていた時代の法理論を前提としているから，上記のような学説状況として捉えることは困難かも知れない。そうすると，474条3項からして，「債権者の意に反した弁済」に類する相殺は無効となろう。

(2)　弁済の受領及び効力

(a) 弁済受領権者　弁済の受領は，それによって債権が消滅することを意味する。したがって，弁済受領者は，債権者のほか，債権者から受領権限を与えられた者（受任者・代理人や管理人），法律の規定によって受領権限を有する者（法定代理人・不在者の財産管理人），がこれに当たる。

(b) 弁済受領権の喪失　しかし，弁済受領権者が，一定の事由がある場合には，その受領権を失うことがある。次の各場合である（我妻269頁参照）。

　i　債権が支払の差止めを受けた場合　債権につき，差押え（民執145条），又は仮差押え（民保50条）があった場合である。

　ii　債権者が破産手続開始の決定を受けた場合　債権者の財産管理権は管財人に移転するから（破78条），債権者は受領権限を失う。

　iii　その債権の上に質権が設定された場合　債権質権については，原債権者は取立権を失う（【III】350頁参照）。

　問題は上記iの場合である。民法は，債権が差し押さえられたにもかかわらず，第三債務者Bが債権者Aに弁済したときは，差押債権者Cは，「その受けた損害の限度において」，Bに対し，更に弁済をすべきことを請求することができる，とした（481条1項）。差押えがあるとAの取立禁止効とBの弁済禁止効が発生するが（民執145条1項），しかし，Aは本来債権者なのであるから，Aに対する関係では，Bの弁済は有効とみなければならない。したがって，弁済はCに対する関係でのみ無効であって，Cは，その債権がなお存在するものとみなすことができる，と解すべきである（これを，「相対的処分禁止」ないし「相対的無効」という）（我妻271頁，『現代講義』43頁以下〔上田徹一郎〕参照）。このように解するならば，「その受けた損害の限度において」との文言は，さしたる意味はない。なお，C

がその規定にしたがってBから弁済を受けたときは，Bは，Aに対して求償権を取得する（481条）。

(c) 払込みによる
弁済の効力　一般に，弁済の効力は，上記の「弁済受領時」に生じるが，債権者の預貯金口座への払込みによる弁済については，債権者が，その払戻請求権を取得した時に，その効力を生ずる（477条）。

(3) 受領権者以外の者への弁済

(a) 表見的受領権者への弁済　上記の「弁済受領権限」を有しないが，「取引上の社会通念に照らして受領権者としての外観を有する者」に対してした弁済は，その弁済をした者が善意であり，かつ，過失がなかったときに限り，その効力を有する（478条。旧478条の「準占有者」に対する弁済であるが，「占有」とは無関係のため，改正された）。

　　i 「表見的受領権者」　社会通念上「受領権者の外観を有する者」を，「表見的受領権者」という。例えば，① 預金証書と登録印鑑の持参人，② 債権の表見相続人（例，相続を廃除された者（892条・893条）が，相続人と称して相続財産に属する債権を行使する場合），③ 債権譲渡が取消し・解除となった場合の債権の事実上の譲受人，④ 取立て・転付命令が無効だった場合の債権取得者，⑤ 偽造の受取証書の持参人（大判昭2・6・22民集6巻408頁）や，⑥ 窃取された預金通帳・印鑑の持参人（最判昭42・12・21民集21巻10号2613頁），などがこれに当たる。

　　やや疑問があるのは，本人としてではなく，本人の代理人として弁済請求する「詐称代理人」である。表見的な代理人であるから表見代理の規定によるべきだとも考えられるが（この立場では，偽造受取証書の持参人などは否定される），弁済制度から考えるならば，その者が本人と詐称しようが代理人と詐称しようがそのこと自体は問題ではないから，478条で処理すべきであろう（最判昭37・8・21民集16巻9号1809頁。通説）。

　　ii 外観信頼に対する保護　478条は，弁済者の外観に対する信頼を保護する規定である。外観信頼の法理である以上は，一方で外観作出に対する「本人の帰責性」と，他方で信頼者の「善意かつ無過失」が要件となる。この関係をどのように理解すべきか。

　　第1に，「弁済請求」（債権の行使）という外観作出につき，本人の帰責事由

$\binom{\text{例，印鑑・通帳を窃取された場合で}}{\text{も，その保管がずさんであったなど}}$が要求されるのか否か。478条は，頻繁かつ迅速性が要求される金融取引の中で履行義務を負っている弁済者を保護する規定であるから，本人が関与しない証書・印鑑の窃取の場合でも，本条は機能するとされる$\binom{\text{判例}}{\text{通説}}^{\cdot}$。しかし，機械払式やインターネットによる払戻しなどの場合は，通帳・カードと暗証番号が窃取されたことにつき，本人に何らかの帰責性$\binom{\text{例，ずさんな保管，暗証}}{\text{番号を誕生日にするなど}}$を要求すべきではなかろうか。とりわけ，「スキミング」によるカード・暗証番号の窃取などでは，本人に帰責性はまったく存しないというべきであるから，このような場合に弁済者（銀行）が免責されるのは妥当ではないであろう。

　第2に，弁済者には，「善意」かつ「無過失」が要求される$\binom{478}{\text{条}}$。この要件は，もともと，人間（弁済者）の経験的知覚による「真正」判断$\binom{\text{例，銀行員が}}{\text{印影の照合を}}_{\text{する場合}}$の正当性基準であった。だから，自動支払機などの「機械払」において，この要件がそのまま妥当することはおかしい。キャッシュカードと暗証番号が窃取されて機械払により現金が引き出された場合，支払機の「過失」はあり得ないからである。したがって，「機械払」による弁済においては，弁済者の「無過失」事由は，上記の本人の「帰責性」事由との相関関係において判断（利益衡量的判断）すべきであって，本人に帰責事由がまったくないスキミングなどの場合においては，このようなシステムを採用していることに銀行の過責（責任）があるといわなければならない。それゆえ，銀行が「無過失」であるというためには，「システムが全体として，可能な限度で無権限者による払戻しを排除し得るよう組み立てられ，運営されるもの」でなければならない$\binom{\text{最判平15・4・8民}}{\text{集57巻4号337頁}}$。銀行の「免責約款」についても，このような視点を基礎に運用されなければならない。

　　iii　定期預金の期限前払戻し　　表見的受領権者が，定期預金の期限前払戻しを請求した場合である。問題が2つある。第1は，払戻し（弁済）の前に，預金契約の「解約」という法律行為があることである。そこで，表見的受領権者が本人の「代理人」と称して期限前払戻しをした場合，解約行為についての表見代理の問題として処理すべきか，それとも478条の弁済として処理すべきか。銀行に期限前弁済の義務はないと考えれば前者の結論となろ

うが，しかし，定期預金契約は中途解約も可能であり，その期限前弁済は銀行の義務でもあるから，弁済と同視してよい（最判昭41・10・4民集20巻8号1565頁。奥田508頁）。後者の考え方が妥当である。

　第2は，定期預金の期限前解約については，その満期時の払戻請求や普通預金の払戻請求の場合と事情が異なるから，銀行の注意義務は厳格・加重されてしかるべきである（東京高判平16・1・28金商1193号13頁。林ほか245頁〔石田〕，奥田508頁）。

　iv　預金担保貸付け・契約者貸付け　　いずれも，弁済ではなく「貸付け」の場合であるが，478条が類推されるかどうかが問題となる。(α)　AはCの仲介と手続でB信用金庫に定期預金をしたが，その後，Cは，別人DをAとしてB金庫に紹介して預金担保貸付を申し込み，B側もDをAと信じてそれを実行した。その後，貸付金の返済がないので，B金庫は，貸付金債権と当該定期預金とを相殺した事案。判決は，この相殺は実質的に期限前解約による払戻しと同視することができるから，貸付契約の締結に当たり，第三者を預金者と認定するにつき，金融機関として相当の注意義務を尽くしたときは，478条の規定を類推適用し，その相殺をもって真実の預金者Aに対抗できる，とした（最判昭48・3・27民集27巻2号376頁，最判昭59・2・23民集38巻3号445頁）。しかし，学説は，貸付や担保設定は，迅速かつ大量処理の払戻し（弁済）とは異なるのだとして，あるいは，銀行に対しより高度の注意義務を課し（椿寿夫『財産法判例研究』211頁以下（236頁）），あるいは，表見代理と478条の2本建てでいくべきだとする（林ほか246頁〔石田〕）。

　(β)　B保険会社が，いわゆる契約者貸付制度に基づいて，保険契約者Aの代理人と称する者Cの申込みによる貸付けを実行し，その後，保険契約の満期の際に，満期保険金から貸付金を控除した事案である。判決は，このような貸付けは保険金（または解約返戻金）の前払いと同視することができることを前提として，「Cを保険契約者の代理人と認定するにつき相当の注意義務を尽くしたときは，保険会社Bは，民法478条の類推適用により，保険契約者Aに対し，上記貸付けの効力を主張することができる」，とした（最判平9・4・24民集51巻4号1991頁）。

　v　表見的受領権者への弁済の効果　　表見的受領権者への弁済によって，債権は消滅する。したがって，真の債権者は，債務者に対して弁済を請

求することはできず，表見的受領権者に対して不当利得返還請求ができるの
みである(大判大7・12・7)。また，表見的受領権者に対しては，不法行為も成立
し得る。

　問題は，弁済の効力が絶対的なものか否かである。判例は絶対的であると
解して，弁済者が後で真の債権者でなかったことに気づいても，弁済者から
表見的受領権者に対する不当利得の返還を認めない(前掲大判大7・12・7)。これに対し
て，学説は，相対的効力であるべきだとして，ⓐ 真の債権者に弁済するつも
りでの不当利得返還請求は認められるべきだとし(我妻281頁)，あるいは，ⓑ 弁
済の効果は確定的には生じず，債務者が援用した場合などに確定的となる，
とする(奥田511頁)。

(b) 無権限者への弁済　上記「表見的受領権者」に対する弁済の場合を除き，
「受領権者以外の者」に対してした弁済は，債権者が
これによって利益を受けた限度においてのみ，その効力を有する(479条)。本
来は，この弁済は無効であるが，そうすると，弁済者Bは，真の債権者Aに
対しては債務を免れない一方で，受領者Cに対して不当利得の返還を請求で
きることになる。しかし，受領者Cがその金銭を債権者Aに弁済し，あるい
は相殺などをすれば，債権者Aは，実質的に利益を受けることになる。この
場合でも，弁済者Bが，不当利得によってCから返還された金銭を再び債権
者Aに弁済することは迂遠であるから，債権者Aがそれによって利益を受
けた場合には，その限度において上記弁済は有効となる，とされた。

4 弁済の充当

(1) 弁済充当の意義

(a)「弁済充当」とは　債務者が，同一の債権者に対して同種の給付を目的と
する数個の債務を負担する場合(488条1項参照)，または1個
の債務の弁済として数個の給付をすべき場合(491条参照)において，弁済者の提供
した給付が全ての債務を消滅させるのに足りないときは，いずれの債務また

はいずれの給付に充当すべきかを決定しなければならない。これを「弁済の充当」という。

(b) 充当の方法　弁済の充当の方法は，次の方法による。

　　　　　　　i　当事者の合意　第1次的に，弁済者と受領者との間に，弁済の「充当の順序に関する合意」があるときは，その順序に従い，弁済を充当する $\binom{490}{条}$。

　　　ii　当事者の指定　第2次的に，その合意がない場合は，「当事者の一方の指定」（弁済者・弁済受領者の順で）に従う。

　　　iii　法律の規定　第3次的に，当事者が指定しない場合は，「法律の規定」による。

(2) 指定充当（当事者の一方の指定による充当）

(a) 弁済者　弁済をする者は，給付の時において，その弁済を充当すべき債務を指定することができる $\binom{488条}{1項}$。その指定は，相手方に対する意思表示によって行う $\binom{同3}{項}$。

(b) 弁済受領者　弁済をする者が，上記(a)の指定をしないときは，弁済を受領する者は，その受領の時に，その弁済を充当すべき債務を指定することができる（この場合の充当の指定も，相手方に対する意思表示で行う）$\binom{488条2}{項本文}$。

　ただし，弁済をする者がその充当に対して直ちに異議を述べたときは，この限りでない $\binom{488条2項}{ただし書}$。この場合には，その充当は無効となり，法定充当に移行する $\binom{488条}{4項}$。

(3) 法定充当

　当事者が充当の指定をしないか，または，弁済受領者の指定に対して弁済者が直ちに異議を述べたときは，法定充当となる。その充当は，次の順序に従う $\binom{488条4}{項柱書}$。

　　　i　債務の中に弁済期にあるものと弁済期にないものとがあるときは，弁済期にあるものに先に充当する $\binom{同項}{1号}$。

　　ii　全ての債務が弁済期にあるとき，又は弁済期にないときは，<u>債務者</u>
<u>のために弁済の利益が多いもの</u>に先に充当する（同項2号）。

　　iii　債務者のために弁済の利益が相等しいときは，弁済期が先に到来し
たもの又は先に到来すべきものに先に充当する（同項3号）。

　　iv　上記 **ii・iii** に掲げる事項が相等しい債務の弁済は，各債務の額に応
じて充当する（同項4号）。

　　【破産の配当における充当】　　例えば，X 銀行に対して債務を負っている
A 社（債務額 1000 万円）および B 社（同 2000 万円）の両社の連帯保証人 Y が破
産した場合において，Y の破産管財人 P は，配当に際して，X に対して 300 万
円の配当金を支払った。ところが，X は，488 条 2 項により弁済受領者による
指定充当だとして，配当金全額を A 社分の債務に充当した。この充当は妥当
であろうか。

　　弁済充当は，通常の取引関係を前提とした当事者の意思を尊重し，第一次的
に当事者の合意を優先させ，それがないときに，① 弁済者が指定し，② 弁済
者が指定しないときに弁済受領者の指定に任せるものである。そして，②の
場合において，弁済者が異議を述べたときは受領者の指定は無効となるが，こ
のことからわかるように，これらの指定充当は，当事者意思を推定した結果な
のである。

　　ところが，破産の場合においては，取引関係の破綻であるから，通常取引の
ような当事者意思を推定することができない。したがって，「充当」において
も，当事者意思の推定という前提が欠けている以上，民法 488 条 1 項・2 項に
よる「指定充当」の規定の適用はなく，同 4 項による「法定充当」によるべき
であると考える。

⑷　充当方法に対する制限

⒜ 費用・利息・元本　　債務者が，1 個又は数個の債務について，「元本のほ
か利息及び費用」を支払うべき場合（債務者が数個の
債務を負担する場合にあっては，同一の債権者に対して同種の給付を目的とする数
個の債務を負担するときに限る）において，弁済をする者がその債務の全部を
消滅させるのに足りない給付をしたときは，これを順次に「<u>費用，利息及び</u>

元本」に充当しなければならない$\binom{489条}{1項}$。この順序は，当事者の「合意による充当」の場合は別として，公平的観点から認められたものであるから，当事者の「指定」（指定充当）で変更することはできない$\binom{我妻291頁，}{奥田522頁}$。

　なお，この場合において，費用，利息又は元本のいずれかの全てを消滅させるのに足りない給付をしたときは，「法定充当」に関する488条が準用される$\binom{489条}{2項}$。

(b) 数個の債務の場合　　そして，数個の債務がある場合に，その費用相互間，利息相互間，元本相互間では，489条の規定が準用される結果，「法定充当」の順序によることになる$\binom{491}{条}$。なお，この規定の解釈として，指定充当$\binom{488}{条}$を経た上での法定充当なのか$\binom{星野254頁，}{奥田522頁}$，直ちに489条が準用されるのか$\binom{我妻290}{頁以下}$，の対立があるが，形式的にも488条を準用していないのであるから，後説が妥当であろう$\binom{問題点は，奥田}{523頁以下参照}$。

⑤　弁済の提供

(1)　弁済提供制度

(a) 弁済「提供」の意義　　ほとんどの債務は，その履行について，債権者の受領協力を必要とする。債務者が弁済の提供をしても，債権者が受領しなければ，履行は完了せず，債務者に「履行遅滞の責任」が発生することになる。そこで，履行遅滞責任を発生させないために，債務者が履行行為としてどの程度の「弁済の提供」をすればよいかは，大きな問題である。このように，「弁済の提供」は，債務者の履行行為との関係で重要な意味をもつ。

　この状況に対処すべく，民法は，2つの方向から規定した。① 第1は，債務者を履行遅滞責任から解放するため，「弁済の提供」の規準を設けたことである。すなわち，債務者は，履行完了（＝債権者の受領）の前提を尽くすこと（＝弁済提供）によって，履行遅滞責任を免れるとした$\binom{492条}{以下}$。② 第2は，その「提供」によって，債権者に債権者遅滞責任が発生するとしたことである

$\left(\begin{smallmatrix} 413条。第3章第3節 \\ \mathbf{1}\, (2) \, (67頁) \, 参照 \end{smallmatrix}\right)$。

(b)「提供」の方法 「提供」とは，要するに，持参債務の場合には，債権者の受領があれば履行が完了するという状況を作り出すことであり，取立債務の場合には，債権者が債務者の住所に赴いて請求したならば給付できるという状況を作り出すことである。

それゆえ，「提供」を尽くしたといえる「方法」には2つある。一つは，「提供」の原則形態である「現実の提供」である。もう一つは，特定の場合に認められる「口頭の提供」である。以下で順次述べる。

(2) 現実の提供

(a)「現実の提供」の意義 弁済の提供は，債務の本旨に従って「現実に」しなければならない$\left(\begin{smallmatrix} 493条 \\ 本文 \end{smallmatrix}\right)$。「提供」の原則形態であって，これを「現実の提供」という。債務者は，履行についてすべき行為が事実上完了しているので，さらに債権者に対して通知・催告などをする必要はない。問題は「債務の本旨に従って」であるが，債務の内容は債務によって異なるから，債務ごとの検討を要する。以下では，判例に現れたケースから検討する。

(b) 金銭債務 金銭債務では，一般に，「現実の提供」があったかどうか（現実の提供とみなされるかどうか）が問題となる。――

i 金額の僅少な不足 提供する金額は，債務の全部（元本・利息・費用等も含めて）でなければならない。ただ，その不足が僅少であった場合には，信義則上，弁済の提供の効果を否定することはできない$\left(\begin{smallmatrix} 最判昭35・12・15民集14巻 \\ 14号3060頁（提供額15万 \\ 3000余円が，正当な \\ 額に1300余円不足） \end{smallmatrix}\right)$。

ii 持参債務の場合の問題 持参債務の場合に，金銭を債権者の面前に提示する必要はない$\left(\begin{smallmatrix} 最判昭23・12・14 \\ 民集2巻13号438頁 \end{smallmatrix}\right)$。債権者が不在の場合でも，原則的には提供とみなされる$\left(\begin{smallmatrix} 大判大10・3・23 \\ 民録27輯641頁 \end{smallmatrix}\right)$。また，債務者ではなく，同道した転買人が金銭を持参し，目的物の引渡しと同時に支払うことが確実であればよい$\left(\begin{smallmatrix} 大判昭5・4・7 \\ 民集9巻327頁 \end{smallmatrix}\right)$。

iii 金銭に代わるものの提供 金銭に代わるもので現実の提供ができ

るかについては議論があるが，郵便為替，振替貯金払出証書などは肯定されよう。実質的には，代物弁済である。しかし，預金通帳と届出印鑑の提供は，有効な提供とはならない。小切手については，個人振出しのものは，当事者の合意ないし商慣習がなければ有効な提供とはならないが，銀行振出しのものは，信用を背景とするゆえに，商慣習上も取引上金銭と同一視されている $\binom{最判昭37・9・21民}{集16巻9号2041頁}$。

　　　iv　提供すべき時期　　提供すべき時期は，履行期であることはいうまでもない。

(c) 金銭債務以外の場合　　基本的には金銭債務の場合と共通することが多いが，債務の性質上，特殊的なこともある。――

　　　i　不動産の売買　　不動産の売買では，売主が占有の移転を提供をしなくても，移転登記手続が可能である状態であれば（＝代金・登記手続を準備して登記所に出頭），現実の提供として有効である $\binom{大判大7・8・14}{民録24輯1650頁}$。

　　　ii　商品の引渡し　　商品を引き渡すべき場合に，受取人に目的物の処分権を与える形式を調えた倉庫証券・貨物引換証を送付することは，原則として現実の提供になる $\binom{大判大13・7・}{18民集3巻399頁}$。しかし，売主からの荷為替の送付は，同時履行の抗弁権を有する買主に代金の先履行を強いることになるから（目的物は代金の担保となっている），現実の提供とはならない $\binom{大判大9・3・29}{民録26輯411頁}$。しかし，後者については，学説の批判が多い $\binom{我 妻}{227頁}$。

(3)　口頭の提供

(a)「口頭の提供」の意義　　「<u>債権者があらかじめその受領を拒み，又は債務の履行について債権者の行為〔履行の前提となる行為〕を要するとき</u>」は，<u>弁済の準備をしたことを「通知」してその受領を「催告」</u>することで，「提供」とみなされる $\binom{493条た}{だし書}$。これを「口頭の提供」という。

　それゆえ，単に言葉だけの提供では足りず，履行に向けての一定程度の準備をしていることが前提となる。現実に提供することまでは必要でないが，ただ，どの程度の準備があればよいのかについては議論があり，おおむね，

現実の提供と口頭の提供とは「弁済の準備の程度の差」であると解されている（我妻
223頁）。

　なお，口頭の提供と認められるかどうかは，債務の種類によって異なり得るから，信義則を基準とし，取引の慣習を踏まえて，債務ごとに考える必要がある（大判大14・12・3民集4巻685頁〔引渡場所を「深川渡し」として口頭の提供をしたことにつき，受取方も取引慣習上それが深川所在の「丸三倉庫」であることを知っていたはずであり，仮に知らなくても信義則上問合せをすべきだとした〕）。また，債権者の受領拒絶意思が明白な場合には，口頭の提供が必要でないとされる場合がある（次掲(c)ii参照）。

(b) 口頭の提供が認められる場合　「口頭の提供」による弁済提供は，以下の2つの場合に限って認められる（493条ただし書）。

　i　債権者があらかじめ「受領を拒絶」したとき　受領を拒絶している以上，弁済は完了しないからである。例えば，賃貸人が，増額の賃料でなければ受領しないなどはこれに当たろう。拒絶は，黙示的でもかまわない。この場合，その準備は，債権者が翻意して受領しようとすれば，債務者の方でこれに応じて給付を完了できる程度で足りる（我妻228頁）。

　ii　履行について「債権者の行為」が必要なとき　債権者の協力がなければ弁済が不可能だからである。したがって，その準備は，債権者の協力があれば直ちにこれに応じて弁済を完了できる程度である（我妻231頁）。ここでいう債権者の「行為」とは，債務者の履行の前提となる先行行為である（奥田535頁参照）。例えば，取立債務の場合では，債権者による取立行為が先行しなければ履行をすることができない。また，債権者の供給する材料に加工する債務を負う場合には，材料の提供や場所・日時の指定がなければならない。

(c) 口頭の提供を要しない場合　次の場合には，口頭の提供をしなくても，債務者は，履行遅滞責任を問われない。――

　i　双務契約上の債務　双務契約の当事者の一方Ａは，相手方Ｂが提供するまでは自己の債務の履行を拒絶できるから，相手方Ｂがみずから提供して催告するまでは，提供をしなくても不履行責任を問われない（同時履行の抗弁権）（533条）。また，一方Ａが提供したにもかかわらず，相手方Ｂが受領しないときは，Ｂには履行遅滞の責任が生じるが，ではこの場合，Ａは，改めて提供しなくても履行の請求や契約解除ができるか否か。一般には，肯定

してよいであろう（林ほか221頁〔石田〕，奥田529頁参照）。

ii　債権者の明白な受領拒絶　　例えば，賃貸人が賃料の受領を拒絶したので，賃借人はその後の賃料を払わないでいたところ，その不払いを理由に賃貸人が契約を解除したとしよう。この場合に問題なのは，受領拒絶後の各賃料につき，賃借人が口頭の提供をしなかったことである。判例は，このような場合に，債権者の受領拒絶の意思が明白なときは，口頭の提供も必要でなく，それがないからといって債務者に債務不履行責任を帰することはできないとする（最大判昭32・6・5民集11巻6号915頁，最判昭45・8・20民集24巻9号1243頁）。これに対しては，債権者の翻意の可能性もあるからとして口頭の提供が必要だとの説がある（林ほか221頁〔石田〕）。しかし，上記の例の事情からもわかるように，その後の各賃料につき一々提供を要求する必要もないから，判例の見解が妥当であろう（通説）。

(4)　「提供」の効果

(a) 問題の所在　　弁済の「提供」があれば，債務者は，その提供の時から，<u>債務を履行しないことによって生ずべき責任を免れる</u>（492条）。すなわち，債務は消滅しないが，債務者は履行遅滞の責任を負わない。では，このことと，債権者に「受領遅滞」責任が生じることとはどのような関係なのか。

前者は，債務者が履行期を徒過した場合に本来負わなければならない<u>責任から解放</u>されるのを本則とする。これに反し，後者は，債権者が，<u>本来課されている義務（受領義務）に違反した責任</u>と解すべきである。このことから，以下の事由が「提供」の効果と考えることができる（第3章第3節**2**2）(a)（74頁）参照）。

(b) 履行遅滞責任からの解放　　まず，提供の効果として，債務者は，遅滞賠償，遅滞利息・違約金の支払いを免れる。他方，債権者は，遅滞を理由とする解除・担保権の実行はできない。

(c) 約定利息の不発生　　ドイツ民法はこのことを明言する（301条）。わが国では，かつては，規定の不存在から反対説もあったが，肯定するのが通説・判例（大判大5・4・26民録22輯805頁）である。けだし，提供があるにもかかわらず，その利息の支払いを認めることは，提供後に遅滞利息を払わせるよ

うなものであり$\binom{我妻}{234頁}$，また，提供後にも利息の発生を認めると，債権者が故意に約定期間を延長することを認めることになるからである$\binom{詳細は，山下末}{人『注民⑿』240}$頁$)$。したがって，これは提供の効果と考えてよい。

(d) 危険の移転　不特定物（種類物）債務では，特定した時より，危険が債権者に移転する$\binom{旧534条}{2項参照}$。種類物は，債務者が必要な行為を完了した時に特定するが，その行為の完了は，持参債務では現実の提供，取立債務では通常は口頭の提供である。それゆえ，「提供」がされた時に，危険が債権者に移転する場合がほとんどであろう。

第2款 弁済による代位（弁済者代位）

1 「弁済による代位」の意義

(1) 「弁済による代位」とは何か ――「弁済者代位権」の取得

〔図①〕 債務者以外の第三者C (例，保証人や物上保証人など) が債務者Bに代わって弁済をした場合には，その者は，自己の財産をもって出捐をしたわけだから，債務者に対してその分の償還を求めることができる（債務者に対する「求償権」の取得）。この求償権は単なる一般債権であるから，債

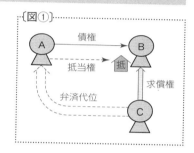

〔図①〕

務者に他の債権者がいる場合には，弁済者は按分比例で償還を受けるにすぎない（債権者平等の原則）。しかし，このような一定の第三者からの弁済は，信用（金融）制度上からも好ましいことであるのは事実であって，それゆえに，求償債権は保護されてしかるべきである。

そこで，この「求償権」を保全するために，代位弁済者Cは，債権者Aが有していた「債権の効力及び担保としてその債権者が有していた一切の権利」，すなわち，債権者の債務者に対する「原債権」・「担保権」等一切の権利につき，「代位権」（弁済者代位権）を取得するとされた (501条1項)。これを「弁済による代位」（弁済者代位）制度という (制度の沿革・機能は，寺田正春「弁済者代位制度論序説(1)(2)(3)」大阪市大法学雑誌20巻1号24頁以下・2号189頁以下・3号299頁以下参照)。

【「弁済による代位」の法的構成】 弁済による代位の制度目的が上記した求償権の保護にあるとしても，弁済により債権が消滅し（目的の到達），それに伴って担保権も消滅するのが理論的帰結のはずである。その消滅したはずの「債権・担保権」を，なぜ，弁済者が代位行使できるのかについて，理論的な疑

問がなくはない。制度の説明として，2つの考え方が対立する（船越隆司「弁済者の代位」『民法講座4』339頁以下）。

〔A〕**法律擬制説**　一つは，弁済によって消滅した債権者の権利（原債権と担保権）については，債務者と弁済者にとってはなお存続するとみなし（法律上のフィクション），したがって，それを代位弁済者が行使できるのだとするものである（梅謙次郎，前田470頁）。

〔B〕「**法律上の債権移転**」説　もう一つは，弁済により債権は債権者・債務者間では消滅するが，弁済者のためにはなお存続し，この弁済者が旧債権者に代わって債権者となるのだ（法律上の債権移転）とするものである（我妻247頁，林ほか259頁〔石田〕，奥田539頁など通説，最判昭59・5・29民集38巻7号885頁）。

制度の基幹は，債権者が行使すべき一切の権利を代位行使できるということであって，それについては双方の構成が可能であろうが，しかし，例えば，債務者の内入弁済の原債権充当（後述**2**(1)(c)〔277頁〕参照）などは，債権が移転したことを前提としなければ説明がつかないので，〔B〕説が妥当であろう。

(2)　「弁済者代位権」の要件

(a) 代位権取得の2形態　　**i　法定代位**　一般に，債務の弁済は，「第三者」もすることができる（474条1項）。そして，債務者のために弁済した者は，「債権者に代位する」（499条）。この場合を，「法定代位」という。法律上当然の代位であるから，代位の効果も当然に発生し，次の「任意代位」のような「対抗要件」を必要としない。

　　ii　任意代位　これに対し，「弁済をするについて正当な利益を有しない者」が代位する場合には，467条に規定する債権譲渡の対抗要件が必要となる（500条）。したがって，任意代位による債権の移転を債務者に対抗するには，債権者から債務者への通知・承諾，債務者以外の第三者に対抗するには，確定日付証書によるその通知・承諾がなければならないことになる。

　これは，元々改正前には，「任意代位」について「債権者の承諾」を必要としたことから（旧499条1項），債権譲渡と同じく考えられたため，代位による債権の取得についても，債権譲渡の対抗要件である467条の規定が準用されたので

ある$\left(\begin{smallmatrix}\text{旧499条2項。その理由は, 隠れた}\\\text{承諾代位を排除するためである}\end{smallmatrix}\right)$。500 条はこれを受け継いでいるのであるが,「債権者の承諾」が不要となった現在, そのような説明はできないであろう。

なお,「法定代位」と「任意代位」については, 以上のような対抗要件の要否について違いがあるが, 代位権行使の内容については, 違いはない。

(b) 債権の満足　弁済者代位権を取得するためには, 当然ながら,「弁済」等により, 債権者に債権の満足を与えることが必要である。法文には「弁済」とあるが$\left(\begin{smallmatrix}499\\\text{条}\end{smallmatrix}\right)$, 代物弁済, 供託, 相殺, 混同など, 弁済と同視できる債権消滅事由もそれに当たる$\left(\begin{smallmatrix}\text{判例}\cdot\\\text{通説}\end{smallmatrix}\right)$。したがって, 債権の満足と考えればよい。

(c) 求償権の取得　弁済者は, 通常は (贈与の目的で弁済したような場合を除き), 弁済によって債務を免れた債務者に対して,「求償権」を取得する。代位は, その求償権を確保するために認められるものである。

【代位権の放棄特約は】　債権者と保証人などの弁済者との間で, 代位権を行使しない特約が締結されることがあるが$\left(\begin{smallmatrix}\text{例えば, 銀行取引約}\\\text{定書 (ひな型) 参照}\end{smallmatrix}\right)$, このような特約は, 保証人の害意行為を排除する意図から締結されるのが普通であるので, 公序良俗に反するとはいえず, 有効と解される$\left(\begin{smallmatrix}\text{林ほか264}\\\text{頁〔石田〕}\end{smallmatrix}\right)$。

---

2 「弁済による代位」の効果

(1) 求償権と代位権 (原債権・担保権) との関係

(a) 弁済者の代位権の行使　**i 代位権の客体**　債権の効力及び担保としてその「債権者が有していた一切の権利」を行使することができる$\left(\begin{smallmatrix}501条\\1項\end{smallmatrix}\right)$。「債権の効力として」債権者が有していた一切の権利とは, 債権者の債務者に対する債権 (これを「原債権」という) のほか, 履行請求権・損害賠償請求権・債権者取消権や従たる権利など一切をいい,

「担保として」債権者が有していた一切の権利とは，物的担保・人的担保の双方を含む。

　　ii　求償権の範囲内に制限　　代位権の行使は，代位者が債務者に対して有する<u>求償権の範囲内</u>（保証人の一人が他の保証人に対して債権者に代位する場合には，自己の権利に基づいて当該他の保証人に対して求償できる範囲内）に制限される（501条2項）。

　したがって，求償権が原債権（A・B間の債権）を上回れば原債権額に縮減され，反対に，求償権が原債権より下回れば求償権の全額の弁済を受けることができる。これにつき，前記〔A〕法律擬制説は，原債権は求償権の範囲内で消滅しないで存在していると解し，〔B〕債権移転説は，移転された債権は行使の面でこのような制限を受けるものと説く。

　　iii　債務者の抗弁　　債務者は，「弁済の時」（任意代位の場合は「通知・承諾の時」）までに，債権者に対して有していた一切の抗弁をもって，弁済者に対して対抗できる。

　　iv　根抵当権の特則　　根抵当権の場合，元本確定前に弁済しても，被担保債権と根抵当権の特定的結びつきがないので，根抵当権を取得しない（398条の7第1項後段）。確定後の弁済であれば，代位権を取得する。

　(b) 求償権と原債権との関係　　弁済者は，求償権を確保するために原債権（と担保権）を行使できる。この代位権は，実体法上，求償権とは別個独立のものである。したがって，弁済者は，債務者に対し，代位権の行使として原債権を行使することもできるし，代位権を行使しないで求償権だけを行使することも可能である。そうすると，両者は，請求権の競合関係にあることになる。

　しかし，代位権の行使は，求償権の存在を前提として認められることはもとより（成立上の従属），求償権の範囲内で認められるのであり（501条2項），他方，担保権の実行によって，原債権も求償権も共に消滅する。そうだとすると，両者は，「求償権を確保するために原債権が移転するという主従的競合」関係だといわなければならない（寺田正春「判批」民法の基本判例132頁）。

　　　【担保権の被担保債権は何か】　　では，弁済者が代位行使する担保権の被

担保債権は，求償権であろうか原債権であろうか。2つの考え方がある。

〔A〕 **求償権説** 代位権を行使した結果において満足を得るのは求償権であるはずであり，求償権確保のために，存続する原債権が配当における優先弁済を受ける債権だとする原債権説（次掲）は疑問だとする（村田利喜弥「代位弁済をした保証人に対して債務者のした内入金の支払と求償権および原債権に対する弁済関係」手形研究378号10頁）。

〔B〕 **原債権説** 判例（前掲最判昭59・5・29民集38巻7号885頁〔傍論〕，最判昭60・1・22判時1148号111頁）・通説は，代位担保権の被担保債権は原債権であり，代位弁済者が優先弁済を受けるのは，求償権ではなく原債権であるとする。単純に，原債権に付従する担保権であることから考えても，この説が正当である。〔A〕説は，原債権の行使によってなぜ求償権が消滅するのだと反論するが，そのことは，両債権の牽連性（主従的結合）の問題であろう。なお，これに関する実際問題は，次掲(c)参照。

(c) 債務者の内入弁済
と充当関係 最も問題となるのは，「債務者」が代位弁済者に対し，内入弁済（借金の一部を弁済すること）をした場合である。例えば，代位弁済者 C が，債務者 B の抵当債務 1000 万円を代位弁済したが，B に対する求償権が 1500 万円となり，その後，B は C に 500 万円を内入弁済したとする。この 500 万円は原債権に充当されるのか，それとも求償権に充当されるのか。

代位弁済者が抵当権を実行する場合において，後順位抵当権者との関係で問題となる。求償権充当だとすると，原債権はそのまま残るから，弁済者 C は，依然 1000 万円の原債権につき代位権を行使できることになる。しかし，原債権充当または原債権・求償権双方充当だと，C は，残額 500 万円でしか抵当権を実行できない。ここで問題とすべきは，後順位抵当権者の利益である。後者の説が有利であることはいうまでもない。──

〔A〕 **求償権充当説** 前記〔A〕求償権説は，代位抵当権が「根」抵当権であるとして，求償権は極度額によって表され，また，代位弁済者が根抵当権を実行して受けるべき額はその内入弁済により減少した求償権の範囲に画されるから，後順位抵当権者などの第三者に対して不利益をもたらすものではない，とする（村田・前掲論文11頁）。しかし，この説は，根抵当権だけを前提に組み立てた説であって，普通抵当権の場合にはもはや正当性を維持できない。

〔B〕　**原債権充当説**　原債権に充当されると解すれば，弁済による原債権の消滅は，主従的競合の関係にある求償権をも同額で消滅させることになるから，問題は生じないとする（伊藤進「保証人の求償抵当権と原債
権抵当権」広島法学10巻3号105頁）。

〔C〕　**求償権・原債権双方充当説**　しかし，判例は，「求償権と原債権とのそれぞれに対し内入弁済があったものとして，それぞれにつき弁済の充当に関する民法の規定に従って充当されるべきもの」とする（前掲最判昭
60・1・22）。

上記〔B〕説・〔C〕説は結論的には変わらないが，内入「弁済」である以上，Cは，Bに対しては求償債権をも有しているのだから，〔C〕説の説くように，それにも充当されるべきものと解すべきであろう。

なお，B・C間で，内入弁済を求償権に充当するとの特約がされた場合はどうであろうか。少なくとも，後順位抵当権者など第三者が存在し，その利益を害するような場合には認められないというべきである（塚原朋一「保証人と債務者
及び保証人と物上保証人と
の間で成立した特約の第三者に
対する効力」手形研究368号15頁）。

(2)　代位権者と債権者 ── 担保保存義務

(a) 債権者の債権証書・
**　　担保物交付義務**　債権者は，代位弁済によって<u>全部の弁済</u>を受けた場合は，債権に関する証書（債権証書）及び自己の占有する担保物を，代位者に交付しなければならない（503条
1項），また，<u>一部の弁済</u>を受けた場合には，債権証書にその代位を記入し，かつ，自己の占有する担保物の保存を，代位者に監督させなければならない（503条
2項）。いずれも，弁済者の代位権を保全するための，債権者の義務である。

(b) 債権者の「担保喪失」
**　　── 代位権者の「免責」**　弁済につき<u>正当な利益を有する「代位権者」</u>は，「<u>債権者が故意又は過失によってその担保を喪失し，又は減少させたときは</u>」，代位するに当たり，「<u>担保の喪失又は減少によって償還を受けることができなくなる限度</u>」において，<u>その責任を免れる</u>（504条1
項前段）。すなわち，債務者や保証人については債務が，物上保証人や第三取得者については責任が，それぞれ実体法的に·当·然·に消滅すると解される（通説・
判例）。債権者の「担保喪失」に対する制裁である。このことは，債権者が，「代位権者が償還を受けることができない限度」で，「担保保存義務」を負う

ことでもある。

i　債権者の「故意又は過失」　担保の「喪失又は減少」が，債権者の「故意又は過失」に基づくことを要する。信義則上，債権者に故意又は過失が認められない場合は，代位権者に免責効果は発生しない（最判平7・6・23民集49巻6号1737頁〈弁済を受けての共同抵当権の放棄〉。後掲283頁）参照）。

ii　「償還を受けることができない限度」での免責　このことの意味は，代位権者が，債権者の担保喪失がなければ代位によって担保物から償還を受けることができたであろう額だけ免責される，ということである（我妻267頁）。例えば，──

(α)　債権者の抵当権放棄　債務者Bが債権者Aに対する1000万円の借金の担保として600万円の不動産に抵当権を設定し，かつCが保証人になった場合において，Aがその抵当権を放棄したときは，Cは，代位弁済によってその抵当権を実行できなくなるから，Aへの代位弁済に際しては600万円の支払を拒否できる。

(β)　共同抵当権の放棄　BのAに対する1000万円の債務につき，B所有の甲不動産（価格600万円）とC所有の乙不動産（価格1000万円）に共同抵当権を設定した場合において，Aが甲不動産上の抵当権を放棄して乙不動産の抵当権を実行したときは，その配当にあたって，Aは，600万円の限度でCに優先できず，400万円の配当を受けるに止まる。

(c) 合理的理由による免責の不発生　上記の，「債権者が担保を喪失し，又は減少させたこと」につき，「取引上の社会通念に照らして合理的な理由があると認められるときは」，免責効果は発生しない（504条2項）。すなわち，債権者は，担保保存義務から解放される。ただ，免責効果が発生するのは，「債権者の故意又は過失」を要件とするから，それを除外した「合理的理由」による担保の喪失又は減少という場合については，イメージが湧かないかもしれない。

(3)　求償権の特約による制約

弁済者は，求償権の確保のために代位権を行使するのであるから，債権者

は，代位弁済者の有する求償権の範囲で「担保保存義務」を負う。そこで，求償権の範囲につき主たる債務者・保証人等の間で「特約」があった場合に，債権者の担保保存義務（代位弁済者の免責範囲）もまたその特約の範囲に制約されるのかどうか。

求償権の特約は，後述するように有効であるし（前掲最判昭59・5・29・近江「判例百選II債権〔第6版〕」80頁以下），債権者は，いずれ「求償権の範囲」で担保保存義務を負っているのであるから，その特約の知・不知を問わず，その特約の範囲に制限されるというべきである（東京高判昭60・7・17判時1170号86頁）。

上記東京高判昭60・7・17は，債権者Yが法定代位権者（物上保証人兼保証人）Xの取得する求償権の範囲につき，法定代位権者間に成立した501条3項4号と異なる「Xの負担部分をゼロとする特約」を知らずに，<u>代位弁済の目的となる抵当権を放棄した事案</u>で，「代位弁済者はその求償権の範囲内で右の移転を受けた原債権及びその担保権自体を行使するにすぎない。従って，代位弁済者の求償権の範囲が特約によって定められている場合でも，その特約は，<u>担保不動産の物的負担を増大させることにはならない</u>」として，Yの担保保存義務違反を認めた（詳細は，近江「本件判批」判評328号46頁以下（判時1186号208頁以下）参照）。

(4) 「免責」の承継 —— 担保放棄後の第三取得者

(a) 問題の所在 債権者の担保放棄によって生じた代位権者の「免責」効果が，その不動産の第三取得者に承継されるのかどうか。例えば，債権者Aが，債務者B所有の甲不動産と物上保証人C所有の乙不動産に共同抵当権を有し，甲不動産上の抵当権を放棄したが，その後に，乙不動産がCからDに譲渡された場合，Cは代位権が侵害されたから免責効を主張できるが，その免責効が，第三取得者Dに承継されるか否かは問題である。担保保存義務は，A・C間で発生するもので，第三者効を持たないのが原則だからである。

(b) 「504条1項後段」規定の新設 この問題つき，改正法は，「その代位権者が物上保証人である場合において，その代位権者から担保の目的となっている財産を譲り受けた第三者及びその特定承継人についても，同

様とする」$\binom{504条1}{項後段}$として，立法的に解決した。

これは，上記の例で，Ａの抵当権放棄により物上保証人Ｃが負担すべき責任は当然に消滅し，「その後更に上記不動産が第三者に譲渡された場合においても，上記責任消滅の効果は影響を受けるものではない」とした最判平3・9・3$\binom{民集45巻7}{号1121頁}$の立場（承継肯定説）を踏襲するものである。しかし，判旨は，結論を繰り返すのみで，「なぜ免責効が承継されるのか」の理論的な説明にはなっていない。

というのは，承継説に対しては，①「担保保存義務は，その当時の法定代位権者の利益を保護するためのものであるから，その免責効は，その当時の代位権者Ｃにのみ生じ，その後の第三取得者Ｄには承継されない」との原則論を述べる承継否定説$\binom{秦光昭「民法504条と抵当不動産}{の第三取得者」金法1313号4頁}$や，②　第三取得者Ｄが，取得当時，担保の喪失・減少があったことを知り，または知ることができたときは，担保の喪失・減少を前提に取引に及んだのだから，免責を主張することはできない，とする折衷説もあり$\binom{前掲最判平3・9・3の坂上壽夫裁判官意見，近江「共同}{抵当の放棄と担保保存義務の免責および免除特約」高島}$$\binom{平蔵古稀『民法学の新}{たな展開』404頁以下}$，それらの論点にコミットしていないからである。

ただ，現実問題として解決されたのは，免責事由の存在（債権者の抵当権放棄）を知りつつ，抵当不動産を安価で取得し，その後に債権者に免責を主張する悪意の第三取得者を排除できることである。

(5)　担保保存義務「免除」特約

金融界においては，一般に，債権者・債務者間で，債権者に対する担保保存義務の免除特約が行われている$\binom{銀行取引約定書}{（ひな型）参照}$。これについては，2つの問題がある$\binom{詳細は，近江「共同抵当の放棄と担保保存義務の免責および免}{除特約」『民法学の新たな展開』（高島平蔵古稀）410頁以下参照}$。

(a)「免除特約」の有効性　このような担保保存義務の免除特約は，債権者を一方的に有利にするものであることから，その有効性が問題となるが，判例・学説は，これを原則的に有効と解し，ただ，信義則ないし権利濫用からの制約を受けるものとする$\binom{最判昭48・3・1金法679号34頁，}{最判平2・4・12金法1255号6頁。}$石田喜久夫『注民(12)』367頁，鈴木禄弥『注民(17)』331頁，椿寿夫『民法研究Ⅱ』143頁以下など）。

(b) 特約の効力は承継 されるか？ 債権者・債務者間に担保保存義務の免除特約があり，債権者が担保を減少させた後に，債務者から抵当不動産を取得した第三取得者は，この免除特約の効力を承継するのかどうか（佐久間弘道「判批」手形研究471号4頁参照）。特約（契約）が，民法理論上，第三者効をもたないことはいうまでもない（潮見・プラクティス401頁）。しかし，それだからといって，これを全面的に否定することは，免除特約が実務界で果たしている役割 —— 担保の効率的な運用 —— を半減させることになろう。そこで，契約の非第三者効に抵触しない範囲での理論構成に，判例・学説は苦慮している。

(α) あるいは，抵当不動産を取得することにより，抵当権に基づく担保義務を承継するのに伴い，その抵当権設定契約上の保存義務免除特約の効力も承継を受ける，といい（最判平7・6・23民集49巻6号1737頁（前掲279頁）），(β) あるいは，特約の効力によって免責効が生じなかったことになるので（絶対的免責効），このような負担の付いた不動産の第三取得者もまた免責を得られないとし（佐久間・前掲「判批」10頁以下），(γ) あるいは，特約の相対効を前提に，ただその特約の存在を知っており（悪意）または知ることができた（有過失）第三取得者には特約を承継させようとする（近江・前掲論文414頁）。

(6) 一部弁済による代位と債権者

(a) 「一部弁済による代位」 とは何か 弁済者が債権の一部につき代位弁済したときは，弁済者は，「債権者の同意を得て，その弁済をした価額に応じて，債権者とともにその権利を行使することができる」（502条1項）。〔**図②**〕債務者Bが債権者Aに対して1000万円の債務を負担し，

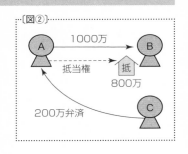

〔図②〕
A ——1000万→ B
抵当権 —→ 抵 800万
C 200万弁済

その担保として800万円の不動産に抵当権を設定していた場合に，Bの保証人Cが，債務の一部200万円を代位弁済したとしよう。

i 債権者の同意 代位権を行使するには，「債権者の同意」を得なければならない。

ii 価格に応じて 「弁済した価額に応じた」代位権行使である（502条1項）。上記例で，弁済者 C は，債権者 A の有する債権と抵当権につき，5分の1の割合で債権者 A と共に代位権を行使できることである。したがって，A は 640 万円，C は 160 万円の配当となる。

iii 共同代位 「債権者と共に権利行使」であるから，単独行使は許されないことである。

(b) 債権者の単独行使 ただし，上記の原則である共同行使の場合であっても，「債権者」は，単独でその権利を行使することができる（502条2項）。

(c) 債権者の優先性 以上の場合において，「債権者」が行使する権利は，その債権の担保の目的となっている<u>財産の売却代金その他の当該権利の行使によって得られる金銭</u>について，代位者が行使する権利に優先する（502条3項）。

(d) 契約の解除権 上記(a)（502条1項）の場合において，債務の不履行による契約の解除は，<u>債権者のみがする</u>ことができる（502条4項前段）。契約の解除権などは，基本関係自体を解消することであるから，その基本関係を形成した当事者のみができるというべきである。それゆえ，このような契約上の地位を引き継がない限り，解除権・取消権などは移転しない。なお，この場合においては，代位者に対し，その弁済をした価額及びその利息を償還しなければならない（502条4項後段）。

　以上のように，一部弁済において弁済者と債権者とが共同ないし競合する場合には，総じて，「債権者の保護」に傾斜している。これは，代位弁済の目的が求償権の確保に尽き，債権者を害してまで弁済者を保護することはその目的を逸脱するからであり，また，フランス法やドイツ法でも一部代位者は債権者に劣後するとされていることから，沿革的にも合理的理由がある（我妻255頁，於保389頁，平井208頁以下など参照）。

(7) 法定代位権者の相互間

(a) 代位権者相互間の問題点　〔図③〕法定代位権者が複数存在する場合は，複雑な問題を生じさせる。例えば，債務者Bに保証人Cと物上保証人ないし第三取得者Dがいる場合，Cが債権者Aに代位弁済してDの不動産上の抵当権を実行したとすると，Dは，BのCに対する求償債務を第三者弁済したものとして，または，Bの原債務（A→Cに移転した債権）を第三者弁済したものとして，A（C）の原債権と保証債権とを代位取得するとも考えられる。そう考えれば，代位の循環は避けられない（奥田548頁）。他方，それを避けるために

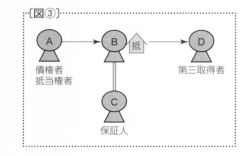

〔図③〕

A 債権者 抵当権者 → B 抵 → D 第三取得者

C 保証人

Dの代位を否定すれば，先に弁済した者が不当な利益を受けることになる。

　そこで，代位権者相互間の代位権については，501条3項に以下のような準則が定められた。

(b) 保証人と第三取得者　「保証人」と「第三取得者」（債務者から担保目的物を譲り受けた者）との代位関係である。なお，第三取得者から担保目的財産を譲り受けた者は，第三取得者とみなして，以下の該当規定を適用する（501条3項5号前段）。

　i 保証人・物上保証人に代位不可　保証人は，第三取得者に対して，債権者に全額代位するが，第三取得者は，保証人及び物上保証人に対しては，代位しない（501条3項1号）。第三取得者は，抵当権の負担を覚悟で目的物を取得したのであるから（通常は，抵当権負担部分を除外した廉価での取得であろう），代位弁済するといっても本来的負担部分の弁済であって，保証人のような自己の出捐とはいえないから，保証人との関係では代位権を与えるべきではないのである。

　ii 第三取得者間　第三取得者間では，各人は，各財産の価格に応じ

て，他の第三取得者に対して，債権者に代位する$\binom{501条3}{項2号}$。第三取得者が複数人生じるのは，共同抵当の場合である。〔図④〕Ｂが，Ａに対する1000万円の債務につき，自己所有の甲不動産（価格600万円）・乙不動産（同600万円）・丙不動産（同300万円）を共同抵当とし，その後，甲不動産がＣに，乙不動産がＤに，丙不動産がＥにそれぞれ譲渡されたとしよう。Ｃが1000万円を弁済してＤ・Ｅに対する抵当権を実行できる額は，それぞれ400万円・200万円である。

(c) 保証人と物上保証人

保証人と物上保証人との間においては，その数に応じて，債権者に代位する。ただし，物上保証人が数人あるときは，保証人の負担部分を除いた残額について，各財産の価格に応じて，債権者に代位する$\binom{501条3}{項4号}$。

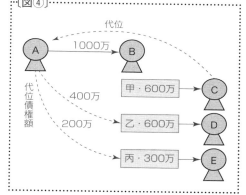

〔図④〕

したがって，Ｂの1000万円の債務につき，Ｃ・Ｄが保証人となり，Ｅ・Ｆが各600万円・200万円の不動産をもって物上保証したとすると，それぞれが代位される額は，Ｃ・Ｄは各250万円ずつ，Ｅ・Ｆは375万円・125万円となる（これで代位できない部分はＢに対する求償債権となる）。

i 保証人・物上保証人の両資格を兼ねる場合
〔図⑤〕Ｂの1000万円の債務につき，Ｃ・Ｄ・Ｅが保証人となり，さらにＣ・Ｄは，600万円・200万円の各所有不動産に抵当権を設定した。Ｃ・Ｄは保証人・物上

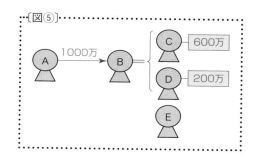

〔図⑤〕

保証人の2つの立場にあるわけだが，このような場合を民法は規定していない。どのように考えるべきか。

〔A〕　一人説）　代位者の人数のうえでは二人であると考えるのが代位者の通常の意思ないし期待でないことは取引の観念に照らして明らかであるとし，上記規定の基本的な趣旨・目的である公平の理念に立ち返ると，一人として扱うべきであるとする（最判昭61・11・27民集40巻7号1205頁参照）。そして，この判例は，その代位の割合は「代位者の頭数による平等の割合」であるとする。しかし，その一人を保証人とみるのか物上保証人とみるのかでは，代位割合を異にしよう。そこで，──

ⓐ　保証人一人説）　保証人とみる説では，物上保証人としての地位を否定するから，例えば〔図⑤〕で，Eが代位弁済した場合には，Eは，C・Dに対して各333万余円につき保証債権を代位行使することになる。しかし，物上保証人となった意義を否定することは妥当ではないであろう。

ⓑ　保証人兼物上保証人一人説）　この説は，代位者の人数を基準とする（したがって，保証人として数える）が，物上保証人としての地位（責任）を否定するわけでなく，代位の負担割合では物上保証人の資格を無視しようというだけであるから，上の例では，Eは，C・Dに対して，各代位額333万余円に満つるまで，その保証債権および抵当権の一方または双方を代位行使できることになる（小川英明「代位弁済」『演習民法（債権）』185頁，小川「判批」『百選Ⅱ』（第3版）91頁，安永正昭「判批」判評296号19頁）。したがって，前掲判例の立場もこの見解として位置づけられよう（小川・前掲「判批」91頁）。

ⓒ　物上保証人一人説）　上記とは逆に，物上保証人として一人と考えることもできる。この場合には，Cは499万余円，Dは166万余円，Eは333万余円の負担となる。ただ，現在の主張者はいない。

〔B〕　二人説）　単なる保証人からみれば，一部の保証人がさらに抵当権を設定していることはより重い出捐を忍ぶ関係だと予期するのが自然であるから，その予期を保護すべきことが公平に適うとして二人説を唱える（我妻261頁，水本・セミナー215頁，前田482頁）。この説では，人数は5人で，Eは200万円，Cは保証人としての200万円と物上保証人としての300万円，Dは同じく200万円と100万円，ということになる。

　以上につき，保証人は一般財産をもって無限定責任を負担しようとするのに対し，物上保証人は限定的に責任を負担しようとするものである。そこで，保証人が物上保証をもすることは，<u>保証した債務額だけは確実に（＝物的に）責任を負担</u>しようとする趣旨と解するのが現実的に妥当な考え方であろう。そうであれば，〔A〕ⓑ保証人兼物上保証人一人説が正当である。少なくとも，〔B〕説の2人分の責任を負うのだとする認識は，一般取引観念に反しよう。

　なお，〔A〕ⓑ説に対しては，Eが保証人，C・Dがそれぞれ3000万円・1000万円の不動産による物上保証人であった場合に，その負担額は，Eが333万円，Cが499.5万円，Dが166.5万円だが，その後にCが追加的に保証人となった場合の負担額は，Cは333万円，Dは333万円となり，物上保証人でいたCが保証人を兼ねると負担が軽くなることはおかしい，との批判があり得る。しかし，そのことは代位負担額の問題にすぎず，保証人となることは無限定責任を負うことでもあることを忘れてはならない。例えば，Dが無資力となった場合には，その分が増加するわけだから，そのことだけをもって一概に不当ともいえないであろう。

　ii　弁済までに物上保証人に共同相続が生じた場合　　物上保証人Dが死亡してその抵当土地につき共同相続が生じ，その後に保証人Cが弁済した場合，501条3項4号の「その数」はいかに数えるべきか。判例は，この場合，Cの「弁済の時における物件の共有持分権者をそれぞれ1名として上記頭数を数えるべきもの」とする（最判平9・12・18判時1629号50頁）。この判例については，物上保証人の死亡という偶然の事情により，保証人が不利益を受けるのはおかしいとして，相続人全員を1名と数えるべきだとする「裁判官意見」が付されている。

　iii　代位割合を変更する特約は有効か？　　501条3項4号（その数に応じる代位）と異なり，保証人Cと物上保証人Dとの間で，CがDに対し全部代位できるとする特約が締結されたが，Dの設定した抵当権に後順位抵当権者Eがいる場合に問題となる。

　この場合，C・D間の単なる特約により，Eが501条によって本来確保できた利益を得られないことは，Eの利益を害するように思える。しかし，C・D

間で特約がされているといっても，<u>Cの代位できる範囲は，Cが有している</u>
<u>求償権の範囲内に限定され，その範囲内では，後順位抵当権者Eは，本来，</u>
<u>債権者Aの優先弁済を承認せざるをえない立場にあったのだから，別にE</u>
の利益を害するものとはいえない。それゆえ，このような特約も有効である。

　判例は，根抵当権の事例で，もともと後順位抵当権者Eは，債権者Aが根
抵当権の被担保債権の全部につき極度額の範囲内で優先弁済を主張した場合
には，それを承認せざるをえない立場にあるから，Cは，その求償権の範囲
内で上記特約の割合に応じて抵当権を行使できるものとした（この判例では，
459条2項→442条2項と異なる求償権範囲の特約も有効とされた）$\binom{\text{前掲最判昭59・}}{\text{5・29民集38巻7}}$
$\binom{}{\text{号885}}$。学説もこぞって賛成している。

(d) 物上保証人間　　物上保証人間では，各人は，<u>各財産の価格に応じて</u>，他
　　　　　　　　　　　の物上保証人に対して，債権者に代位する$\binom{501条3項3}{号→同2号}$。
なお，物上保証人から担保の目的となっている財産を譲り受けた者は，物上
保証人とみなして，上記該当の規定を適用する$\binom{\text{同5号後段→1}}{\text{号・3号・4号}}$。

第3款　代物弁済

(1)　代物弁済の意義

(a)「代物弁済」とは何か　弁済をすることができる者（「弁済者」）が，債権者との間で，<u>債務者の負担した給付に代えて他の給付をすることにより債務を消滅させる旨の契約</u>をした場合において，その弁済者が当該<u>他の給付をしたときは，その給付は，弁済と同一の効力</u>を有する（482条）。例えば，金銭債務を負う債務者が，金銭の代わりに自動車（の所有権）を給付することで金銭債務を消滅させることを契約し，それに基づいて自動車を給付したときは，その自動車の給付は「弁済と同一の効力」を有することである。

【新制度に対する疑問】　「代物弁済」とは，「本来の給付」に代えて「他の給付」（＝「代物」の提供）をすることにより債権を消滅させる「弁済」類似の行為であるが，なぜ「弁済」の一形態として規定されたかというと，代物弁済は「債務の本旨に適った弁済」ではないから本来は適法な「弁済」ではないが，債権者の「承諾」があれば適法な「弁済」（＝「弁済と同一の効力」）とみなすことができる（したがって，代物の提供（＝要物性）は債務消滅の必須の要件），という社会的通念からである（旧482条）。

他方において，「代物弁済」は，「弁済できなかったときは，他の給付（代物）をもって弁済に代える」という機能へと発展した。それが，担保行為としての代物弁済の「予約」（又は停止条件付代物弁済契約）であり，債務消滅行為に「予約」制度を結合させて代物弁済の合意（契約）を創出したものである。

そうすると，代物弁済には，①　直ちに債務の消滅を導く債務消滅行為（物権的効果）と，②「予約」を結合させた代物弁済の履行義務を発生させる担保行為（代物弁済予約），の2つの機能（使われ方）が存在することになる。

ところが，今般の改正に当たっては，代物弁済「予約」や停止条件付代物弁済「契約」などが担保取引で利用され，判例も代物弁済の効力は契約時に生じるなどとしてきたことから，②の問題のみの〈要物か諾成か〉のレベルの議論

になり，学説も諾成的な代物弁済の合意を認めてきたことから，改正されたものだという（部会資料「70A」29頁以下・潮見・プラクティス308頁）。これは，明らかに，代物弁済を，上記②の視点だけからしか見ていないものである。

　したがって，今回の改正の下では，次の点に留意すべきであろう。第1は，上記②の「予約」構成の場面に着目した改正（その場合の代物弁済効果に対する規制）なので，①の債務消滅行為（物権的効果）は，契約自由原則を持ち出すまでもなく，当事者の合意として依然有効であることである（その場合には，旧規定の解釈が参考になろう）。

　第2は，「予約」の場面の規制であるから，当然ながら，これまでの代物弁済の「予約」構成は不要となり（次掲(b)参照），したがって，仮登記担保法との統一的理解が必要となろう（【Ⅲ】290頁以下）。

　第3は，このような代物弁済「契約」は，実質的には，「更改」契約と変わりないものになったことである。513条1号の「従前の給付の内容について重要な変更をするもの」に該当することは明らかだからである（効果の発生についてのみ相違）。

(b) 代物弁済の「予約」は？　代物弁済の「予約」は，旧482条の「要物性」の下で意味のある制度であった。「代物弁済」が直接に債務を消滅させ，履行義務を生じさせないものである以上，「将来一定の事由が生じた場合に代物弁済とする」という「予約」（履行義務発生契約）は，有用だからである（そこに，流担保としての代物弁済予約が使われる意義があった）。

　そもそも，「予約」という制度は，「予約」（合意・契約）することによって<u>履行義務を発生させる</u>法的技術である。これが機能するのは，現実に目的物を提供しなければ効力が発生しない「要物契約」において，将来その物を引き渡すという債権・債務を発生させる場面である。合意によって直ちに物権的効果が発生する要物契約では，履行義務は生じる余地がないため，その履行を確保する手段が「予約」制度なのである。したがって，最初から債権・債務を発生させる「諾成契約」の下では，「予約」は，不要の概念である。

　そこで，代物弁済が「予約」ではなく，「諾成契約」として構成されると，その<u>契約の効果として「代物弁済」義務が発生する</u>から，もはや，「予約」制

度を必要としない。すなわち，総じていえば，「諾成契約」においては，契約の履行義務を生じさせるから，同じ履行義務を発生させる「予約」の観念が生じる余地がないのである(詳細は，来栖三郎『契約法』[*])(22頁以下，【V】123頁参照)。

したがって，今回の改正で，代物弁済が「諾成契約」とされた以上，「代物弁済の予約」の意義は消失し，「代物弁済契約」概念に統一されることになろう(仮登記担保法では，「契約」を前提としているから，形式的には影響を受けないであろう)。

　　* 「一方の予約」は？　　では，なぜ，諾成契約である売買において，「一方の予約」($\frac{556}{条}$)が認められているのか。このことは，多少歴史的な理解を要する。古く，売買が要物契約（目的物の移転がなければ売買の効力が生じない）であった時代には，将来的な給付の約束（約諾）は，当然ながら，法的拘束力をもたなかった。ここでは，予約の概念などは問題とならなかったのである。しかし，売買が要物契約から諾成契約の方向に向かう過程においては，目的物の移転を売買の本体としつつも，それに先行する「売ろう・買おう」という約諾（義務の発生行為）にも効力が認められるようになった。「予約」概念の承認である。

　　しかし，その後，売買契約が純粋に「売ろう・買おう」という約諾のみで成立するようになると（＝諾成契約の成立），「売ろう・買おう」とする約諾（義務の発生行為）は，もはや売買の「予約」ではなく，売買「契約」そのものとなる。したがって，「契約」に先行する「売ろう・買おう」とする「予約」なる概念は，ここにおいては無用のものとなるのである。

　　ただ，売買が諾成契約として成立しても，「一方のみの予約」だけは，売買契約を締結する一方的な権利として意義が認められることになった（反対に，双方の予約などは意味を持たない）。これが，556条で「一方の予約」が認められた理由であり，当事者の一方に「予約完結権」を与えて契約の締結権を認めた趣旨である(来栖・前掲『契約法』22頁以下)。そして，一方的な契約締結権としての「予約」は，売買契約を離れて一般化し，「代物弁済」に応用されてきたのである。

(2)　代物弁済の要件

(a)「債務を消滅させる」契約　「債務者の負担した給付に代えて他の給付をすることにより債務を消滅させる」ことを目的とする「契約」である($\frac{482}{条}$)。

(b) 弁済者と債権者の合意　この契約は，上記(a)の目的で，弁済者と債権者との間でなされる。「弁済者」とは，「弁済をすることができる者」をいうから$\binom{482}{条}$，「債務者」$\binom{473}{条}$のほか，一定の「第三者」$\binom{474条}{所掲}$が，これに当たる。

(c)「代物の給付」　代物弁済契約の義務履行として，「代物の給付」（他の給付）がなされることである。この「給付」は，現実の給付を意味する。一般の契約と異なり，給付結果の実現（＝債務の消滅）がなければならない。ある意味では，要物性の名残りである。

　また，「代物の給付」であるから，本来は債務の本旨に従った履行ではないが，上記(b)のとおり，<u>「当事者の合意」</u>によって，<u>適法な弁済とみなされる</u>$\binom{旧482条の}{趣旨参照}$。

（3）　代物弁済の効果

(a)「弁済と同一の効力」　弁済者の代物給付は，「弁済と同一の効力」を有する$\binom{482}{条}$。したがって，債権およびそれに付随する担保権は消滅するほか，弁済に関する規定$\binom{473条}{以下}$は，原則として，代物弁済に類推適用される。

(b) 履行（他の給付）前の法律関係　債権の消滅効果（債権関係の終了）は，弁済者の「他の給付」があった時に，生じる。したがって，それ以前は，当初の契約関係も依然効力を持っていると考えなければならない。更改契約が，新債務の成立によって旧債務を消滅させるのとは，まったく理論が異なる。代物弁済契約は，当初の契約関係の消滅を目的として締結されたものではあるが，その効力が生じなければ，当初の契約関係は消滅しないのである。

　そこで問題となるのは，「当初の給付」が可能である場合に，債権者又は弁済者（債務者・第三者）から，「当初の給付」の請求又は主張がある場合である。代物弁済が合意されたとしても，その弁済もない間は，当初の債権関係が存続している。したがって，別段の意思表示がなければ$\binom{通常は特約があ}{るであろうが}$，「当初の給付」の請求・履行は有効とみなければならない$\binom{請求権競合など}{の問題ではない}$。

第4款　供　託

(1)　供託制度の意義

　供託（弁済供託）とは，債権者が弁済を受領しないなど一定の事由がある場合に，弁済者が，<u>弁済の目的物を債権者のために供託所に供託して，債務を免れる制度である</u>（494条）。債権者が受領しない場合には，債務者は提供によって遅滞責任を免れる一方で，債権者に受領遅滞を発生させるが，その場合でも債務は消滅しない。そこで，<u>債務自体を消滅させるために認められたのが，弁済供託（弁済代用としての供託）である。</u>

　供託の法律的性質は，第三者のためにする寄託契約であるとされる。しかし，供託物の保管，事務の処理，還付取戻等については国家機関の管掌するところであるから（供託法参照），公法的性格がきわめて強いものである。

　　*　民事供託の種類*　　民事関係の供託としては，① 弁済供託のほか，② 保管供託（民法394条，578条など），③ 担保供託（民訴76条（訴訟費用の担保），民保22条（仮差押解放の担保）・25条（仮処分解放の担保）），④ 執行供託（民執156条1項（差押えを受けた金銭債権の供託）），がある。

(2)　供託の要件

　(a)　供託の原因　　弁済者は，次に掲げる場合には，債権者のために弁済の目的物を供託することができる（494条前段）。

　　i　債権者の受領拒絶　　弁済の提供をした場合において，債権者がその受領を拒んだとき（494条1項1号）。「受領拒絶」は，「口頭の提供」（493条ただし書）および「受領遅滞」（413条）の要件でもある。それゆえ，これらの制度との関係が問題となるが，判例は，受領拒絶が受領遅滞を生じさせる（したがって，供託は受領遅滞の効果と考える）との解釈を前提に，その際には，債務者は口頭の提供をしなければ供託できず（大判大10・4・30民録27輯832頁），ただ，口頭の提供をしても債権者が受領しないことが明瞭な場合にだけ，提供をしないで直ちに供託できるのだとする（大判大11・10・25民集1巻616頁）。

　しかし，受領遅滞について債務不履行構成をとるときは，受領拒絶は，必ずしも受領遅滞を発生させる要件ではないから，供託を受領遅滞の効果と考える必要はない。したがって，受領拒絶があれば，債務者は，口頭の提供によって遅滞責任を免れることができるとともに，供託によって債務を免れることができるのだ，と解すべきである（我妻308頁，奥田563頁）。

　ii　債権者の受領不能　　債権者が弁済を受領することができないとき（494条1項2号）。「受領不能」については，判例は広く解し，債務者が弁済しようとして債権者に電話で問い合わせたのに対し，その家人が不在で受領できない旨を答えた場合も，これに当たるとする（大判昭9・7・17民集13巻1217頁）。なお，債権が差し押さえられて，第三債務者が弁済できない場合に（民執145条1項参照），「受領不能」を原因とする弁済供託ができるかである。この場合には，弁済供託はできないとされ，ただ，債務者は，執行供託として，差押えに係る金銭債権の全額に相当する金銭を供託することができる（同156条1項）。

　iii　債権者の不確知　　弁済者が債権者を確知することができないときも，前項と同様とする。ただし，弁済者に過失があるときは，この限りでない（494条2項）。債権者を過失なくして確知することができない場合である。それが，事実上の理由であると，法律上の理由であるとを問わない。前者の例では，債権者が失踪している場合，後者の例では，譲渡禁止債権の譲渡（466条の2，466条の3），債権の二重差押え，債権の二重譲渡につき確定日付証書通知が同時に到達した場合，などがある。

　(b) 供託の目的物　　**i　供託物と債権の同一性**　　供託の目的物は，「弁済の目的物」でなければならない（同一性）。金銭・動産であると，不動産であるとを問わない。したがって，目的物の全部を供託しなければならず，一部供託では供託の効力は生じない。一部共託の場合には，債務の本旨に従った履行（全額の支払い）を債務者に促すことができる。ただ，その不足が僅少であるときは，供託額の範囲で供託は有効となる（最判昭35・12・15民集14巻14号3060頁，第1節第1款⑤(2)(b) i（268頁）参照）。また，判例は，交通事故による損害賠償請求の控訴審係属中に，第1審判決認容額の全額を弁済のため供託したが，後にその額が増えた場合に，一部供託を有効としている（最判平6・7・18民集48巻5号1165頁）。

　　ii　供託に適しない物等　　ただし，弁済者は，次に掲げる場合には，裁判所の許可を得て，弁済の目的物を「競売」に付し，その代金を供託することができる$\left(\substack{497\\条}\right)$。

　　(α)　その物が供託に適しないとき。

　　(β)　その物について滅失，損傷その他の事由による価格の低落のおそれがあるとき。

　　(γ)　その物の保存について過分の費用を要するとき。

　　(ε)　(α)〜(γ)に掲げる場合のほか，その物を供託することが困難な事情があるとき。

(3)　供託の方法

(a)　当事者　　供託ができる者は，「弁済者」である。供託の場所は，債務履行地の「供託所」であるが$\left(\substack{495条\\1項}\right)$，供託所は，金銭・有価証券については，法務局もしくは地方法務局またはその支局もしくは法務大臣の指定する出張所$\left(\substack{供1\\条}\right)$，それ以外の物品については，倉庫営業者または銀行である$\left(\substack{同5\\条}\right)$。また，供託所に供託できない物については，弁済者の請求により，裁判所は，供託所の指定および供託物保管者の選任をしなければならない$\left(\substack{495条\\2項}\right)$。

(b)　供託の通知　　供託した場合には，供託者は，遅滞なく債権者に供託した旨の通知をしなければならない$\left(\substack{495条\\3項}\right)$。ただ，供託官は，供託通知書を被供託者（債権者）に発送すべきものとされ$\left(\substack{供則18条3\\項・20条2項}\right)$，そして，債権者は，この供託通知書で供託物の還付請求をすることができるので$\left(\substack{同24条・\\26条}\right)$，供託者からの通知は有名無実化している。

(4)　供託の効果

(a)　債権の消滅　　弁済者が供託した時に，債権は消滅する$\left(\substack{494条1\\項後段}\right)$。したがって，債権者・債務者間に債権関係は存在しなくなる。

　　なお，後掲(5)で述べるように，債務者は供託物の取戻しができる場合があるから，供託による債権消滅の効力は，供託物の取戻しを解除条件として遡

及的に発生するものと解されている（判例。奥田566頁。理論的経緯に\nついては，我妻311頁以下参照）。

　問題となるのは，金額に争いのある債権の場合であるが，債権者が債務者に対して，供託金を債権の一部に充当する旨を通知し，かつ，供託所に対してその留保の意思を明らかにして還付を受けたときは，一部充当として扱われる（最判昭38・9・19\n民集17巻8号981頁）。そのような意思を表明しないで供託金の還付を受けたときは，債権者は，額が不足であっても，弁済供託を認めたものとみなされる（最判昭33・12・18民\n集12巻16号2423頁）。

　(b) 還付請求権の発生　供託（＝債権の消滅）があると，債権者は，供託物の還付を請求することができる（498条\n1項）。債権者がこの請求権を取得するから債務が消滅するのだと説明されるが（我妻\n312頁），そのこと自体は説明の問題であるからどちらでもかまわない。ただ，債務者が債権者の給付に対して弁済をするという債務の場合には，債権者は，その給付をしなければ，供託物を受け取ることができない（498条\n2項）。それ以外には，債権関係は消滅しているのだから，債権と還付請求権との間には牽連性はない。

　なお，還付請求権は，供託の通知を受け取った時から10年の消滅時効にかかる。

　(c) 供託物の所有権の移転　金銭その他の消費物については，消費寄託（666\n条）として，その所有権はいったん供託所に帰属し，債権者は，供託所から受け取った時に，その所有権を取得する。しかし，特定物の場合には，供託所は所有権を取得するのではなく，単に保管するにすぎないと解されている。そこで，その場合の所有権の移転だが，一般には物権法理の問題とされ，意思主義では供託契約時，物権行為独自性説では債権者への交付時と解されている（我妻313\n頁参照）。

(5)　供託物の取戻し（取戻しの要件）

　(a) 民法上の取戻権　「弁済者」（債務者）は，次の事由がある場合には，供託物を取り戻すことができる（496条1項\n・供8条2項）。

　i　債権者が供託を受諾しないとき
　ii　供託を有効と宣言した判決が確定しない間

　　iii　供託によって質権・抵当権が消滅しない間$\left(\substack{496条\\2項}\right)$　　ただし，この場合は，供託があれば債権は消滅し，それに付随する担保権も消滅するのだから，あまり意味のある規定ではない。

　(b) 供託法上の取戻し　　供託者は，① 供託が錯誤によるものであること，または，② 供託原因が消滅したこと，を証明する場合には，供託物の取戻しができる$\left(\substack{供8\\条}\right)$。

　(c) 供託金取戻請求権の時効　　供託金取戻請求権の消滅時効は，「供託者が<u>免責の効果を受ける必要が消滅</u>した時」から進行する$\left(\substack{最大判昭45・7・15民集24\\巻7号771頁（受領拒絶）}\right)$。これを受けて，最判平 13・11・27 $\left(\substack{民集55巻6\\号1334頁}\right)$ は，賃料債務につき，賃料債務の弁済期の翌日から旧 169 条（定期給付債権の短期消滅時効）所定の 5 年間が経過した時から，更に 10 年が経過することによって消滅時効が完成するとする。

第 2 節　相　　殺

1　相殺の意義

(1)　「相殺」とは何か

(a) 債務の対当額消滅　　相殺（Aufrechnung）とは，債務を負う債務者 B が，自分もまた債権者 A に対して同種の債権（反対債権）を有する場合に，その反対債権によって，その債務を対当額において消滅させる（免かれる）一方的な意思表示である（505条1項・506条1項）。例えば，A から 500 万円を借金していた B が，後に取引関係から A に対して 300 万円の売掛代金を持つにいたり，その両債権が弁済期にある場合には，B（または A）は，一方的に，300 万円を限度として自己の債務を消滅させることができるとすれば，相互に弁済する時間も手間も省けるし，当事者の意思にも適うはずである。実質的に弁済と同じことである。これが相殺の基本原理である。

この際，相殺を行う方の債権（B からの相殺であれば B の債権）を「自働債権」，相殺をされる方の債権を「受働債権」（または反対債権）と呼ぶ。

(b) 一方的な意思表示　　相殺は，相手方に対する一方的な意思表示（単独行為）によって行う（506条）。したがって，相殺は，債務者に与えられた一つの「権利」（相殺権）である（我妻320頁）。当事者の意思表示を要せず，相殺適状があれば両債権は当然に対当額で消滅する（当然消滅主義）とする立法例もあるが（フランス民法・旧民法），わが民法は，ドイツ法・スイス法と同じく，意思表示主義をとった。

(2)　相殺の機能

このような相殺 —— 反対債権によって一方的に債権を消滅させる —— 制

度は，現実にどのような目的ないし
機能を有しているのであろうか。
〔図①〕参照。──

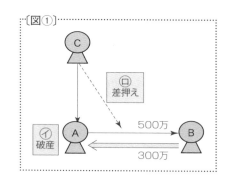

〔図①〕

(a) 決済方法の簡便化 まず，上述
の例からわ
かるとおり，相殺は，A・B両債権者
の決済方法を簡便にする手段であ
り，これ以上の説明はいらないであ
ろう。

(b) 当事者間の公平 次に，Aが破産した場合を考えよう（〔図①イ〕）。もし，
相殺制度がないとしたらどうなるか。Bは，500万円
全額を弁済しなければならない反面，自己の300万円の債権は破産財団に組
み込まれて強制管理を受け，そこから一債権者として配当を受けるにすぎな
い。したがって，全額回収はまずできない。これでは，同種の債権を相互に
有するA・B間の処理として不公平である。相殺は，このような不公平を回
避する制度でもある。

(c) 担保的機能 Aが破産した場合や（〔図①イ〕），AのBに対する500万円
の債権をAの債権者Cが差し押さえた場合に（〔図①ロ〕），
Bが300万円の反対債権をもって相殺できるとすると，Bの債権（反対債権）
は，相殺という制度によって確実に担保・保全されることになる。このよう
に，相殺制度には，本来的に担保的機能が内在している。

この機能に着目すると，融資者（金融機関）Bは，Aが破産しようが差押え
を受けようが，あらかじめ相殺のできる状況を作っておく ── 破産・差押え
など一定の事情が生じた場合には相殺できるとする特約を締結する ── 限
り，その融資金は絶対確実に回収できることになる。これが，相殺制度から
発展した「相殺予約」である。金融機関は，通常，融資（資金の貸付け・手形
の割引きなど）をする見返りとして定期預金をさせ，その両債権につき相殺予
約を設定するのが一般である。こうなると，本来，自己の債務を一方的に消
滅させる（免れる）ことを目的とする相殺制度は，貸付債権の充当方法（債権

担保制度）へと，その機能を変じていることになる$\binom{我\ 妻}{318頁}$。

(3)　相殺の形態

　債権どうしを対当額で消滅させる制度（広義での「相殺」）には，法律構成により，いくつかの形態がある。

　(a)　法定相殺（単独行為）　505条以下で規定する相殺であり，反対債権を有する債務者が一方的な意思表示（単独行為）で自己の債務を消滅させるもので，後掲(b)・(c)と区別して，「法定相殺」と呼んでいる。単独行為による相殺であるから，その「要件」（相殺適状）が厳格に捉えられる。

　(b)　相殺契約（双方行為）　相殺的効果 ── 対立債権の対当額消滅 ── は，当事者間の「契約」によっても生じさせることができる（合意による相殺）。すなわち，将来の一定時期または一定の事由が生じた場合には相殺を行うとする，当事者間の相殺契約である。

　契約による相殺であるから，相殺の条件・内容・要件などは合意で決められ，原則として505条以下の規定の適用を受けない。単独行為で必要な「相殺適状」要件も必要でない。

　商人間の交互計算契約$\binom{商529}{条}$はこの一種である。不法行為による損害賠償債権$\binom{509}{条}$や差押禁止債権$\binom{510条，民}{執152条}$なども，禁止の趣旨を潜脱するなど公序良俗$\binom{90}{条}$に反しない限りは可能であろう。

　(c)　相殺予約　「将来一定の事由が発生したときは」相対立する債権を直ちに相殺する，とする当事者間の合意を総称して，「相殺予約」と呼んでいる。理論的に分析すれば次の3つの型に分けられるが，しかし，当該相殺予約をあえてこれらの型に当てはめて考える必要はない。

　　i　相殺契約の予約　上記(b)で述べた相殺契約につき，「一方の予約」制度$\binom{559条→}{556条}$を用いて，一定の事由が生じたときには，その予約完結権の行使（相殺の意思表示）によって相殺契約が効力を生じるとするものである。予約によって効力が生じるのは，当事者間で合意された本契約（相殺契約）であることはいうまでもない。

ii　停止条件付相殺契約　　一定の事由が生じたときには，相殺の意思表示を必要とせず，直ちに相殺契約の効力を生じる，とする契約である。その有効性には疑問があるとする説，双方の債権等が特定されている限りにおいて有効性を持つとする説$\binom{\text{我 妻}}{344頁}$もあったが，現在では，特に反対説はない。

iii　準法定相殺（法定相殺要件の緩和）　　Ａに一定の事由 —— 振出手形の不渡り，破産，差押えなどの信用失墜 —— が生じたときには，Ａは当該債務の期限の利益を喪失し$\binom{137条}{参照}$，かつ，Ｂも，反対債務の利益を放棄して$\binom{136条}{2項}$「相殺適状」を創出させ，相殺ができるとする旨の特約である。

これについては，かつて，期限の利益の喪失・放棄制度を利用した相殺適状の要件の緩和であって，「予約」の名に値しないとの見解$\binom{\text{我 妻}}{358頁}$もあったが，現在では，特約を基礎として生じる相殺に第三者効を認めるべきか否かという実質関係においては，「予約」と同一の運命に従うべきであり，異別に取り扱うべきではないと考えられ$\binom{\text{好美清光「銀行預金の差}}{\text{押と相殺」判タ256号18頁}}$，有効性を疑う学説はない。

なお，金融関係で事実上一般に使われている「銀行取引約定書（ひな型）」$\binom{\text{公的には，全銀協}}{\text{が平成12年に廃止}}$の相殺予約規定$\binom{5条\cdot}{8条}$は，上記 iの相殺の予約とiiiの準法定相殺との併用型であるとされる。

これらは，いずれも，〈一定の事由が生じたときは直ちに相殺の効力を生じる〉とする点では同一内容を持ついわゆる「予約」形式の相殺契約である。したがって，合意を基礎とする相殺効果の発生であるから，505条以下の規定の適用はない$\binom{\text{詳細は}\boxed{4}1)}{(c)(310頁)}$。

[2]　相殺の要件・方法・効果

(1)　相殺の要件 —— 相殺適状

「相殺」が認められるためには，2つの債権が対当額で消滅するのに適した状態でなければならない。これを，「相殺適状」という。

(a) 両債権の対立　相殺適状の要件として，第1に，自働債権と受働債権とは互いに対立し，相殺者と被相殺者とが相互に相手方に対して有する債権でなければならない$\binom{505条1}{項本文}$。

なお，両債権は，相殺をする上で有効なものであることを要する。したがって，① 自働債権は，履行を強制できるものでなければならないから，いわゆる不完全債務などを自働債権とすることはできない。② 取消原因のある契約から生じた債権は，取消し前は有効な存在であるから，自働債権にも受働債権にもすることができる。しかし，取り消されて債権が遡及的に消滅した場合には，相殺が効力を失う結果，消滅した他方の債権は消滅しなかったことになる。契約が解除されたが，解除前にその契約上の債権が相殺された場合も，それと同様である$\binom{大判大9・4・7}{新聞1696号22頁}$。

(b) 両債権が「同種の目的」　第2に，両債権が「同種の目的」$\binom{505条}{1項}$を有することである。「同種の目的」とは，金銭の交付を目的とするとか（金銭債権間），金銭以外の物の交付を目的とする（種類債権間）などである。

(c) 両債権が弁済期　第3に，双方の債権が弁済期にあることである$\binom{505}{条1}$ $\binom{}{項}$。期限の定めのない債権は，請求しない限りは遅滞とはならないが，相殺については直ちに適状にあると解すべきである$\binom{我妻}{327頁}$。しかし，個別的な検討を要する。

i　自働債権　自働債権に弁済期の到来が要求されることは当然である。そうでないと，相手方の期限の利益を奪うことになるからである。しかし，債務者が，法定の事由$\binom{137}{条}$または特約上の一定事由の発生によって期限の利益を失うときは，その時に弁済期到来となる。

ii　受働債権　これに反し，受働債権は，その債務者である相殺者が期限の利益を放棄できるので$\binom{136条}{2項}$，弁済期にあることを要しない$\binom{判例・通}{説}$。したがって，債務者が，弁済期の到来しない債務につき相殺の意思表示をするときは，その時に期限の利益を放棄して清算する意思を表示したものと解される$\binom{判例・}{通説}$。

iii　時効消滅債権の特則　時効で消滅した債権は，本来ならば相殺が

できないというべきであるが，その消滅前に既に相殺適状にあった場合には，これをもって相殺をすることができる（508条）。この規定に関しては，以下のことに注意すべきである。――

　(α)　時効消滅したＣのＡに対する債権を，ＢがＣから譲り受けても，Ｂはこれを自働債権としてＡとの間で相殺することはできない（最判昭36・4・14民集15巻4号765頁）。時効消滅前に，Ａ・Ｂ間に相殺適状はないからである。

　(β)　債権者Ａの主債務者Ｂに対する債権が時効消滅した場合でも，その債権が消滅前に連帯保証人ＣのＡに対する債権と相殺適状にあれば，ＡはＣのＡに対する消滅債権をもってＣに対し相殺することができるとするのが判例である（大判昭8・1・31民集12巻83頁）。しかし，主債務者Ｂの時効の利益をこのような形で奪うのは妥当ではなく，保証人の予期をも裏切ることになるので正当ではないであろう（我妻325頁，林ほか308頁〔石田〕）。

　(γ)　時効の短期消滅期間（いわゆる除斥期間）経過後の債権についても，508条の適用があると解すべきである（最判昭51・3・4民集30巻2号48頁（請負目的物の瑕疵修補に代わる損害賠償債権を自働債権として，請負人の報酬請求権に対する注文者の相殺））。権利行使の制限という意味では，制度上，時効と区別すべき理由はないからである。

(b) 債務の性質上相殺が許されること　第4に，債務の性質が相殺を許すこと（505条1項ただし書）であるが，許さない場合とは，その債務が現実に履行されなければ，債権・債務を成立させた意味がない場合である。したがって，以下の債権・債務は原則として相殺に供することができない。

　i　いわゆる「なす債務」　「する・しない」は，債務者の意思表示を前提とするからである。例えば，相互に競業しないとする不作為債務や労務提供債務など。

　ii　抗弁権の付着した自働債権　抗弁権（催告・検索の抗弁権，同時履行の抗弁権など）の付着した債権を自働債権として相殺することはできない（ドイツ民法390条参照）。一方的な意思表示によって，相手方はこれらの抗弁権を失うからである。例えば，賃料不払いによって賃貸借契約が解除された場合に，賃借人は造作買取請求権（賃貸人の造作引渡請求権と同時履行の関係にある）をもって債務不履行の損害賠償債務と相殺することはできない（大判昭13・3・1民集17巻318頁）。

また，保証人に対して債務を負担する債権者が，保証債権（催告・検索の抗弁権が付着している）を自働債権としてその債務と相殺することはできない（大判昭5・10・24民集9巻1049頁，最判昭32・2・22民集11巻2号350頁）。

　しかし，次の場合には，上記のようなおそれはないから，相殺が許されると解すべきである。――

　　　(α)　**受働債権に抗弁権が付着している場合**　　この場合は，相殺者が抗弁権を放棄するだけであるからである（林ほか307頁〔石田〕，奥田574頁）。

　　　(β)　**自働債権・受働債権が相互に同時履行の関係にある場合**　　例えば，① 請負人Bの注文者Aに対する工事代金債権を自働債権とするAのBに対する目的物瑕疵修補に代わる損害賠償債権（636条参照）との相殺（東京地判昭43・9・6判時557号246頁，最判昭51・3・4民集30巻2号48頁，最判昭53・9・21判時907号54頁），② 敷金返還請求権が原状回復請求権と同時履行の関係にある場合に，原状回復請求権が金銭支払債務に変化したときの両債権の相殺（東京地判平2・5・17判時1374号63頁・近江「判批」判評391号22頁（判時1388号184頁））は，いずれも許されると解すべきである（反対説は，田中実「判批」判評129号17頁（判時569号115頁））。両債権が相互に同時履行の関係にある場合には，現実の履行を強制するとする関係にないからである（詳細は，近江・前掲「判批」22頁以下参照）。

　　iii　相殺禁止債権　　「性質上相殺を許さない」というわけではないが，法律上相殺が禁止される債権がある。**3**で詳述する。

(2)　相殺の方法

(a) 相殺の意思表示　　相殺は，相殺適状にある債権を有する当事者の一方から，他方に対する意思表示によってする単独行為である（506条1項前段）。したがって，受働債権が譲渡された場合には，その譲受人に対してすることになる。その意思表示は，明示でも黙示でもよく，取引観念から判断されるべきである。また，手形債権を自働債権とする場合，その交付を要するか否かの問題があるが，交付の要否は相殺が効力を生じてからの問題であり，それを要しないとするのが有力である（林ほか322頁〔石田〕）。

(b) 条件・期限付相殺の禁止　　相殺の意思表示には，条件または期限を付けることができない（506条1項後段）。一方的意思表示に，

その効力の発生・消滅を不確定にする「条件」を付することは，相手方の地位を不安定にするだけであるし（【I】323頁参照），「期限」は相殺の遡及効（506条2項）により無意味だからである。

(c) 履行地が異なる相殺　双方の債権の履行地が異なるときでも相殺をすることを妨げないが，この場合，相殺者は，相手方に対して，それによって生じた損害を賠償しなければならない（507条）。履行地を異にすることによって生じる価格差異・為替相場・運送賃・遅延利息・違約金などは，その損害に含まれよう。

(3) 相殺の効果

(a) 債権の対当額消滅　相殺は，双方の債権を，対当額で消滅させる（505条1項本文。前掲【1】1)(a)(298頁)）。そして，債権証書のある場合には，全部消滅したときは，その証書の返還を請求できる（487条の類推適用）。

(b) 相殺の遡及効　相殺の意思表示は，<u>相殺適状が生じた時に遡って効力を生じる</u>（506条2項）。それゆえ，両債権が消滅するのは，意思表示の時点ではなく，相殺適状が生じた時点である。したがって，相殺「充当」は相殺適状時を基準とし，また，適状後は，相殺によって消滅する債権については，約定利息は発生せず，履行遅滞の問題も生じない。

　しかし，相殺は意思表示を要件として発生するものである以上，意思表示時点において相殺適状になければならないから，「相殺適状となった後その意思表示前に」弁済・相殺・更改・解除などにより債権の一方が消滅していれば，もはや相殺は許されない。遡及効は，発生した相殺の効力を及させるに止まり，相殺の発生自体を決定する基準となるものではないからである。

　すなわち，相殺は意思表示時点を基準として認められるものである。意思表示主義をとる立法下での当然の帰結である。したがって，──

　i　弁済後の相殺　債務者が弁済した後で意思表示をしても，相殺は無効である（通説・判例）。相殺が有効で，弁済は非債弁済となるのではない。

　ii　解除後の相殺　債務不履行によって契約が解除された場合には，解除前に相殺適状にあったとしても，相殺は許されない。判例は，賃料不払

いを理由に賃貸借契約が解除された後，それ以前に相殺適状にあった賃借人Ｂの賃貸人Ａに対する損害賠償債権を自働債権とし，延滞賃料を受働債権として相殺の意思表示をしても，解除は影響を受けず，賃貸借関係は復活しないとする（大判大10・1・18民録27輯79頁）。

これに対し，ドイツでは解除前に相殺適状にあれば解除後に遅滞なく相殺の意思表示をすることにより解除が無効となることにかんがみて（ド民352条），あるいは，ⓐ Ａが反対債権の存在することを知悉しながら解除し，Ｂが遅滞なく相殺を主張した場合には，信義則により相殺を認めるべきだとし（我妻352頁。しかし，最判昭32・3・8民集11巻3号513頁は，Ａの知・不知にかかわらず解除は影響を受けないとする），あるいは，ⓑ 相殺適状にある反対債権を有するＢを同時履行の抗弁権を有する者と同様に見て債務不履行の成立を否定する反対論（林良平「判批」民商36巻3号376頁，林ほか324頁〔石田〕）もある。

iii 相殺後の相殺（相殺の競合）　相殺が競合する場合には，<u>先に相殺の意思表示がされたものが優先し，相殺適状の先後は基準とはならない。</u>したがって，① Ａ・Ｂ間で相殺適状にあるＡの債権を譲り受けたＣが，Ｂに対する債務と相殺した後は，Ｂは，Ａとの間で相殺適状にあった反対債権をもってＡと相殺しても，Ｃに対抗できない（大判大4・4・1民録21輯418頁）。同様に，② Ａの債権者ＣがＡ→Ｂに対する債権の転付を受け，それでＢに対する債務を相殺した場合には，ＢのＡに対する相殺は，先に相殺適状にあったとしても許されない（最判昭54・7・10民集33巻5号533頁）。

これに対し，我妻博士は，相殺債権の指定問題で不公平が生じることから，先に相殺適状を生じた債権をさしおいて後に弁済期の到来する債権につき相殺することは許されないとし，Ｂの相殺期待権を保護すべきだとする（我妻346頁以下・351頁）。

【転付債権者からの逆相殺】　〔図②〕前掲最判昭54・7・10。ＡはＢ信用金庫に対して預金債権（甲債権）を，ＢはＡに対して貸付金債権（丙債権）をそれぞれ有しており，<u>両債権は相殺適状に達していた</u>。その後，Ａの債権者Ｃは，ＡのＢに対する甲債権を差し押さえ，転付命令を得た。これに基づき，Ｃは，ＡのＢに対する甲債権を自働債権，ＢのＣに対する手形債権（乙債権）を受働債権として，相殺の意思表示をした（①の相殺。これを，相殺適状が生じた

順序から，逆相殺という）。その後，Ｂは，Ｃに対し，ＢのＡに対する丙債権（貸付債権）を自働債権，ＡのＢに対する甲債権（預金債権）を受働債権として相殺の意思表示をした（②の相殺。これを順相殺という）。

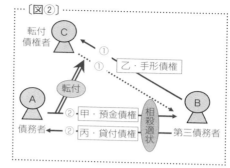

〔図②〕

判決は，転付債権者Ｃに転付された債務者Ａの第三債務者Ｂに対する甲債権とＢのＣに対する乙債権との相殺適状が甲債権とＢのＡに対する丙債権との相殺適状より後に生じた場合であっても，Ｂが丙債権を自働債権とし甲債権を受働債権とする相殺の意思表示をするより先に，Ｃの甲債権を自働債権とし乙債権を受働債権とする相殺の意思表示により甲債権が消滅していた場合には，Ｂによる相殺の意思表示はその効力を生じない（508条はその例外規定である），とした。

相殺は意思表示によって効力が生ずることが原則であるから，妥当な判断である。

(c) 相殺充当　相殺する自働債権が受働債権の総額に満たない場合において，当事者が別段の定めをしていないときは，次の方法による。これを，「相殺充当」という。

i　相殺適状の時期の順序　債権者が債務者に対して有する一個又は数個の債権と，債権者が債務者に対して負担する一個又は数個の債務は，「相殺適状になった時期」の順序に従って，その対当額につき消滅する（512条1項）。この場合において，債権者の負担する債務が債権の全部を消滅させるのに足りないときは，次の**ii**による（同条3項）。

ii　自働債権が満たない場合　上記 **i** で，相殺債権者の債権（自働債権）が，受働債権の全部を消滅させるのに足りないときは，次の規定による（512条2項柱書）。

（α）　債権者が数個の債務を負担するとき（次号に規定する場合を除く）は，488条4項2号～4号の規定を準用する（同項1号）。

　　(β)　債権者が負担する一個又は数個の債務について元本のほか利息及び費用を支払うべきときは,「順次に, 費用, 利息及び元本に充当しなければならない」$\binom{\text{同項2号→489条。全部を消滅させることができ}}{\text{ない場合は, 488条4項2号~4号の規定による}}$。

　　iii　一個の債権に対する数個の給付の場合　債権者の一個の債権の弁済として数個の給付をすべきものがある場合には, 上記 **i・ii** の規定を準用する。債権者が債務者に対して負担する債務に, 一個の債権の弁済として数個の給付をすべきものがある場合における相殺についても, 同様とする $\binom{512}{\text{条}}$。

3　相殺の禁止

(1)　当事者の意思表示による禁止

　　当事者は, 契約によって発生する債権については合意により, 単独行為によって発生する債権については一方的な意思表示により, 相殺を禁止することができる $\binom{505条}{2項}$。ただし, この禁止特約は,「第三者がこれを知り, 又は重大な過失によって知らなかったときに限り, その第三者に対抗することができる」$\binom{同}{項}$。債権譲渡に対する制限と同じ趣旨である。

(2)　法律による禁止

　　民法その他の法律は, 一定の債権について, 相殺を禁じる規定を置いている。このような特殊な債権について相殺を認めたのでは, 当事者間の公平が図れないからである。

　　(a)　不法行為による　　不法行為によって生じた損害賠償債権は, 被害者（債
　　**　　損害賠償債権**　　権者）を現実に救済するものであるから, 加害者（債務者）が反対債権を有していても, 原則として, 損害賠償債務を受働債権として相殺の対象とすることはできない $\binom{509条柱}{書本文}$。禁止されるのは, 加害者に発生した次の債務である。

　　i　「悪意による不法行為」により生じた損害賠償債務　　「悪意」のあ

る不法行為によって発生した損害賠償債務である（$\binom{509条}{1号}$）。「悪意」とは，必ずしも明確ではないが，「故意」では足りず，「積極的に他人を害する意思をもって不法行為をした場合」であるとされる（部会資料「80-3」29頁。なお，以前から「不法行為の誘発防止」などと説かれるが，相殺禁止に関してあまり意味ある説明とは思われない）。

ii　「生命又は身体の侵害」に対する損害賠償債務　上記(a)の場合を除く，「生命又は身体」に対する不法行為による損害賠償債権である（$\binom{509}{条2号}$）。

(b) 例　外　不法行為によって発生した損害賠償債権であっても，以下の場合には，自働債権として相殺をすることができる。

i　「他人から譲り受けた債権」　いわゆる「回り債権」であって，不法行為によって発生した損害賠償債権でも，被害者救済という性格が失われた純粋な金銭債権であるから，相殺禁止の対象とはならない（$\binom{509条た}{だし書}$）。

ii　被害者の自働債権でする相殺　この場合には，被害者救済という政策目的に悖るものではないから，許される（最判昭42・11・30民集21巻9号2477頁）。

iii　「交叉責任」による損害賠償債権　同一原因から生じた相対立する損害賠償責任を「交叉責任」というが，この場合には，「被害者救済のための現実の給付」という必要性がないので，認められるべきである。判例は，同一交通事故から生じた物的損害の賠償債権相互間においても相殺を認めないが（最判昭49・6・28民集28巻5号666頁，最判昭54・9・7判時954号29頁），不当である。物的責任の場合のみならず，同一事故から発生した人的損害についても，被害者救済（＝現実の弁済の必要性）という制度目的に反するものでもないので，相殺が認められるべきである（加藤一郎『不法行為〔増補版〕』255頁，幾代通／徳本伸一補訂『不法行為法』342頁，【Ⅵ】217頁以下。学説は，藤岡康宏「不法行為債権相互の相殺」民法の争点Ⅱ80頁参照）。

(c) 差押禁止債権　差押えが禁止された債権についても，債務者は，請求された場合に，相殺をもって（受働債権として）債権者に対抗することができない（$\binom{510}{条}$）。差押禁止の趣旨は，債権者に現実の支払いを得させるためである。主として，債権者の生活上に必要な債権——給料，賃金，退職金，恩給，年金など——である（民執152条・153条参照）。しかし，上記(b)iiの場合と同じく，これを自働債権とすることは差し支えないというべきである。

4 相殺の担保的機能 ——「差押えと相殺」

(a) 問題の所在 〔図③〕AのB に対する甲債権

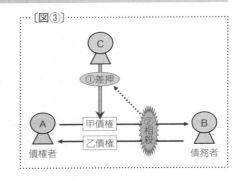

〔図③〕

につき，Aの債権者Cが差し押さえた場合，債務者Bは，Aに対する反対債権（乙債権）を自働債権として，差押債権（甲債権）を受働債権とする「相殺」をもって差押債権者Cに対抗できるであろうか。Cの差押時に，甲債権と乙債権とが「相殺適状」にあれば当然に相殺できるが，しかし，相殺は意思表示を前提とし，甲債権・乙債権が弁済期にあるとも限らないし，その弁済期到来の順序も問題となる。このようなことから，この問題は，長年の大論争であったが，2017年改正によって，立法的に解決された。

(b) 差押え後に取得した
　債権（原則）
差押えを受けた債権（甲債権）の第三債務者Bは，差押え後に取得した債権（乙債権）による相殺をもって差押債権者に対抗することはできないが，差押え前に取得した債権（乙債権）による相殺をもって対抗することができる（511条1項）。このことは，「対抗」の論理から，当然のことである。

(c) 差押え前の原因
　に基づく債権
ただし，差押え後に取得した債権（乙債権）であっても，それが差押え前の原因に基づいて生じたものであるときは，その第三債務者は，その債権（乙債権）による相殺をもって差押債権者に対抗することができる（511条2項本文）。差押え以前に，既に金銭消費貸借契約に基づいて貸し付けており，ただ弁済期が到来していないような場合や，差押え前に委託を受けた保証人が，差押え後に保証債務を履行したことによ

り生じた事後求償権を自働債権として相殺するなどの場合である（$\binom{潮見・概}{要199頁}$）。

　従来の「第三債務者は，その債権が差押後に取得されたものでないかぎり，<u>自働債権および受働債権の弁済期の前後を問わず</u>，相殺適状に達しさえすれば，差押後においても，これを自働債権として相殺をなしうる」（$\binom{最大判昭45・}{6・24民集24}$ $\binom{巻6号}{587頁}$）とする無制限説の立場を踏襲したものである。なお，「相殺適状に達しさえすれば」というのは，次掲(c)の，「期限利益喪失約款」と「期限の利益の放棄」によって可能となる。

　なお，この場合にも，第三債務者が差押え後に取得した債権が，「他人から取得したもの」（回り債権）であるときは，相殺をもって対抗できない（$\binom{511条2}{項ただ}$ $\binom{}{し書}$）。「相殺」は，両債権の「原因」をめぐる牽連関係（抗弁関係）から認められるものであり，他人から取得した「回り債権」には，その牽連関係がないからである。

(d) 相殺適状の創出　　以上の規定は，「相殺適状」の状態を創出することを意味する。したがって，被差押債権の債務者Bは，相殺をもって対抗するには，相殺の意思表示が必要となる（次掲の，「相殺予約」と異なるところである）。

　なお，現実においては，A・B間において，Aが支払停止又は差押えを受けたときは，Aは乙債務につき期限の利益を喪失し，Bは甲債権につき期限の利益を放棄して相殺する旨の特約が付されるのが普通である。それによって，差押時には，相殺適状となる。

　【法律の条文の表現・用語について】　　511条1項は，「～が，…」という接続助詞が使われた重文ないし複文となっている。およそ民法（実定法）の中で，接続助詞「～が，…」が使われているのは，この条文と520条の10だけであろう。

　この接続助詞「が，」というのは，二つの事柄（前件と後件）を結び付けるに際し，逆接的用法，並列的つなぎ，前置的又は補充的説明，既定の逆接条件などの場合に使われ，「前件と後件との関係を表面にはっきり打ち出」さない曖昧な表現性を醸し出すための用語である（$\binom{岩淵悦太郎編著『第三版悪文』111頁以下}{（「が，」の悪文の例を挙げている）。近江『学}$ $\binom{術論文の作法〔第}{2版〕』83頁参照}$）。

　実定法の条文は，プログラム規定や定義規定を除き，「一定の要件」があれば，「一定の効果」（権利の得喪変更）が生ずるという，「要件・効果」（原因・結果）を規定するものである。そこで，「要件」の部分の接続助詞は，通常，「～の場合，」又は「～のとき，」と厳格な表現になり，それに対応した「効果（権利の得喪変更）」が規定される。したがって，実定法規定では，原則として，このパターン以外の文章構成は不要なのである。

　このようなことであるから，法律の条文においては，曖昧な用法である接続助詞「が，」を使うことは，極力避けなければならない。ちなみに，511条は，前件も後件も同じことを言っているにすぎないのである。

(2)　相殺予約

(a) 問題の所在　次に，相殺が「予約」形式をとる場合である。相殺予約とは，通常，期限の利益喪失約款を前提として，〈一定の事由が生じたときは直ちに相殺の効力を生じる＊〉とする当事者間の特約である（前記**1** 3(c)（300頁）参照。法的構成については種々あるが，それを問題にする必要もない）。ここで重要なことは，「相殺予約」においては「直ちに相殺の効力を生じる」ことであり，これは，当事者の合意によるものであるから，511条の「法定相殺」とは無縁の制度だということである。

　「法定相殺」は，相殺の意思表示によってその効果が発生するものであり，そこで，その前提要件として「相殺適状」を創出する必要がある。それが，511条の規定の改正趣旨である。

　これに対して，「相殺予約」特約は，〈一定の事由が生じたときは直ちに相殺の効力を生じる〉ものであるから，相殺の意思表示を必要としない（ただし，既述した「一定の事由が生じたときには，相殺することができる」（相殺の意思表示を必要とする準法定相殺）とする特約を敢えて当事者が締結した場合には，それに従うのは当たり前である）。

　＊　**実際の形式**　実際に用いられる形式の典型は，「銀行取引約定書（ひな型）」である。同5条1項柱書（期限の利益の喪失）は，「私について次の各号の事由〔信用失墜事由〕が1つでも生じた場合には，貴行から通知催告等がなくても貴行に対する

いっさいの債務について<u>当然期限の利益を失い，直ちに債務を弁済します</u>」となっている。

(b)　学説の議論　これまで，このような A・B 間の特約にすぎない相殺予約について，強力な第三者効を認めてよいのかどうか，もし認めるとすれば，無条件に認めるのか，それとも，何らかの制限を設けるべきかなどの議論があった。そこで，学説を簡略すると，次のような考え方がある（詳細は，【IV〔第3版補訂〕】364頁以下参照）。

〔**A**〕　**期待利益説（制限説Ⅰ）**　合理的な「期待利益」のあるときに限って，相殺予約そのものの効力として対外効を認めようとし（林良平「相殺の機能と効力」『担保法大系・第5巻』557頁以下。同旨，奥田585頁），あるいは，問題とされる当該契約に即して，差押債権者の利益と債務者の有する相殺への「期待利益」とを比較衡量した上，当該相殺予約において，予約を認めるべき合理的根拠がある場合に限り，その有効性を認めようとする（塩崎勤「相殺判例の形成と発達」『金融商事取引法の諸問題』132頁）。ただし，「期待利益」概念は，少なくとも，「予約」の判断基準として機能していない。

〔**B**〕　**担保権的構成説（制限説Ⅱ）**　相殺予約が代物弁済予約に類似している点にかんがみて，第三者効を引き出すため，直截に，担保権（非典型担保）として構成する（米倉明「相殺の担保的機能」民法の争点Ⅱ88頁以下，石田喜久夫「差押と相殺」ジュリ500号144頁，四宮和夫「判批」法協89巻1号144頁，伊藤進「差押と相殺」『民法講座4』453頁など）。そして，相殺予約に「公知性」が認められる場合（例えば，銀行取引など一般的に相殺予約の存在が推知される場合）に限って第三者効を認める。

〔**C**〕　**無制限説**　相殺予約につき，〈差押があった場合には直ちに相殺の効力を生じる〉とする効力をそのまま承認する説である（前掲最大判昭45・6・24，好美清光「銀行預金の差押と相殺」判タ256号14頁以下（詳細な論拠を展開する）。これに対しては，無制限に差押えの効力を奪い，執行免脱約款を作るのに等しい，債権者平等の原則に反する，公示のない担保物権を作るもの，などの批判がある。

「相殺予約」は，強力な担保機能をもつものであり，それゆえ，取引社会の一面（金融機関）においては有用性があるものの，他面においては，隠れた担保として，取引社会の恐怖ともなり得る。そこで，このように強力な第三者効の生じることを承認するというなら，例えば，取引社会で「公知性」のあ

る場合などに限定して認めるのが妥当ではなかろうか。

　担保権的構成説は，おそらく理論認識としては正当であろう。これまでの金融取引の歴史において，相殺予約が果たしてきた機能・役割を注視するならば，債権消滅制度というよりも債権担保制度として位置づけられるべきことは疑いないところだからである。

> 　**【三者間にまたがる相殺予約の効力】**　　自働債権と受働債権とが三者間にまたがる場合に，その相殺の効力が問題となり得る。AがBに対して甲債権を有し，BがCに対して乙債権を有しており，この両債権をAの意思表示により相殺することができる旨の相殺予約がA・B間でされた場合に，乙債権を差し押さえたBの債権者Dとの関係はどうなるか。
>
> 　判例は，「相殺予約に基づきAのした相殺が，実質的には，Cに対する債権譲渡といえることをも考慮すると，CはAがDの差押え後にした上記相殺の意思表示をもってDに対抗することができない」，とした（最判平7・7・18／判時1570号60頁）。Cは相殺によって一方的に利益を受ける関係にあるから，判例の見解は妥当であろう。

第3節 更 改

(1) 更改の意義

(a)「更改」とは何か 「更改」とは，従前の債務に代えて，新たな債務を発生させ，それによって従前の債務を消滅させる契約である$\binom{513}{条}$。例えば，金銭債務を自動車１台の引渡債務に変更するとか，債権者または債務者を変更するなどである。

(b)「債務の要素」の変更 「変更」の対象については，次のとおりであるが，これらは，旧513条にいう「債務の要素」の変更と考えてよい。

i 給付の内容の変更 従前の給付の内容について重要な変更をするものである$\binom{513条}{1号}$。金銭債務を物の引渡債務に更改するなど，給付の変更である。同じ目的を達することができるものに「代物弁済」がある$\left(\substack{なお，289頁\\【新制度に対\\する 疑\\問】参照}\right)$。

ii 債務者の交替 従前の債務者が第三者と交替するものである$\binom{513\\条2}{号}$。すなわち，債務者Bの債権者Aに対する債務を消滅させて，第三者CのAに対する債務を発生させる契約である。同じ目的を達することができるものに免責的債務引受がある。

iii 債権者の交替 従前の債権者が第三者と交替するものである$\binom{513\\条3}{号}$。AのBに対する債権を消滅させ，第三者CのBに対する債権を生じさせる契約である。同じ目的を達することができるものに，債権譲渡がある。

(c) 債務の同一性の喪失 上記のように，更改による「給付内容の変更」，「債務者の交替」，または「債権者の交替」においては，旧債務と新債務には同一性がないことに注意すべきである。ちなみに，債権譲渡・債務引受けなどによっても債務の同一性を変えることなく債務の要素を変更することができるが，これらの場合に軽々に更改を認めるべきではな

く，債務の同一性が失われるときにのみ，更改を認めるべきである（我妻362頁）。

(2) 更改契約の成立要件

(a) 消滅すべき債務の存在　旧債務の消滅を目的とするものだから，旧債務が存在することは，当然である。

(b) 新債務の成立　新債務が成立しなければ，更改契約は無効となり，したがって，旧債務は消滅しない。両者は，有因関係にある（詳細は，後掲(4)で扱う）。

(c) 契約当事者　**i　「債務者」の交替**　債務者の交替は，債権者と更改後に債務者となる者との契約によってすることができる（514条1項前段）。この場合において，更改は，債権者が更改前の債務者に対してその契約をした旨を通知した時に，その効力を生ずる（同項後段）。なお，債務者の交替による更改後の債務者は，更改前の債務者に対して求償権を取得しない（同条2項）。

ii　「債権者」の交替　債権者の交替は，更改前の債権者，更改後に債権者となる者及び債務者の「三者間」の契約によってすることができる（515条1項）。この場合の更改は，確定日付のある証書によってしなければ，第三者に対抗することができない（同2項）。これは，この更改が，債権譲渡と同じ機能をもつものであることから，債権の二重譲渡と同じく，二重更改契約を防止するためである。

(3) 更改契約の効果

(a) 旧債務の消滅　更改によって旧債務は消滅するから（513条），それに付随する担保権・保証債務その他の従たる権利も，原則としてすべて消滅する。ただし，「担保権の移転」については，特則規定がある（後掲(c)参照）。

(b) 新債務の成立　更改によって生じた新債務は，旧債務と同一性はない。したがって，旧債務に付着した抗弁権などは，いっさい切断される。しかし，「担保権の移転」については，特則規定がある（次掲(c)参

照）。なお，商行為によって生じた債務が，民事債務に更改されたときは，民法上の消滅時効規定が適用になる（判例）。

(c) 担保権移転の特則 債権者（債権者の交替では，更改前の債権者）は，<u>更改前の債務の目的の限度</u>において，その債務の担保として設定された質権又は抵当権を<u>更改後の債務に移す</u>ことができる。ただし，第三者がこれを設定した場合には，その承諾を得なければならない（518条1項）。

この場合の質権又は抵当権の移転は，あらかじめ又は同時に更改の相手方（債権者の交替では，債務者）に対してする意思表示によってしなければならない（518条2項）。

(4) 更改契約の取消し・解除

(a) 取消し 更改契約が，行為能力の制限・意思表示の瑕疵などのために取り消された場合は，旧債務は復活する。ただ，債権者と新債務者との契約でされた債務者の交替につき，債権者が，新債務者の詐欺を理由として取り消した場合に，旧債務が復活するかどうかは問題である。判例は，債権者は，善意の旧債務者に対して旧債務の復活を主張できないとする。これに対して，学説は，96条3項の第三者とは，詐欺による意思表示によって生じた法律関係に基づいて新たに利害関係を取得した者と解されるから，旧債務者はこの第三者に該当せず，債権者は，旧債務の存在を主張できるとする（我妻366頁，奥田601頁）。

(b) 解 除 更改契約は，「旧債務の消滅と新債務の成立」自体を目的とする契約である。したがって，「旧債務の消滅と新債務の成立」があれば，契約関係は目的を達して消滅するから，その「履行」という観念を入れる余地はなく，その不履行による解除ということもあり得ない（奥田601頁）。ただし，合意解除（解除契約）や解除権が留保された場合の解除はあり得るが，その場合には，解除契約に関与しなかった者に影響を与えない。

第4節　免　　除

(1)　免除の意義

　免除とは，債権者が，一方的な意思表示（＝単独行為）によって，無償で債務を消滅させることである（519条）。一方的な意思表示であるから，債権の放棄でもある。

　免除は，債権行為と区別される処分行為である。したがって，和解契約や贈与契約などの免除効果を伴う契約において，免除すべき債務を負担すること（債権行為）と，その履行として債務免除行為をすること（処分行為）とは，観念的に区別されなければならない。ただ，そのような契約では，免除の意思表示も包含されていることが多い（我妻367頁，奥田602頁）。なお，契約によって免除効果（債務の消滅）を生じさせることもできるが，ここでの免除とは無縁である。

(2)　免除の要件・効果

(a) 免除の要件　　以下の要件である。──

　i　処分権限　　免除は処分行為であるから，免除者には処分権限がなければならない。なお，処分権限がある場合でも，それによって第三者の権利を害することは許されない。したがって，債務者の意思に反して免除することはできないというべきである（我妻367頁）。

　ii　単独行為　　債務者に対する一方的な意思表示による。意思表示であるから，書面などの形式を必要とせず，明示または黙示でもよい。また，条件を付けることも，債務者を害するものではないから，許されよう（我妻368頁）。

(b) 免除の効果　　免除によって，債権は消滅する。一部免除の場合には，その限りで債務が消滅する。全部免除の場合には，債権に付随する担保権・保証債務なども，いっさい消滅する。

　ただし，上で述べたように，債権が第三者の権利の目的となっているときは，その免除の効果は，第三者に及ばない。

第5節　混　　同

(1)　混同の意義

　混同とは，債権と債務とが，同一人に帰属すること（＝事実）であり，債権者が債務者を相続し，または，債務者が債権を譲り受けるなどの場合に生じる。混同が生じれば，債権は，原則的として消滅する$\binom{520条}{本文}$。自分が自分に対して，債権を有し，または債務を負担するなどは経済的にも法律的にも無意味だからである。しかし，それが経済的・法律的に無意味でない場合に，混同の効果を生じさせることは妥当ではない。そこに，混同の〈例外〉$\binom{次掲}{(2)}$の認められる根拠が存する$\binom{我妻369頁，}{奥田604頁}$。

(2)　混同の効果（例外）

　混同の効果は，債権の消滅である。しかし，重要なのは，その《例外》である。――

　　i　債権が第三者の権利の目的であるとき$\binom{520条た}{だし書}$　　同一人に帰属した債権が，第三者の権利の目的であるときは，混同の効果を生じない。例えば，AのBに対する債権がBに帰属しても，Cの債権質の目的であるときは，消滅しない。

　　ii　証券化した債権　　手形・無記名債権・社債など，証券に化体した債権は，有価証券法理上，混同を生ぜず，独立した財貨として流通する。

　　iii　不動産賃貸借関係　　不動産の賃貸借においては，多くの混同の例外が見られる。例えば，AがBに土地を賃貸し，BがCに転貸した後で，CがAの地位を取得しても，A（C）・B間の賃貸借関係とB・C間の転貸借関係は消滅しない。ただ，これらは，物権化した賃借権であるから，物権法上の混同規定$\binom{179}{条}$を使うべきであるとも解される$\binom{我妻}{373頁}$。

第 10 章　有価証券

1　指図証券

(1)　指図証券の譲渡 —— 裏書

(a)「指図証券」とは何か　「指図証券」とは，特定の人またはその指図人に弁済すべき有価証券をいう。手形，小切手，貨物引換証，倉庫証券，船荷証券などである。

(b)　裏書譲渡　指図証券の譲渡は，その証券に譲渡の「裏書」をして譲受人に「交付」しなければ，その効力を生じない$\left(\begin{smallmatrix}520条\\の2\end{smallmatrix}\right)$。裏書の方式については，その指図証券の性質に応じ，「手形法」における裏書の方式に関する規定を準用する$\left(\begin{smallmatrix}520条\\の3\end{smallmatrix}\right)$。

(c)　債務者の抗弁の制限　指図証券の債務者は，その証券に記載した事項及びその証券の性質から当然に生ずる結果を除き，その証券の譲渡前の債権者に対抗することができた事由をもって善意の譲受人に対抗することができない$\left(\begin{smallmatrix}520条\\の6\end{smallmatrix}\right)$。

(2)　指図証券の権利行使

(a)　所持人の権利の推定　指図証券の所持人が裏書の連続によりその権利を証明するときは，その所持人は，証券上の権利を適法に有するものと推定する$\left(\begin{smallmatrix}520条\\の4\end{smallmatrix}\right)$。

(b)　指図証券の善意取得　何らかの事由により指図証券の占有を失った者がある場合において，その所持人が上記(a)によりその権利を証明するときは，その所持人は，その証券を返還する義務を負わない。ただし，その所持人が悪意又は重大な過失によりその証券を取得したときは，この限りでない$\left(\begin{smallmatrix}520条\\の5\end{smallmatrix}\right)$。

(c) 債務者の調査
の権利等　　指図証券の債務者は，その証券の所持人並びにその署名
　　　　　　　　及び押印の真偽を調査する権利を有するが，その義務を
負わない。ただし，債務者に悪意又は重大な過失があるときは，その弁済は，
無効とする$\left(\begin{smallmatrix}520条\\の10\end{smallmatrix}\right)$。

<hr>

(3)　指図証券の担保

　指図証券については，これを質入れすることができる。この場合には，520
条の 2 から 520 条の 6 までの規定〔裏書交付による効力発生，裏書の方式，
権利推定，善意取得，債務者の抗弁の制限〕を準用する$\left(\begin{smallmatrix}520条\\の7\end{smallmatrix}\right)$。

<hr>

(4)　指図証券の弁済

(a) 弁済の場所　　指図証券の弁済は，債務者の現在の住所においてしなけれ
　　　　　　　　ばならない$\left(\begin{smallmatrix}520条\\の8\end{smallmatrix}\right)$。

(b) 証券の提示
と履行遅滞　　指図証券の債務者は，その債務の履行について期限の定め
　　　　　　　　があるときであっても，その期限が到来した後に所持人が
その証券を提示してその履行の請求をした時から遅滞の責任を負う$\left(\begin{smallmatrix}520条\\の9\end{smallmatrix}\right)$。

<hr>

(5)　証券の喪失

(a) 公示催告による
無効　　　指図証券を喪失した場合は，「非訟事件手続法」100 条
　　　　　　　に規定する公示催告手続によって，無効とすることが
できる$\left(\begin{smallmatrix}520条\\の11\end{smallmatrix}\right)$。

(b) 証券喪失の場合
の権利行使方法　　金銭その他の物又は有価証券の給付を目的とする指図
　　　　　　　　証券の所持人がその指図証券を喪失した場合におい
て，非訟事件手続法 114 条に規定する公示催告の申立てをしたときは，その
債務者に，その債務の目的物を供託させ，又は相当の担保を供してその指図
証券の趣旨に従い履行をさせることができる$\left(\begin{smallmatrix}520条\\の12\end{smallmatrix}\right)$。

2　記名式所持人払証券

(1)　記名式所持人払証券の譲渡

(a) 「記名式所持人払証券」とは何か　「記名式所持人払証券」とは，証券に債権者を指名する記載がされているが，その証券の所持人に弁済すべき旨が付記されている証券をいう。無記名証券の変形であり，小切手がその例である。

(b) 記名式所持人払証券の譲渡　記名式所持人払証券の譲渡は，その証券を交付しなければ，その効力を生じない$\left(\substack{520条\\の13}\right)$。

(c) 債務者の抗弁の制限　記名式所持人払証券の債務者は，その証券に記載した事項及びその証券の性質から当然に生ずる結果を除き，その証券の譲渡前の債権者に対抗することができた事由をもって善意の譲受人に対抗することができない$\left(\substack{520条\\の16}\right)$。

(2)　記名式所持人払証券の権利行使

(a) 所持人の権利の推定　記名式所持人払証券の所持人は，証券上の権利を適法に有するものと推定する$\left(\substack{520条\\の14}\right)$。

(b) 証券の善意取得　何らかの事由により記名式所持人払証券の占有を失った者がある場合において，その所持人が上記(a)によりその権利を証明するときは，その所持人は，その証券を返還する義務を負わない。ただし，その所持人が悪意又は重大な過失によりその証券を取得したときは，この限りでない$\left(\substack{520条\\の15}\right)$。

(3)　記名式所持人払証券の質入れ

(a) 証券の質入れ　記名式所持人払証券を目的とする質権の設定については，520 条の 13 から 520 条の 16 までの規定〔証券の交付による効力発生，権利推定，善意取得，債務者の抗弁の制限〕は，準用す

る $\left(\begin{smallmatrix}520条\\の17\end{smallmatrix}\right)$。

(b) 指図証券の規定の準用　また，指図証券に関する 520 条の 8 から 12 までの規定〔弁済場所，証券の提示と履行遅滞，債務者の調査の権利等，証券の喪失，喪失の場合の権利行使〕が，準用される $\left(\begin{smallmatrix}520条\\の18\end{smallmatrix}\right)$。

3 その他の記名証券

その他の記名証券の譲渡

　債権者を指名する記載がされている証券であって指図証券及び記名式所持人払証券以外のものは，債権の譲渡又はこれを目的とする質権の設定に関する方式に従い，かつ，その効力をもってのみ，譲渡し，又は質権の目的とすることができる $\left(\begin{smallmatrix}520条の\\19第1項\end{smallmatrix}\right)$。

　この場合には，520 条の 11 及び 520 条の 12〔証券の喪失，喪失の場合の権利行使〕の規定が準用される $\left(\begin{smallmatrix}同2\\項\end{smallmatrix}\right)$。

4 無記名証券

無記名証券の譲渡

(a)「無記名証券」とは何か　「無記名証券」とは，証券の正当な所持人に弁済すべき債権であり，無記名社債・持参人払式小切手・商品券・乗車券・入場券などがこれにあたる。

(b) 記名式所持人払証券規定の準用　「無記名証券」の譲渡については，520 条の 13 以下の「記名式所持人払証券」の規定が準用される $\left(\begin{smallmatrix}520条\\の20\end{smallmatrix}\right)$。したがって，その譲渡は，「証券の交付」がなければ，効力を生じない。権利推定，証券の善意取得，質権設定等については，記名式所持人払証券と同じである $\left(\begin{smallmatrix}上記\mathbf{2}で述べたこ\\とが当てはまる\end{smallmatrix}\right)$。

事項索引

条文索引

判例索引

近江幸治（おうみ・こうじ）

略歴　早稲田大学法学部卒業，同大学大学院博士課程修了，同大学
　　　法学部助手，専任講師，助教授，教授（1983-84 年フライブル
　　　ク大学客員研究員）

現在　早稲田大学名誉教授・法学博士（早稲田大学）

〈主要著書〉
『担保制度の研究──権利移転型担保研究序説──』（1989・成文堂）
『民法講義0 ゼロからの民法入門』（2012・成文堂）
『民法講義I 民法総則〔第7版〕』（2018・初版1991・成文堂）
『民法講義II 物権法〔第4版〕』（2020・初版1990・成文堂）
『民法講義III 担保物権〔第3版〕』（2020・初版2004・成文堂）
『民法講義IV 債権総論〔第4版〕』（2020・初版1994・成文堂）
『民法講義V 契約法〔第4版〕』（2022・初版1998・成文堂）
『民法講義VI 事務管理・不当利得・不法行為〔第3版〕』
　　（2018・初版2004・成文堂）
『民法講義VII 親族法・相続法〔第2版〕』（2015・初版2010・成文堂）
『担保物権法〔新版補正版〕』（1998・初版1988・弘文堂）
『New Public Management から「第三の道」・「共生」
　　理論への展開──資本主義と福祉社会の共生──』（2002・成文堂）
『民法総則（中国語版）』（2015・中国・北京大学出版社）
『物権法（中国語版）』（2006・中国・北京大学出版社）
『担保物権法（中国語版）』（2000・中国・法律出版社）
『強行法・任意法の研究』（共編著・2018・成文堂）
『日中韓における抵当権の現在』（共編著・2015・成文堂）
『クリニック教育で法曹養成はどう変わったか?』（共編著・2015・成文堂）
『学術論文の作法〔第3版〕──論文の構成・文章の書き方・研究倫理──』
　　（2022・初版2011・成文堂）
『学生のための法律ハンドブック─弁護士は君たちの生活を見守ってい
　　る！』（共編著・2018・成文堂）

民法講義IV　　債権総論〔第4版〕

1994 年 2 月 2 日　　初　版第 1 刷発行
2000 年 4 月 1 日　　第二版第 1 刷発行
2005 年 7 月 20 日　　第 3 版第 1 刷発行
2009 年 2 月 20 日　　第 3 版補訂第 1 刷発行
2020 年 9 月 20 日　　第 4 版第 1 刷発行
2022 年 6 月 20 日　　第 4 版第 2 刷発行

著　者　　近　江　幸　治

発行者　　阿　部　成　一

〒162-0041　東京都新宿区早稲田鶴巻町 514 番地
発行所　　株式会社　成文堂
電話 03(3203)9201(代)　Fax 03(3203)9206
http://www.seibundoh.co.jp

製版・印刷　三報社印刷　　　　　　製本　弘伸製本
© 2020　K. Ohmi　　　Printed in Japan
☆乱丁・落丁本はおとりかえいたします☆　検印省略
ISBN 978-4-7923-2758-3　C 3032

定価（本体 3,200 円＋税）